GO FOR IT!
Takuma SATO

佐藤琢磨 著

Contents

2	フォトアルバム
17	序文 アンドリュー ギルバート-スコット
18	まえがき
20	GO FOR IT!
160	F3全レースリザルト

98年フォーミュラ・ヴォクスホールJr.、
99年EFDAユーロシリーズと2年掛かりでヨーロッパでの足場を固め、
翌年より満を持してイギリスF3選手権に挑む。
F1への登竜門といわれるこのシリーズは、
誰が優勝してもおかしくない超激戦区だが、シーズン序盤は
自分の速さをアピールすることに照準を定め、全力を振り絞った。

前年はひとりの観客として訪れたザントフールトに、
2000年は優勝を賭けて臨んだ。
予選は3番手でレースに望みを繋いだものの、
スタートの瞬間にエンジンをストールさせて万事休す。
1周遅れでレースに復帰したときには胸を締め付けられるような
気持ちだったが、最後まで諦めずに19台抜きを演じ、前へ前へと突進した。

2000年12月、バルセロナでBARホンダのステアリングを握る。

勝って当たり前、負ければすべてを諦めるしかないという
ギリギリの状態で参戦した2年目のイギリスF3選手権。
速さと安定性をバランスさせながら、
勝ち続けることを最大のテーマとしてシリーズを戦い続けた。

名物ヘアピンのラ・スルスを駆け抜ける僕。スパでは本当に多くのドラマが連続した。

1年前に逃した栄冠を取り返すため、僕はザントフォールトに戻ってきた。
マカオGPと並んでF3世界一決定戦と称されるこのマールボロ・マスターズで、
ポールポジションからスタートした僕は後続を大きく引き離して優勝。
初めて掴み取った国際レースでの勝利に、言葉では言い尽くせない喜びを噛み締めた。

イギリスF3チャンピオンになってマカオGPに挑戦する。
レースを始めた頃から抱き続けてきたこの夢を、ついに実現するときがやってきた。
すでにジョーダンからのF1デビューを決めていた僕にとって、
マカオ参戦のリスクは図りしえないほど大きい。けれども、そんなプレッシャーを跳ね除け、
日本人として史上初のウィナーに輝くことができた。さあ、次はF1だ！

序文

初めて出合ってからまだ3年も経っていないというのに、佐藤琢磨はジョーダン・ホンダのドライバーとして初めてのグランプリ・シーズンを迎えようとしている。まったく、信じられないような話である。

私にとっては、これまでの人生でもっとも楽しい経験だったが、それも単に目覚しい成功を収めたからというだけではなく、琢磨と共に汗を流し、またひとりの人間として対峙することが愉快で仕方なかったからだ。

ひょっとすると、ここまではすべて順調に事が進んだと思われるかもしれないが、実際には何度も困難に直面してきたし、難しい決断を迫られたことも一度ならずあった。とはいえ、私たちは深い信頼関係で結ばれており、しかもこの絆は難しい状況に出会うたびに強くなってきた。

F3レースで数多の記録を打ち立てた琢磨の2001年シーズンは、本当に傑出したものだった。なかでも最も目を引く戦績といえばマカオGPを制したことである。すでにジョーダンからのF1デビューが決まっていた琢磨にとって、このレースに出場する必要はまるでなかったが、優勝しなければ負けも同然という厳しいプレッシャーに押し潰されることなく、この一戦に挑む決意を固めたのである。これこそ、琢磨の本当の意味でのスピリットとレースへの愛情を示すものであり、その類稀な才能の賜物だといえるだろう。

2002年1月　アンドリュー・ギルバート-スコット
(佐藤琢磨のマネジャー／元レーシングドライバー)

まえがき

　87年の日本グランプリ、僕は鈴鹿の最終コーナーで胸をドキドキさせながら興奮していた。生まれて初めて生で見るF1。その空気を切り裂くようなスピード感と、身体が震えるほどのエグゾーストノートは、10歳だった少年に強烈な印象を与えた。僕はF1に夢中になり、毎年のように鈴鹿へ足を運んで夢を見続けた。当時、F1で圧倒的な強さを誇っていたのはアイルトン・セナとホンダである。だからこの僕が、レースで世界一に立つという彼らの夢と、僕自身がレーシングドライバーになって世界の頂点に立つという自分の夢を重ね合わせるようになったのは、ごく自然なことだった。

　それから9年後に訪れたチャンスを掴み、夢への挑戦は始まる。初めてカートレースに出場したのは96年。長年の夢が実現した嬉しさを伝えたい一心で、僕は友人とレースレポートを書き始めた。言葉遣いも内容もメチャクチャだったけれど、ただ、楽しみとして書き続けていた。だが、このレポートは約一年ばかり続いた後、自然消滅的に終わってしまう。

　再び「レースレポートを書こう！」と僕がペンを取り上げたのは98年の夏、イギリスに渡ってフォーミュラ・ヴォクスホールJr.のレースに参戦し始めたときのことだ。カートレースの頃と同じように書き始めたレポートだったが、今度は日記的な意味合いも兼ねて、ずっと書き続けていくことになる。

　F1に直結するヨーロッパでのレース体験は、失敗も成功もすべてが貴重な財産。後で読み返せば鮮明な記憶となって蘇るだろうし、きっと将来にも役立つだろうと考えていた。そんなふうに再び始まった僕のレースレポートは、自分の近況報告も兼ねて、日本のモータースポーツ関係者や友人たちにもメールで送り続けていた。

　翌99年、CG編集部のあるスタッフから僕のレースレポートを連載コラムにしませんかとのお話を頂いた。しかし既に他の出版社と掲載の話が進んでいたので、このときは残念ながらお断りするしかなかったのである。

　とはいえ、この後もCGとのやりとりは続いた。僕は相変わらずレポートをCGにも送り続けていたし、そうしてメールでの情報交換をしていくうちに、

CGに対する僕の信頼感はとても大きなものになっていった。CGで連載コラムをスタートさせようと僕のほうから切り出したのは同じ99年の12月。そこからの展開はとても早かった。僕の思いを十分に受け入れてくれ、CGは最高の舞台を提供してくれたのだ。

　こうして始まった連載コラム「佐藤琢磨のGo for it!」は、僕が夢に向かって挑戦して行くプロセスを、読者の皆さんとリアルタイムに共有することを最大のテーマとしている。連載の幕開けとなったプレシーズンテストから自分の思いをありたけぶつけて書き下ろした。そして2000年から2年間に渡り戦い続けたイギリスF3選手権は、信じられないほど多くのドラマが連続したのである。

　2002年、僕はジョーダン・ホンダのドライバーとしてF1に参戦する。ついに夢の挑戦へ向けて第二章がスタートとなるのだ。本書を連載コラムから別冊化した理由は、これから始まるF1チャレンジに向けて、いわばプロローグとしてのF3時代をひとつの区切りとして分けたかったからだ。

　イギリスF3チャンピオンからF1パイロットへ。僕がF1参戦のチャンスを掴んだ「イギリスF3とはいかなるものなのか？」そして「そのイギリスF3を僕はいかに戦ったのか？」　怒り、苦しみ、挫折、そして狂喜乱舞。様々な人間ドラマのなかで僕は本当に素晴らしい経験をした。本編ではそれらすべてを余すことなく、僕の言葉で書き綴っている。

　別冊の制作に当たり、ご協力頂いたスタッフの方々に心から感謝したい。そしてCG連載コラムでは、これからも今までと変わらないスタンスでレースレポートを書いていき、読者の皆さんと全力で走り続けたい。

2002年1月　佐藤琢磨

第1回
初めまして、佐藤琢磨です

3歳で自転車のトリコになる

　昭和52年の冬に東京で生まれた僕は、モータースポーツに縁のない普通の家庭で育った。だから、父がレースの世界を知らなかったのは当然のことだけれども、その父がクルマを趣味にしていたため、僕も幼年期から乗り物に強く惹かれていた。母の仕事の関係上、保育園で一日を過ごしていた当時の僕は、もっぱらスクーターで遊んだものだ。もちろんそれはエンジン付きではなく、一時期はやったキックボードのようなものだけれど、飽きもせず毎日乗り回していたのを今でもよく覚えている。

　初めて自転車に乗ったのは3歳の頃。当時の年齢を思えば感動という表現は似つかわしくないけれど、何しろ自転車に乗ることが楽しくて楽しくて、とにかく夢中だった。そういった傾向は少年期に入ってからも変わらず、やがては競争することの楽しさにも魅せられていった。

　それまで母に誘われたジョギングも自転車で追いかけるほど横着だった僕は、中学に入るとなぜか陸上部に入部。理由は今でも分からないが、とにかく走ることにとりつかれて、無我夢中になっていた。肉体の限界に挑戦することが新鮮だったのかもしれない。いっぽうで、自動車に対する興味が失われたわけではない。ラジコンカーに夢中になったのもこの時期。けれども、自分自身が動き、重力の変化をダイナミックに感じることのできる自転車もまた、非常に魅力的だったのだ。

　高校へ進学してからは、地元のサイクルスポーツ店「たかだフレンド」を通して自転車競技の世界を知り、今度はマウンテンバイクにのめり込んでいく。さらに高校2年の時にはロードレースも始め、「鈴鹿ロード」というイベントでレース・デビューを果たした。すでにF1に魅せられていた自分に

とっては聖地も同然の鈴鹿サーキット。そのグランプリコースで優勝し、自転車選手として本格的な活動を始めることとなった。一度始めると勢いは止まらず、高校3年生になった翌年からはトラック競技にも挑戦。僕が通う高校には自転車部が存在しなかったため、担任を顧問にひとりで部を立ち上げたのもこの頃だった。とにかく誰にも負けたくない一心で東京都大会へ出場した。あれは忘れもしない94年5月の連休のこと。憧れていたアイルトン・セナが他界し、ひとり腕に喪章を着けて走ったものだ。その後は関東大会への出場を経て、悲願のインターハイ優勝へと繋がっていった。

自転車からモータースポーツへ

　大学へ進学してからも選手生活は続き、素晴らしい仲間たちと最高の時間を過ごすことができた。オリンピックやトゥール・ド・フランスを本気で目指したこともあったけれど、何か満足できない自分に苛立ちを覚えていたのも事実。それがF1であることは分かっていたが、"思い"だけではどうにもならないのがモータースポーツの世界である。自分の目標に向かって、どんなふうに第一歩を踏み出せばよいのか分からない状態だったのだ。そんな時に転身のきっかけとなったのが、ホンダと鈴鹿が主催するSRS-Fだった。このレーシングスクールには年齢制限があるため、自分が入学できるのはこの年がラストチャンスだったものの、F3参戦のスカラシップ獲得を目指して一念発起。サイクリストの道をすべて捨て、モータースポーツの世界へ飛び込んだのである。

　レーシングドライバーとしてのキャリアをスタートさせたのは19歳とかなり遅くなったが、所沢のレーシングカートチーム「アルデックス・ジャパン」にも所属。SRS-Fとの同時進行となった97年には、できるだけ多くの経験を積もうとして毎週のようにレースに参戦した。さらに、この年初開催となる中谷明彦さんのドライビングアカデミー「中谷塾」も受講。そしてSRS-Fでは念願のスカラシップを獲得したのである。

　翌98年は童夢・無限ホンダからの全日本F3参戦へ経て、同年7月に渡英し、イギリスでのレース活動を開始した。依然としてモータースポーツの

キャリアが浅かった僕は、ワンメイクレース・シリーズのフォーミュラ・ヴォクスホールJr.への参戦を決める。この時は、とにかくヨーロッパでレースできることが嬉しくて、本当に心を躍らせていた。そして期待通りの激しいレースに興奮を覚え、世界でも最高の環境に身を投じることができた幸運を噛み締めたものだった。

　99年はひとつのシリーズに腰を落ち着けて参戦する初めてのシーズンとなった。渡英してからずっと「ダイアモンド・レーシング」に所属していたものの、知らない国でひとりレース活動を続けるのは、決して容易なことではない。しかし、チームの人間的な温かさとレースに対する情熱に支えられ、ヨーロッパの厳しいレースを思う存分戦うことができたといえるだろう。

　僕が参戦したEFDAユーロシリーズは、かつてフォーミュラ・ヴォクスホール・ロータスと呼ばれていたもの。88年の初代チャンピオンは、そのちょうど10年後の98年から2年連続でF1ワールドチャンピオンを獲得したミカ・ハッキネンであり、この当時ミカを走らせていたのが、現在はダイアモンド・レーシング代表となっているヒューイ・アブソロンだった。

　ヒューイとは初めてチームを訪れた日に意気投合し、それ以来、僕は彼に絶大なる信頼を寄せるようになった。これまで僕たちは本当に多くのレースに出場してきた。僕自身にとってはもとよりチームにとっても初優勝となった99年3月の開幕戦を皮切りに、同じ年のシーズン後半にはエンジンのファイナンシャルサポートを得て、イギリスF3のナショナルクラスにも参戦。厳しいレースも多く経験し、たくさんの苦労も重ねた。それでも、とびきり内容の濃いシーズンを過ごすことができたと信じている。

　彼らから学んだのはレースのことばかりではなく、人間的な部分も含めて様々なことを学んだ。そして数多くの印象的なレースをともに戦い、感動を分かち合えたことに、何物にも代えがたい喜びを感じている。僕にとってダイアモンド・レーシングは単なるレーシングチームではない。彼らなくして今の自分はなかったと思うくらいだ。ここまで成長させてくれたチームには、本当に感謝の気持ちで一杯である。

　迎えて2000年、ついに僕はイギリスF3選手権に挑戦することになった。そして、これこそが本当の意味でのスタートだと思っている。新たに所属

することになったチーム「カーリン・モータースポーツ」は選りすぐりのプロフェッショナル集団なので、本当に楽しみなシーズンとなるだろう。次回はこのチームの紹介とプレシーズンテスト、そしてイギリスF3について紹介するつもりだ。（2000年4月号掲載）

今年イギリスF3に参戦するカーリン・モータースポーツのスタッフとともに。向かって左からチーム代表のトレヴァー・カーリン、デイヴィド・ロウィー（97年にアロウズでデイモン・ヒルを担当）、ゲイリー・パソー、佐藤琢磨、ジョン・ウォルトン（ティレルで中嶋 悟を担当）、リー・アダムス、アドリアン・バージェス（マクラーレンで91年にアイルトン・セナ、98年にミカ・ハキネンを担当）。いずれも経験豊富なベテランばかり。

第2回
イギリスF3は今年も超激戦区

個性豊かな仲間たち

　僕が所属することになったカーリン・モータースポーツは、まだ設立4年目の若いチームだが、決してただの新興チームではない。F1を経験した優秀なスタッフたちにより結成されたプロフェッショナル集団で、とても可能性のあるチームだと思う。広々としたファクトリーはきれいに整理され、厳しいシーズンを戦い抜くための環境は完璧。働きやすい仕事場はスタッフたちのモチベーションを高めるから、勝つためのクルマ造りには必要不可欠な条件だといえる。

　今回は、このカーリン・モータースポーツのユニークなスタッフたちを紹介しよう。やさしく気さくな性格のチームオーナー、トレヴァー・カーリンはボウマン・レーシングやウェストサリー・レーシングでF3のチームマネジャーを務めていた人物。元々メカニック出身とあって、何をするにも器用で、とても頼りになる。チームオーナーなのにクルマに触っているときが一番幸せそうというのも、何だか微笑ましい。新しいことを考えたり、何かを手に入れたりすると、いつも嬉しそうに話し掛けてくる。本当にレーシングカーが好きで好きで仕方がないのだろう。

　エンジニアはトレヴァーと同じくウェストサリー出身で、F3スペシャリストの通称Boyo。本名(？)はアンソニー・ハイエットだが、誰もが「アンソニー」ではなく「Boyo」と呼ぶ。15年のF3経験を持つ彼は、非常に鋭い考察力で興味深いクルマ造りをする。いつも他人とは違うアプローチにトライするなど、新しいものや変わったものが大好き。同じものを使うにしても、何かしら必ず手を加えるオリジナリティの人だ。ウェールズ出身の彼は話し方にも少し癖があるが、なんともいえない不思議な魅力の持ち主である。

そういえば、ダイアモンド・レーシングのヒューイも同じウェールズ出身だ。

　もうひとりのエンジニアであるエイドリアン・バージェスは、マクラーレン時代にアイルトン・セナやミカ・ハッキネンを担当していた実力派。彼の場合はとにかく基本に忠実で、ドライバーには厳しくコメントを要求するものの、非常に分かりやすいクルマ造りをしてくれる。

　このふたりのエンジニアたちに数値的な情報を提供するのはデイヴ・ベッタニー。ワークショップでは設計担当、サーキットではデータ解析とひとり二役をこなす。

　チーフメカニックはジョンボーイことジョン・ウォルトン。元ティレルのメカニックで、当時は中嶋　悟さん、片山右京さん、高木虎之介さんを担当していた。彼のスキンヘッド姿は日本でもちょっと有名なので、F1中継で見たことがある人も多いのでは……？　見かけは怖いけれど、本当はすごく優しくて、ちゃめっ気もたっぷり。そのいっぽうで、レーシングカーに賭ける情熱は人一倍強く、彼の動作を見ていると、そのひとつひとつに強いこだわりを感じる。

　ワークショップでは、パーツを製作する"クラフツマン"と出来あがったパーツを使ってマシーンを組み立てていく"メカニック"は、基本的に分業制をとっている。そしてカーリン・モータースポーツのクラフツマン部門（？）を率いているのがネッドだ。職人気質な彼はちょっとシャイだけれども、必要なものは何でも作り上げてしまう腕前の持ち主。いっぽう、このネッドとコンビを組むのが、はるばる日本からやってきた童夢出身の飯田一寿さんである。飯田さんは持ち前のマルチタレントぶりを発揮し、物造りからメカニックまで何でもこなす。英語を学びながらの忙しい生活だけど、チームでもなかなかの人気者。彼もまた僕と同じように、F1を目標にチャレンジを続けているのだ。

　若手のゲイリー・バノーは、学生時代からレースメカニックになることを夢見てウェストサリーの門を叩き、トレヴァーの元で修行を積んだという熱血漢。シートを作らせたら彼の右に出るものはいない。F1でもザウバー、プロスト、BARなどが彼の作ったシートを使っている。昨年までチーフメカニックを務めていたドーキーことデイヴィド・ロウィーは、若き日のアイルトン・セ

ナ、F3とF3000時代のデイヴィド・クルサード、そしてアロウズ時代にはデイモン・ヒルなどを担当してきた超ベテラン・メカニック。彼がクルマを触る姿は、まるでリズミカルに寿司を握る板前のよう。職人的美しさで、寸分の狂いもなくクルマを仕立てていく。トラックドライバー（とはいえ、彼もれっきとしたメカニック）のサイモンは冗談が大好きでとてもユニーク。彼の存在がチームの雰囲気を一気に明るくしてくれる。

　こんなふうに、とっても個性的なスタッフたちがカーリン・モータースポーツを支えている。彼らは向上心も強いし、イギリス人とは思えないほど（失礼！）よく働く。そんなわけで、このチームはとても居心地が良いし、彼らと一緒にレースできることが今は本当に嬉しくて仕方がないのだ。

ドライバー全員がライバル！

　続いては、今シーズンも激戦が予想されるイギリスF3の主なエントラントを紹介しよう。99年のチャンピオンチーム、マナー・モータースポーツから参戦するのは、ブラジリアンのアントニオ・ピッツォニア。イギリス国内とヨーロッパ・シリーズでフォーミュラ・ルノーのダブルタイトルを獲得した彼は、間違いなく今季最強のライバルとなるだろう。強烈なトラクション性能を見せつけるマナーのクルマに、レーザー光線のようにシャープなドライビングを組み合わせた彼の走りには一見の価値がある。

　名門ポール・スチュワート・レーシングから参戦するのは、99年にカーリン・モータースポーツで2勝を挙げたナレイン・カーティケヤン。よくコースから飛び出すとのイメージもあるが、時折見せる意味不明の速さは驚異的。こちらも強力な存在になりそう。ポール・スチュワートのNo.2シートを獲得したのはフォーミュラ・オペル・ユーロシリーズ・チャンピオンのトーマス・シェクター。彼とはフォーミュラ・ヴォクスホールJr.時代からずっと一緒にステップアップしてきたが、それだけに絶対負けられないドライバーのひとりだ。

　ルノー・プロマテクメから再出発を図るのはマット・デイヴィス。昨シーズンはフォーテックで不甲斐ないシーズンを送ったようだが、今年は名門チームのNo.1を任されて気合いもじゅうぶん。テストでもトップ5に顔を出し、好調さが窺える。

シリーズそのものが消滅したイタリアからイギリスへ活動拠点を移してくるRCベネトンは、フォーミュラ・フォード出身のニコラス・キエーサを抜擢。スラクストンのテストでは2番時計を叩き出し、注目を集めた。
　さらにローワン・レーシングからは、またまた出ましたF3職人、ご存知マーティン・オコネルが出場！　見掛けはどう頑張ってもただのメカニック（実際にメカニック！）なのに、ステアリングを握らせれば泣く子も黙る鬼神のドライビングを見せつける。オコネルもイギリスF3はかれこれ5年目になるはずだが、今年も強力なタイトルコンテンダーのひとりとなるだろう。
　これまでのところ、合同テストで必ずトップタイムを出してくるのはピッツォニアだが、彼を除けば入れ替わりが激しく、本当にハードなチャンピオンシップとなりそうだ。とにかく優勝候補のドライバーを挙げ始めたら切りがないくらいで、今年もイギリスF3が超激戦区となるのは間違いない。
　肝心の僕はといえば、プレシーズンのテストではいつも上位5名に食い込んできた。もちろん、目標はトップしかないが、これだけのメンバーを相手にしているのだから、それなりの手応えも感じているのも事実。そもそも僕は、強力なライバルたちに囲まれていることを恵まれているとさえ思っている。だって、いいライバルがたくさんいるからこそ、そのシリーズに挑戦する意味も出てくるというもの！　そんなわけで、今年は最高の環境でレースができると確信しているところだ。
　さて、次回はいよいよイギリスF3がスタートする。記念すべきミレニアムシーズンのキックオフは3月26日。イギリスで最速のアベレージスピードを誇る超高速サーキット・スラクストンが舞台だ。さあ、目標はトップのみ！　どんな結果になるかは来月のお楽しみである。Go for it!
（2000年5月号掲載）

第3回
ついにシリーズ開幕

2000年 イギリスF3選手権　第1戦スラクストン／3月26日
　　　　　　　　　　　　第2戦クロフト／4月9日

暫定ポールは獲得したが……

　イギリス特有の気まぐれな天候がとりわけ顕著なウィルト地方。イギリスF3の開幕を迎えたスラクストン周辺は、この日も朝から不安定な天気が続いていた。予選開始直前、上空は真っ黒な雨雲に覆われ、突然シャワーのような雨が降り出す。いつもなら大好きな雨。しかし今日はドライで走りたかった。なぜなら、我々は開幕直前にクロフトで行なわれた合同テストをキャンセルしてまで、スーパー・ローダウンフォースの空力テストをしてきたからだ。

　予選1回目がスタート。コースは完全なウェットだが、あっという間に雨は止み、雲間からは日が差し込んでくる。ウェットタイアを徐々に暖めながら、様子を見てペースアップ。間もなく空は晴れ渡り、ラップタイムも毎周更新されていく。そして予選終了まで10分を残した時点で、我々は遂にトップタイムを叩き出した。

　しばらくP1を維持するが、クーリングラップの間にベネトンのキエーサが0.002秒差でトップに躍り出る。ポジションはP2へ。しかし、ここで異常に気づいた。リアタイアがブロウ気味になり、ハンドリングがオーバーステアに変わってきたのだ。無線でエンジニアに呼びかける。「Boyo, What's time remain?」「4 minutes ,Taku」残り時間にあわせて周回数を調整し、タイアをクールダウンさせる。そして残り1分を切ったところで、最終アタックへ。「Taku, that's a final lap. P3! P3!」Boyoが無線で叫んできた。ピッツォニアがトップタイムを叩き出したようだ。ちなみに先程までトップタイムだったキエーサはすでにP7まで落ちている。

　ラストチャンスにすべてを賭けた。リアタイアは今にもブレークしそうだ。

そしてスライドしながら最終シケインへ突入し、目一杯トラクションを掛けながら脱出！ コントロールラインを駆け抜けた。タイムは1分13秒312……「How was it, Boyo?」「Well done Taku! You got'em. P1!」やった！暫定ポールポジションだ！

　予選2回目はまたもウェットコンディション。ところがセッションが始まると、すぐに午前中の記録は塗り替えられ、暫定グリッドは振り出しに戻る。我々は絶好調、トップタイムを連発し、2番手ピッツォニアに0.5秒近い差をつける。しかし、ペースが上がるにつれてタイアの発熱が深刻になってきた。「Boyo, car is getting over steer. I wanna make sure rear tyre is still fine...」「OK, Taku. Come in!」ピットへ戻ると、リアタイアにブリスターが発生していた。この間に雨が降り出したため、チームはまだ一度も使ったことのない下ろしたてのウェットタイアを選択。しかしこれが凶と出て、とんでもないことになる。

　路面はセミウェット。けれども、充分な慣らしもせずにペースを上げた新品のレインタイアは、トレッド表面が一気に沸騰してしまった。ファイナルラップにすべてを賭けるが、ポジションは7番手まで急転落。ライバルたちは中古のレインタイアでタイムアップを果たしていた。使いこんだレインタイアはセミウェットに強い。摩耗したブロックは剛性が上がり、硬化したゴムは発熱に強くなるからだ。ポールポジションは最も負けたくない相手、PSRのトーマス・シェクターが獲得した。

掟破りのスリックタイア

　朝目覚めたときには青空だったが、サーキットへ近づくにつれて雲行きが怪しくなる。そしてご丁寧にも、決勝の30分前に雨が落ち始めた。今回はことごとく天気から見放されているようだ。しかし、雨は雨。むしろ7番グリッドからのレースならば有利ではないか。気分は次第に晴れてきたが、今度は空まで晴れ上がってきた。もっとも、どう考えてもスタートまでに乾くのは無理。と言うことはレーシングラインだけが乾く、最悪のコースコンディションではないか！

　スタート進行が始まった。ついにこの時が来た！ イギリスF3開幕だ！

嬉しくて嬉しくて、実はもうコースコンディションなんて、どうでも良かった。ところがグリッドで待機していると、今度は雹が降ってきた！　すぐさまウェットレースが宣告され、各チームとも慌しくウェットセッティングを始める。しかし、ウチのチームだけは空を指差してもめていた。そして出された結論は「Taku, go slick yeah?」……。確かに雨は止む方向に思えた。空も明るい。けれどもグリッド上でスリックタイアを履いているのは、わがチームの2台だけだった。

　フォーメイションラップが始まり、これはコトだと悟った。それでも晴れることを願ってスタート！　ウォータースクリーンが凄まじく、何も見えない！　しかもスリックタイア！　おまけにスタート直後にはまた雨が降り出した！「Jesus Christ!」とてもレースができる状態ではなく、ストレートで360度ターンを披露。「Boyo! Impossible to drive! What's going on!」たまらずそう叫んだが、それに対する答えは「Keep going Taku! More 2 laps, it will be stop rain!」そういう問題かぁ？？？（笑）懸命にドライブするが、5周目には早くも周回遅れとなり、成す術なし。その直後、6周目の1コーナーでコントロール不能となって、我々の開幕戦は終わった。

　予選7番手のポジションでギャンブルに出る必要があったのか？　雨は得意である。雨の予選ではポールだったのだ。本当に悔しくて仕方なかったが、今は前に進むしかない。そしてこの教訓をしっかり胸に刻み込もう。何はなくとも雨が降ったらレインタイア！である。

最終ラップで3番グリッドをゲット！

　第2戦の舞台となるクロフトは、イングランド北部、北ヨークシャーに位置するサーキット。この地域も天候は不安定で風も強く、コンディションは非常に変化しやすい。路面はウルトラバンピーだが、クロフトは超低速コーナーから高速コーナーまでバランス良く配置された、イギリス随一のテクニカルサーキットだ。

　土曜日の予選は、1回目が午前10時から、2回目が午後4時からで、それぞれ30分間のセッションである。スリックタイアは2セット使えるが、大方の予想は午前中にタイムが出るというもの。我々も午前中に2セット使う作戦

で予選に臨んだ。天候は曇り、気温はテスト時より下回っている。しかし風向きはまったく逆。レーシングカーのエアロダイナミクスは非常に繊細で、風向きの変化も無視できない。ハンドリングに大きく影響し、最悪の場合、セッティングを変える必要さえあるのだ。

そして予選1回目。コースコンディションが変化したためにクルマのバランスは大きく崩れ、まったくタイムが出ない！金曜日のテストでは3番手につけていたチームメイトのベン・コリンズもタイムが伸び悩んでいる。ちなみに彼は昨年インディーライツを戦い、97〜98年はイギリスF3を走ったドライバー。経験豊富でスピードもあり、チームメイトとして理想的な存在である。最大のライバル、そして最強のコンビとして、共に戦っていくつもりだ。

予選も中盤を過ぎ、ほとんどのチームがタイア交換を始めた。我々もセッティングを変更し、2セット目のニュータイアに履き替える。しかし、期待通りの効果は得られず、8番手が精一杯だった。ベンも10番手と大苦戦している。

午前中のデータを元に、我々は大幅にセッティングを変更した。ダンパーを交換し、高速スタビリティーを増す方向にセットアップする。運良く午後になっても空は厚い雲に覆われ、気温はむしろ下がっていった。これならタイムアップできるかもしれない。予選2回目が始まった。明らかに午前中とはクルマが異なっている。路面のアンジュレーションに対してはナーバスな挙動を見せるものの、上手く乗りこなせば速い！予選開始15分の時点で、ただひとりタイムアップを果たし、順位を上げることに成功。「Good lap Taku. P7! Go on!」無線でBoyoが呼びかけてきた。「これは行ける！」1周のクーリングラップを挟み、再アタック。「Taku, You are P5 now. Come into the pit!」

ピットに入ってセッティングを微調整し、コンディションの良いタイアに交換。さらなるタイムアップを狙って、再びコースインした。しかし、クリアラップがなかなか取れずにイライラする。「Back off Taku, Your behind is big gap about 7 sec」すでに残り時間は5分を切っている。気持ちを落ち着かせ、コンセントレーションを高める。さあ、アタック！アタック！「Good lap Taku! Good lap! P3!」「Really? That's great!」予選3番手は勝ちを

狙えるポジション。明日の決勝が本当に楽しみだ！

スタートがすべて……

　絶対にいいスタートを決める！ レース前はそればかり考えていた。フォーメイションラップで激しくクルマを振り、タイアを充分にヒートアップさせる。グリッドにクルマを止めるとき、フロントロウの間をすり抜けるように狙いを定めた。心臓が激しく鼓動している。「やってやるぞ！ 絶対にやってやる！」5秒前ボードが出され、ギアを1速にエンゲージ。シグナルが点灯、そしてグリーンに！

　クラッチミートは絶妙だった。ポールのキエーサはエンジンがストールしかけて出遅れる。対する自分はピッツォニアよりダッシュが鋭い、と思ったその瞬間！ エンジンが激しくレブリミットに当たり、クルマの勢いが途絶えた。1速が抜けたのだ！ すぐさま2速へ叩き込み再加速するが、時すでに遅し。左右からごぼう抜きされ、1コーナーでは10番手まで順位が落ちていた。スタートに失敗したキエーサも、シケインでコースアウトしそうになる。そのままバックストレートで一気に追いつき、ブレーキング競争。凄まじくバンピーなコースのイン側で、飛び跳ねるクルマを捩じ伏せた。オーバーテイク成功、9番手だ！ 2周目の1コーナー飛び込みでアラン・ドッキングの1台をパス。しかし、ここからが我慢のレースとなる。前を行くのはルノーのアンディ・プリオ。その前を走るもう1台のベネトンを交えて、激しい攻防が続いた。

　レースも中盤を過ぎた15周目、カーティケヤンが1コーナーでコースアウト。ポジションは7番手に上がった。自分のクルマは2コーナーでトラクションが不足しており、最大のパッシングポイントであるバックストレートエンドに照準が合わせられない。追いつくが抜けない。そんな状態が続いた。「Taku, use the boost button! Fully boost!」Boyoが無線で叫んだ。無限エンジンにはオーバーテイクボタンがあって、マッピングと点火時期を変更することで一時的にエキストラパワーを使えるのだ。

　それからも延々とテール to ノーズのバトルが続いたが、20周目についにチャンスが訪れた。最終コーナーの出口でもたついたルノーに猛チャー

ジ。1コーナーアウト側から被せて、オーバーテイク成功！ ポジションは6番手だ。「Go on Taku! Another one!」Boyoもエキサイトしている。そして一気にベネトンに追いつき、まったく同じように仕掛ける。今度はサイド by サイドのまま1コーナーのブレーキング競争に入るが、これは無理か。ひとまず引き下がり、バックストレートで再びスリップへ入る。相手はブロックラインだ。こっちはアウトから超加速重視で脱出したものの、まだここでは抜けない！ 続くコーナリング・ブレーキとなる右高速コーナーの入り口で、ベネトンがブロックしながら早めのブレーキング。このときノーズが軽く接触！ 構うものか！ クロスラインでインサイドへ滑り込んでオーバーテイクに成功し、5位に浮上する。しかし、残り周回はもう少なく、それ以上の追い上げは不可能だった。

　予選でいい位置につけていただけに、この結果は本当に悔しい。スタート直後はショック状態に陥ったほどだった。そしてレースでは開幕戦に続いてピッツォニアが優勝。2位はまたしてもシェクターだ。くっそー！ 今度こそ絶対にスタートから飛び出すぞ！（2000年6月号掲載）

開幕戦はわずか6周でリタイアに終わった。レインタイアさえ履いていれば……と、いまさら後悔しても始まらない。この経験を次に生かすだけだ。ちなみに僕の前を歩いているのが、チームメイトのベン・コリンズ。

第4回
ポールポジションは最高の気分

2000年 イギリスF3選手権　第3戦オウルトンパーク／5月1日
　　　　　　　　　　　　　第4戦ドニントンパーク／5月6-7日

皆さん、ゴメンナサイ

　第3戦オウルトンパークは、自分にとって本当に納得のいかないレースだった。初めて実戦投入したプロトタイプのダンパーに振り回された予選も、2回の接触でリタイアに終わったレースも、なんだか力を出し切る前に終わったみたいで、自分のなかにモヤモヤした思いだけが残っている。そんなわけで読者の皆さんには申し訳ないけれど、第3戦のリポートはこれで終わりにさせてください。本当にすいません。

ダブルポール獲得！

　日本はゴールデンウィークの真っ只中という時期に、イギリスF3はドニントンパークで第4戦を迎えた。振り返れば、開幕してから毎戦フラストレーションの溜まる週末ばかりだった。この辺りでひとつ流れを変えたい。そんな気持ちを抱きつつ臨んだ公式練習の1回目は、ルノーのアンディ・プリオに0.051秒差で2位。そして2回目もピッツォニアに0.030秒差の2番手につけることができた。決して悪くない滑り出しだ。
　今回はダブルヘッダー・レースとして開催されるため、予選のシステムがいつもと少し違う。2回の予選と2セットのドライタイアを使う点は変わらないが、予選1回目はレース1、2回目はレース2と、いずれも一発勝負でグリッドが決まる。このため、アタックに出るタイミングや燃料積載量など、微妙に戦略が変わってくるのだ。
　予選開始時刻は午前10時30分。完全なドライコンディションだが、空にはうっすらと雲が掛かっている。とりあえず5分ほどピットで待機して、ライバルたちが出すタイムからコースコンディションを推測する。まずトップに躍

り出たのはテストから好調のプリオだった。1分04秒520で暫定ポールだ。しかし、テスト時よりもかなりタイムは落ちている。風向きは変わらないが、明らかに気温は高い。ほぼ全員のタイムが出揃い、コース状況が落ち着いたところで、いよいよコースイン。前後のグリップをバランスさせるため、フロントタイアを念入りにウォームアップさせる。駆動輪となるリアタイアは比較的簡単に発熱するからだ。

　前後のドライバーとの間隔を調整するのに3周を費やし、いよいよタイムアタック開始だ！ コースコンディションは思っていたほど悪くはない。1回目に1分04秒312で2番手。「あれ？ こんなものか？」と予想以上に簡単にタイムが出た。しかし2回目は、ハリキリすぎて失敗。そして3回目のアタック、1分04秒116……。「Did I make it, Boyo?」「Well done Taku, P1!」「よっしゃー！」ピッツォニアの1分04秒172を破っての結果だ。これで我々のポールポジションは確定！ ついに勝ち取った予選第1位。本当に嬉しい！

　午後からはもうひとつの予選がある。ここはもう一度PPを獲るつもりで、気を引き締めて挑む。「絶対にいける！」まずは午前中に使ったタイアを履き、午後に向けて変更したセッティングをチェックしながら、コースコンディションの確認走行を始めた。やはり気温の上昇に伴い、タイムは全員伸び悩んでいる。今回はすべてのタイアをレースに使うので絶対に無理はできないが、攻め込まなければ見えない部分もあるから余計に難しい。しかし、そのときハプニングが発生した！ ブレーキペダルから突然バイブレーションが伝わってきたのだ。「Boyo, I've got a very bad vibration from brakes!」「……All right Taku, come in」ピットへ戻ると、ブレーキチェックが素早く開始された。すでに慣らし済みのブレーキパッドも用意されている。こういう時に無線は便利だとつくづく思う。とりあえずパッド交換をするが、それと同時にニュータイアを付けられてしまった。「Taku, You wanna go by new bags or not?」「Well, not sure…but I don't think so……」「Ok, So we'll put back old tyre and then will see yeah?」「Yeah……」そうBoyoに伝えたのは、もし原因がブレーキパッドでなかったら、今ニュータイアを投入する意味はないからだ。そしてチェッ

クランに出て状況を伝える。「Boyo, it's still little bit vibrating…but pedal touch feels fine, not spongy……so should be OK」そしてクルマの状態を再確認するために、一度全開アタックをしてからピットへ戻り、いよいよニュータイアを装着。さあ、タイムアタックだ。ここまできたらマシーンを100%信じるしかない。午前中と同じ3周をかけて念入りにウォーミングアップしつつ、最適なアタックタイミングを見極める。Bang! Bang! Bang! 1分04秒383……。「Good lap Taku, good lap...P1!」一度クーリングラップを挟んで再トライすると、今度は「You have only another 1lap, remember Taku?」と言われる。そう、もう燃料がないのだ。タイアのフレッシュな時にマシーンも軽くするという戦略。つまり、ハイリスク・ハイリターンだ。懸命にドライブするが、路面温度も相当上昇していて、タイアがズルッと来てしまう。「I think job done, Boyo. I'll go back」「OK Taku, come in this lap」予選時間は残り5分を残してピットへと戻り、早々とコックピットから降りる。最高の予選だった。結果はダブルポールを獲得。しかも、レースに備えてタイアを温存できたのだから！

引くに引けない1コーナー

　土曜日は大忙しだった。なにしろ2回の予選だけでなく、午後には決勝も行なうのだ。それにしてもポールポジションというのは気持ちがいい。フォーメーションラップのペースをコントロールしながら、ふとミラーを見ると、映っているのはピッツォニアとシェクター。これだこれ！ 万全の準備を整えてグリッドに着く。そして緊張のスタート。シグナルはグリーンへ！ 悪くはなかったが、ちょっとホイールスピンさせすぎたか。対するピッツォニアは、なかなか鋭いスタートを切った。若干リードしつつもコースのど真ん中を突き進む。今思えばもっとアウト側まで寄せてもよかった。しかし、前戦のオウルトンパークで経験した接触事故の影響で、ちょっと戸惑っていたのかもしれない。1コーナーが近づいてきた。ピッツォニアは一気にクルマをアウトへ振る。それを見てこっちも反応するが、2台はその後、凄まじい勢いでアペックス目掛けて突進した。今度は向こうがリードするが、自分も絶対に引かない！ が、しかし接触！ ピッツォニアを弾き飛ばした！ でもその

影響でフロントウィングにダメージを負ってしまう。ミラーで後続を確認すると、予選5番手からジャンプアップしたチームメイトのベンがいるではないか！ ところが、だんだんアンダーステアが酷くなってきて、どうしようもなくなってきた。とにかく押さえるだけ押さえて、8周目までトップを死守したが、とうとうフロントウィングは力尽きてしまった……。

　いろんな意見があると思う。無理に1コーナーで勝負せず、一度引いてから再び勝負に出る。それが無難なのだろう。しかし、あの場で引くわけにはいかなかった。彼のドライビングには「お前は黙って引け」という明らかな奢りがあった。それに続くドライバーだってコトの成り行きをよく見ている。今後に繋げるためのアピールはできたはずだ。正しい判断だったと、自分はそう信じている。

不測の事態

　翌朝サーキットへ到着すると、とんでもないことになっていた。自分のクルマがテクニカルレギュレーションに違反しているから、失格だというのだ。その違反とはエアリストリクター径のオーバーサイズ。そんなバカな！ このパーツはニール・ブラウン・エンジニアリングから支給されるもので、チームは一切手を加えていないはず。ところが、26mmに制限されるその穴径が、なんと0.015mmオーバーだというのである。「おいおいおい……」ニールブラウンからの正式なプレスリリースでは、エンジンパフォーマンスに一切のアドバンテージはなく、チームにも責任はないと発表された。しかし、違反は違反だと、オフィシャルはまったく動かぬ構え。これで日曜日決勝のポールポジションは消滅した。しかも10秒ペナルティーのおまけ付き。これでもかのめった打ちである。

　どうしようもなくやるせない思いだったが、小雨が降りしきる中、最後尾の25番手からスタートを切らねばならない。それもグリッド上で10秒間待つという、信じられないハードペナルティーだ。全員が1コーナーへ消えていった後、ただひとり遅れてスタートし、怒涛の追い上げを開始した。このコンディションでのスリックはお手のもの。オープニングラップで一気に追いつき、どんどん順位を上げていく。5周目から雨は止み、コースは次第に

乾いていった。自分とピッツォニアとシェクターの3人が、ファステストラップを毎ラップ更新しながら周回を重ねる。乾き始めるとオーバテイクがどんどん難しくなってきた。にもかかわらず、誰も脱落しない。ドライバーにとっては非常に厳しい状況だ。

　終盤、ポール・スチュワート・レーシングのナレイン・カーティケヤンがベンとのバトルの末にコースオフし、そして復帰するのが見えた。こっちはもうすぐ5位争いを繰り広げるその集団に追いつきそうだ！ Boyoが無線で叫ぶ！「Go Taku, maximum attack! Push Narain! Take him!」と言うかと思えば「Taku, go taking a fastest lap. You need 64.7」とも言う。「どっちなんだー！」と思いながら、両方必要なことも分かっていた。しかし、集団に追いつけばファステストは獲れない。でも、バックオフすればナレインにも届かない。残り周回数は2周……。結局、バックマーカーがその間に1台入って、両方とも獲り損ねた。残念ながら9位でフィニッシュだ。

　ほんとうに悔しくて悔しくて夜も眠れない思いをした。この借りは絶対にシルヴァーストーンで返すぞ！　今度こそポール to フィニッシュだ！

（2000年7月号掲載）

ステップアップ・カテゴリーとはいえ、ファンサービスもしっかりやるのがイギリスF3の特徴。少し照れながら、サインに応じる。

第5回
ついに優勝だあ！

2000年 イギリスF3選手権　第5戦シルヴァーストーン／5月21日
第6戦ブランズハッチ／6月4日

若いねえ、ピッツォくん！

　色とりどりの花が咲き始める5月のイギリス。この辺りで、そろそろ自分もひと花咲かせないと、もうツボミは膨れきっていて、今にも破裂しそうだ。それに前戦ドニントンでの雪辱を晴らすためにも、今回は重要な一戦である。チームも自分もやる気満々で、第5戦の開催地、シルヴァーストーン・サーキットへやって来た。
　水曜日に行なわれたオフィシャルテストでは、1分15秒425のトップタイムをマークし、かなりいい手応えを掴んでいた。2番手はマナーのピッツォニア、3番手にベネトンのキエーサが着け、ポイントランキング2位につけるポールスチュワートのシェクターは8番手と不調に終わった。ドニントンからの流れは絶えていない。よーし、このまま週末も突っ走るぞ！
　予選が始まる土曜日までは一切走行がなかったが、この日もクルマは順調に仕上がっていた。予選は午前と午後の計2回あるけれど、チャンスは気温の上がりきる前、つまり午前中にあると見た。いよいよコースイン。タイアを充分にウォームアップさせてアタックに入るが、何故かクルマが安定しない。ピョコピョコとリアがムズガルのだ。結局満足なタイムを出せずに順位は中団をさ迷い、おまけにクリアラップもなかなか取れなくてイライラし始めてしまう。「このままではマズい」冷静さを取り戻すため、いったんピットへ戻ることにした。
　クルマの挙動や状況はあらかじめ無線でチームに伝えておいたから、メカニックが手早く"スパイス"を振りかけてくれた。そして2セット目のタイアを投入。この時点での順位は7番手だ。さあ、再アタック！　タイムは一気に上がるが、今日はタイミングがなかなか合わない。必ず遅いクルマに引っ

掛かってしまうのだ。今までならこれで焦って余裕がなくなってしまったかもしれない。でも、今回はタイムを出せる確信があった。予選時間は残り1分を切り、「Taku, last lap」とBoyoがいつものごとく無線で伝えてくる。メインストレートを駆け抜け、クリアな1コーナーが陽炎の中から浮かんで来た。呼吸を整え、ファイナルラップにすべてを賭ける！ 1分15秒573、惜しい！ わずかにトップのピッツォニアには届かなかったが、予選2番手、フロントロウは獲得した。

　ところが、暫定ポールのピッツォニアが失格となった。予選中のアタックを邪魔されて腹を立てたピッツォニアは、強烈なブレーキングテストを試みて接触事故を起こしていたのだが、これが危険行為と判定され、タイム抹消になったのだ。まだまだ若いねえ、ピッツォくん！

　予選2回目、予想通りコンディションは悪化。それでも誰かがタイムを更新すれば、いつでも対応できるようにはしていたが、誰もペースは上がらない。そこで我々はこの予選を、レースへ向けたテストセッションに費やした。余裕綽綽。結局ピッツォニアが5番手へ這い上がった以外はほとんど順位不動で予選終了。3戦連続のポールポジションが決定したのだ。バンザイ！

ライバルはひとり

　明けて決勝日。スタートの時間が近づくと、朝方まで残った雨は止み、日が差し込んできた。天気は問題なさそうだ。メインストレートアウト側、ポールポジションへ静かにクルマを止める。レッドシグナルが点灯、そしてグリーンに！ ホイールスピンは多めだったが、1コーナーにはトップで飛びこむ。が、「Red flag, red flag!」と無線でBoyoが叫ぶ。接触事故があったようだ。「なーんだ再スタートか……」もともと満足のいくスタートではなかったから、むしろラッキー。今度こそ完璧に決めるぞ！

　フロントロウのイン側には、ベネトンのキエーサがいる。まあ、こいつは問題ない。真後ろはシェクター、こいつも問題ない。その後ろのピッツォニア——奴はすぐ来るだろうな——なんて考えながら、再スタートを待つ。いよいよ2回目のスタート。完璧に近いスタートを切り、後続を一気に引き

離す。難なく1コーナーをトップで通過し、全開で逃げまくる。そしてヘアピンを立ち上がる時、ミラーに緑色のクルマがちらついた。「来たな!」1周目に1.5秒のマージンを築いたものの、宿敵ピッツォニアはすでに2番手へ浮上。序盤に少し差を縮められるが、常に0.8〜1秒位の間隔をキープ。ボクら2台だけが16秒台でラップを重ね、完全に集団から抜け出した。VSピッツォ。一騎打ちである。

しかし、ここから差は縮まらなかった。向こうもアタックできるほど近づけないし、こっちだって逃げ切れない。ちょっとヒヤリとしたのは、レース終盤に周回遅れのクルマと遭遇した時だ。しかも運悪く、なんとイエローフラッグが提示されていた。当然いかなる追い越しも禁止である。「早く行けって、こらー! ヤバイって!」スロットルを緩めざるを得なく、ピッツォニアが猛烈な勢いで近づいて来た!

せっかくキープしていたマージンが、一気に0.5秒以下となってしまう。でもここで抜かれたら、すべてが台無しだ。気を奮い起こして、ひたすら自分のドライビングに集中。それが効いたのか、彼との差はまた1秒ほどに戻った。今日はBoyoも無線で何も喋らない。唯一「Taku, last lap!」と言っただけだった。そして最終コーナーを立ち上がり、念願のチェッカードフラッグ。天高く拳を突き上げる。「やったー!!!」チームのスタッフがピットウォールの金網から落ちそうになってはしゃいでいたのが、物凄く印象的だった。「Congratulations, Taku! Brilliant race! Fantastic!」「Thank you! Thank you very much」無線からみんなが騒いでいるのが聞こえた。本当に嬉しい初優勝だった。

まるでジェットコースターみたい!

ロンドン近郊のブランズハッチは、イギリスで最もチャレンジングなサーキットだ。しかも、コース全体が森に囲まれていて、なかなか趣きがある。ところがブランズハッチは、これまでまったく走ったことのないサーキットでもあるのだ。不安と期待が入り混じった状態で、ボクのイギリスF3第6戦は始まった。

今回のオフィシャルテストは30分×4回。最初のセッションはコース習得

のためにひたすら周回を重ねる。歩いて下見したときに、とんでもないコースだと思ったが、やはり走ってもとんでもなかった！ かなりの傾斜がついているホームストレートには、同時にアップダウンもあり、1コーナーは何も見えない。ようやくクリッピングポイントが見え始める頃には、ジェットコースターのように駆け下る。そして今度は物凄い勢いで坂を駆け上がり、まるでUターンするかのようにヘアピンを回りながら、また下るのである。森の奥へと消えて行くバックストレートエンドには、急坂を登りながら5速210km/hでコーナリングするスリリングなコーナーが控え、さらには「ディングルデル」と呼ばれるシケインへ突入する。このシケイン、丘の頂点に位置するため、先がまったく見えないのだ！ コース幅も極端に狭く、両側の縁石を跨ぎながらギリギリのラインをトレースする。その通過スピードはおよそ180km/h。しかもクルマは一瞬、宙に浮くのだ！ みなさん、想像してみてください。なかなかシビレるでしょ！

　最終的に1分18秒837で2番手のタイムをマークし、ここでも予選へ向けて上々の滑り出しを得た。トップはピッツォニア。そして、昨年ここで優勝したナレイン・カーティケヤンが僅差の3番手に着ける。

　そして土曜日。気持ち良く晴れ渡った空の下で、全車一斉にコースイン。まずは計測3周目、1分19秒826で3番手だ。しかし、例のディングルデルで、いきなりクラッシュ発生。赤旗中断となった。トップとの差はコンマ2秒だ。

　今度はセッション再開と同時に意気込んで出て行ったのだが、思わぬ失敗をしてしまう。なんと1コーナー、パドックベンドでバランスを崩し、ハーフスピン。しかも、あまりに急な下り坂でリカバーできず、そのままコースアウトしてしまったのだ！ 目の前を次々に通り抜けるクルマを見ながら、自分の順位が気になっていたが、最後まで3番手をキープできたのは幸運としかいいようがない。

　続く予選2回目。まずは1セット目のタイアを使って、フィーリングをチェックする。ところが早い段階で雨がパラパラと降り始めてしまった。「Taku, Ca…m…into…p..!」どうやらピットへ戻れと言っているらしい。ところが、またもハプニングは起きた！ 超危険地帯のディングデルは、タイムを大幅に縮められる大切なポイントでもある。そこへオーバースピードで突入し、進

入角度を誤った。マシーンは空中で姿勢を崩し、そのまま着地に失敗してスピン。後ろからガードレールにヒットしてしまったのだ！「Shit! I hit the barrier, Boyo. It's over. sorry」何ということだ！ これは完全に自分のミス。悔しいけど、何も言えない。

　結局、2セット目のタイアを使う前に、ボクの予選は終わった。最終的にナレインが3番手へポジションアップしたが、これだけ早々と予選から消えたのにもかかわらず、総合4番手を守りきった。もちろん、PPは喉から手が出るほど欲しかったけど、自分の失敗でフイにしたようなもの。こんなことで流れを絶対に失わないよう、自分に言い聞かせながらその晩は寝た。

またもや表彰台へ！

　迎えて決勝当日、ボクは心の昂ぶりを抑え切れなかった。勝利の後の重要な一戦。ここでの頑張りが後に大きく響いてくるはずだ。フォーメーションラップは異常な緊張で恐怖さえ感じるほどだった。

　ここブランズハッチはオーバーテイクが難しいので、スタートに全神経を集中する。タイミングは絶妙とは言えなかったが、スタートダッシュはほぼ完璧だった。（データロガーが記録した0－100km/h加速は2.634秒！） 1コーナーにトップで進入したピッツォニアに追突寸前まで迫り、アタックを仕掛ける。しかし、新品のタイアを履いていたため、1周のフォーメーションラップでは充分なグリップが得られず、手応えが悪い。それにイン側にはチームメイトのベンがいたので、ここは無理せず、やさしくサイドbyサイド(笑)。とりあえず3番手で周回を重ねることになった。

　予選をクラッシュで終え、いきなりレースに臨んだためか、自分のなかにどこか攻め切れない部分が残っているようだ。いつもと違ってペースの上がり方が悪い。おかげでトップに離されかけてしまう。だが、ベンのペースも鈍ってきたのでオーバーテイク。彼はその後、オーバーヒートでリタイアとなった。残り周回はナレインとのマッチレースだった。プレッシャーは厳しかったけれど、一度も直接攻撃を受けることなく勝負はついた。もちろん優勝できなかったのは悔しいけれど、予選までの流れを考えたら、この2位も意味があるとは思っている。

これでポイントランキングも4位へ浮上。次回はドニントンパークでのダブルヘッダー。いよいよイギリスF3もシリーズ折り返し。ここからが本当の勝負！思いきり暴れます！（2000年8月号掲載）

ついに上った表彰台の真ん中！ イギリスF3では91年に野田英樹選手が優勝しているけれど、日本人によるポールtoフィニッシュは史上初とか。本当に嬉しかったし、それ以上にほっとした瞬間だった。

第6回
フライングの判定に怒り爆発

2000年 FIAフォーミュラ3・ヨーロピアン・カップ ポー／6月12日
　　　　イギリスF3選手権 第7戦ドニントンパーク／7月2日

せっかく楽しみにしていたのに……

　トゥール・ド・フランス。この世界最大の自転車ロードレースは、学生時代の僕にとってF1グランプリと並ぶ憧れの存在だった。その長く険しい行程のなかで、とりわけ魅力的なのがアルプスやピレネーの山岳ステージだ。今回、ポーにやってきた僕は、雪に覆われて雄大な景観を見せるそのピレネー山脈を、いつまでも眺めていた。サイクルスポーツとモータースポーツ。僕を魅了して止まないふたつの競技は、時の流れのなかでひとつとなり、伝統のグランプリ・ド・ポー市街地コースに辿りついたのだ。

　ポーの一戦は国際格式のイベントだが、フランスF3選手権の第5戦でもある。イギリスからは我らがカーリン、マナー、RCベネトン、ローワンの4チーム8台が参加。ドイツからもポイントリーダーのBSRが出場しており、各選手権を戦うクルマとドライバーがどんなレースを見せることになるか、とても楽しみだった。

　実際に歩いてコースを下見すると、市街地コースならではの難しさがすぐさま理解できた。舗装状態は様々に変化し、排水性を考慮した路面はカマボコ型の断面をなす。その他にもバンプやアンジュレーションはもちろんのこと、白線や排水溝、縁石……、数え上げたらきりがない。いずれにしても、一般的なセオリーは通用しないのが市街地サーキットだ。ましてや使い慣れないミシュランタイアを使用するなど、すべてが初めてづくしなのだから、僕にとって厳しい戦いになることは間違いなかった。

　そんな状況で始まった土曜日の公式練習。1回目の練習走行はたったの20分しかない。おまけに生憎の雨。しかし、ともかくコースを覚えること

が先決だ。積極的にラインを変えながら、グリップする場所、クルマが安定する場所を探る。結局、色々試しながら走った結果は、2番手ピッツォニアを1秒も引き離してのトップタイム。順調な滑り出しだった。続いて午後にも公式練習が設けられていたが、こちらも30分間と非常に短い。おまけに雨足は強くなる一方だ。晴れ渡るフランスの陽光はいったいどこへ行ったのだろうか……。この日は、結果的にドライで走れなかったことが不安要素として残った。

　明けて予選日は朝から素晴らしい天気に恵まれ、肝心要の予選は完全なドライコンディションとなった。ミシュランのスリックタイアはもちろん初めての経験。だからって弱音なんか吐いてられない。攻めて攻めて攻めまくるのみ！ガードレールぎりぎりを全開で駆け抜け、予選Aグループ2番手のタイムを叩き出した。ここポーでは参加台数が30台と多いため、ABの2グループに分けて予選が行なわれた。もっとも、走るたびに路面コンディションは改善されていくから、後発のBグループがまずは暫定PPを獲得し、僕は自動的に暫定の4番手となった。

　午後は何としてもグループのトップを獲りたかった。ポーは実質的にオーバーテイクが不可能なサーキットと言われているからだ。ところが、午後の予選を前にして、上空に雨雲が現われた。時折、雨がパラつく。「ああ、これでポールポジションは無理かな……」と思ったが、セッションが始まる頃には路面コンディションも回復の兆しを見せていた。そして、この週末最大のハイライトとなる、白熱のタイムアタック合戦が始まったのである。

　路面の状態は予想以上に変化していた。ラバーグリップのおかげでタイムはぐんぐん上がったが、逆にシャシー・バランスはどんどん崩れていく。特に我がチームは被害甚大で、チームメイトのベン・コリンズは21番手まで墜落。僕も序盤は5番手に留まっていたが、ニュータイア投入と同時に赤旗を出され、残り8分にすべてを賭けなければいけなくなった。しかも、"さあ、これから！"という大事な時に、高速コーナーのひとつでガードレールに接触。タイアをパンクさせ、万事休すとなったのだ。おかげで見る見るうちに順位は落ちていき、なんとグループ12番手、予選総合24番手という、最悪のポジションまで後退してしまった。ちなみにポールポジションを

獲得したのは、ポーで4年のキャリアをもつジョナサン・コシェだった。

　ほぼ最後尾からのスタートとなったが、やるからには全力を尽くそう。まずは1コーナーまでにどれだけ順位を上げるかが勝負だ。狙い通り、スタートから一気に3台をごぼう抜き。その先はあまりにコース幅が狭く、前車に引っ掛かってスロットルを緩めざるを得なかったが、スピードはまだ鈍っていない。そして1コーナーへ向けてポジション争いが激しくなった。ところが、なぜかみんな揃ってイン側へ固まっていくではないか！「？？？」と思って、アウトから一気に仕掛けてみると、スルスルと4台ほど抜いてしまった。「ほほー！」と思っていたら、目の前で接触事故発生！　なんと1コーナーが塞がれていたのだ。懸命のブレーキングで止まることは止まったが、今度は後ろから物凄い勢いで追突されてしまった。おかげでクルマがダメージを負い、そのまま動けなくなった。

　なんとも残念で仕方がなかった。他国のライバルたちと直接対決できなかったことが非常に悔やまれたが、こうなっては仕方ない。もとを正せば、予選であんな所にいた自分が悪いのだ。ポーに着いてから、天国から地獄まですべて見たような気がする。もうこの週末は忘れよう。次に彼らと戦うのはスパ-フランコルシャンになるはずだが、その時は絶対に負けないぞ！

またもやダンパーに振り回される

　第7戦の舞台となるドニントンパークでは、5月にポールポジション失格騒動を経験していたが、ここは99年フォーミュラ・オペルで初優勝した思い出のサーキットでもある。というわけで、僕もチームも並々ならぬ覚悟でレースに臨んだ。

　今回はグランプリコースを使用するため、ショートコースを使った前回に比べると、シケインとふたつのヘアピンが追加される恰好となる。つまり、2速を使うコーナーがいきなり3つも増えるわけで、当然のことながらクルマのセッティングも微妙に変わってくる。おまけに、第3戦オウルトンパークで不発に終わったプロトタイプ・ダンパーのバージョン2が完成したとかで、さっそく使用することになった。しかし、このダンパーが届いたのは、プラク

ティス当日の朝という有様。まったくもって、テストもしないで実戦投入するあたり、さすがというか懲りてないというか……、ハア(と、ため息)。例によって机上では素晴らしい効果を確認しているそうだけれど、やっぱり心配だなあ。

　フリープラクティスは時折小雨が降る中で行なわれたが、路面コンディションは完全にドライ。ところがペースを上げていくと、クルマの動きがどうもおかしい。すぐさまピットに戻って挙動を伝え、セッティングの変更を行なう。しかし根本的に何かが間違っているのだ。絶対、例の代物に違いない！(苦笑)午後のセッションでは、前回のドニントンで使ったのと同じスペックのダンパーを装着。すると一気にペースを取り戻し、4番手に着けたのである。トップとの差は0.2秒もない。公式予選に向けて、まずまずの感触を得ることができた。

　今回のドニントンもダブルヘッダーのため、土曜日は午前中に予選1回目、午後に予選2回目、そして夕方6時からは決勝レースというハードスケジュールだ。まずは予選1回目、たった0.5秒の間に13人がひしめくという接戦のなかで、自分は7番手に終わった。クルマが妙に安定していて、ここ一発のタイムが出ない。どうやら、ダンパーのテストで貴重な時間を費やしたために、セッティングを詰め切れなかった影響が出たようだ。なんとも悔しい。

　やや攻めのセッティングに変更して臨んだ午後の予選では、序盤こそ3番手につけていたものの、作戦に従ってガソリンを少なめに積んでいたため、チェッカーまで5分を残して走行を取り止めた。この結果、最後の最後で7番手まで後退してしまった。もっとも、今回もタイム差はほとんどなく、予選順位はルーレットで決めたも同然だった。いずれにせよ、どちらの予選も納得の行く結果ではなかったので、今回もスタートで一気に飛び出すしかなさそうだ。

絶対にフライングじゃない！

　さて、2回の予選を終えてもまだ一息つけない。そう、土曜日の夕方6時からレースがあるのだ！ この時期、緯度の高いイギリスでは夜の10時頃

まで明るいが、精神的にはあまり歓迎できないものがある。

　直前まで雨が降ったり止んだりしていたが、とりあえずライン上は乾いており、結果的には全車スリックタイアでフォーメーションラップに臨んだ。そのフォーメーションラップで不可解な行動を取ったのが、PSRのトーマス・シェクターである。左右にクルマを振ってタイアを温めている自分に突然急接近してくると、ピシャ！と当ててきたのだ。「？？？」向こうはその衝撃でフロントウィングを壊したらしい。その後、メルボルンヘアピンでまた急接近してきたかと思うと僕に並びかけ、もの凄い見幕で怒りながら拳を挙げていた。何が何だか訳が分からなかったので、軽く会釈と共に手を振ってあげることにした。「バイバイ、トーマス！」ところが、この接触が引き金となって、後に僕のリアタイアはスローパンクチャーに見舞われたのだ。まったく、なんて迷惑な奴だろう。

　グリッド7番手は1コーナーに向かってイン側に当たる。この場所は、ちょうどレーシングラインが横切っているため、片方の車輪を乾いた路面に乗せることができた。さあ、スタートだ！　クラッチミートは絶妙、やや湿った路面のためわずかにトラクションが抜けかけたが、すかさず四輪すべてをドライラインに乗せて猛烈ダッシュ！　1コーナーには"大外"から攻め込んで、一気に4番手へ浮上した。ところが、スタートでオーバーテイクしたはずのブルーニにクレーナーカーブで抜かれてしまい、1周目は5番手で通過することとなった。

　迎えて6周目、1コーナーでブルーニが3番手コーコルディに仕掛けたところで2台は接触。冷静に構えていた僕は4番手へとコマを進める。さらには11周目のヘアピンで、ブルーニが前を行くカーティケヤンのインサイドに飛び込んだ。これを見た僕も、ドサクサに紛れてバトルに参加。最終コーナーのアウト側からカーティケヤンに並び、"大外狩り"を仕掛けて3位浮上を果たした。しかし、この後はリアタイアの内圧が徐々に下がっていき、ペースが上がらないまま3位でチェッカーを受けた。これでイギリス選手権では3戦連続で表彰台を獲得したことになる。まあ、まずまず、といったところか。

　続く第2レースは昨日より1列前の5番手からスタート。もう優勝を狙うし

かない！ グリーンランプの点灯と同時に動き出す、絶妙なタイミングのロケットスタートだ！ いっぽう、ポールシッターのキエーサはいつもどおりの"ヘボ"スタート。おかげで予選2位のコーコルディがトップへ躍り出たが、1コーナーで僕はその直後につけていた。イン側にはピッツォニアがいる。そこで、「覚えているかい？ ピッツォくん！」とばかりに、僕はブレーキングで"大外狩り"。前回1コーナーで僕にすっ飛ばされた彼はおとなしく引き下がった。これで2番手を確保。さて、照準をトップにロックオンし、追撃を開始……と思った2周目に、Boyoが無線で呼び掛けてきた。最初は上手く聞き取れなかったが、よくよく聞いてみれば「Stop and go」と言っている。「なんでーっ？？」と、最初の1ラップ目は無視したが、次に入ってこないと黒旗だと通告される。仕方なく、「I can't believe it!」と叫びながらピットへ戻った。

　ピットロードで一瞬停止して、すぐにコースへ復帰したが、すでに12番手まで順位は落ちている。必死になって前を追いかけ、最終ラップの最終コーナー、鬼神のオーバーテイクでカーティケヤンから9位をもぎ取ったが、まったく、これ以上の悔しさは味わったことがない。

　ストップ＆ゴーはフライングスタートを犯したためのペナルティだった。しかし、どうしても納得できず、スタートのVTRを見せてもらったが、その映像には驚くべきことにシグナルが写っていなかった。それでどうやってフライングと判定できるのか！ 聞けば、自分ひとりが先に動き出していたために、フライングと判定したらしい。そんなのあたりまえだ！ 周りの反応が遅いだけじゃないか！ しかも、昨日のスタートが怪しかったから、今日は厳しく判定したという。まったく納得いかない。今回ばかりは怒りが爆発した。本当に完璧なスタートだったのに……。

　優勝を外的要因で封じ込められた怒りは、いつまでたっても引くことはなかった。でも、これで怯んだらおしまいだ。次回も絶対に最高のスタートを決めて見せるぞ！ みなさん、見ていてくださいね！

（2000年9月号掲載）

第7回
スパとクロフトで2連勝!

2000年 フランスF3選手権 第5戦 スパ-フランコルシャン／7月8-9日
　　　　イギリスF3選手権 第8戦 クロフト／7月23日
　　　　第10回 マールボロ・マスターズ ザントフルート／8月6日

予選8位からトップへ!

　ベルギーのスパ-フランコルシャンは憧れのサーキットのひとつだ。自分の足でオールージュに立ってみると、F1のテレビ中継では伝わりきらないそのスケールの大きさに、改めて驚かされる。グランプリカーならさぞかししびれるだろうなあ……なんて考えつつ、1周約7kmにも及ぶ雄大なスケールのサーキットを、さっそく下見に出かけてみた。

　今回のスパ-フランコルシャンはフランスF3選手権の一戦。つまり、我々にとっては秋にイギリス選手権として開催されるFINAマスターズを睨んでの参戦であり、他にもイギリスからはポール・スチュワート・レーシングを始めとする計8台が遠征してきていた。

　初日は雨となり、ミシュランのスリックタイアはまたもや予選までお預けとなる。しかし、翌土曜日はきれいに晴れ渡った。今回のフランスF3はダブルヘッダー・レース。土曜日、日曜日ともに一日で予選と決勝を行なうため、使えるタイアはそれぞれ1セットのみだ。そしていよいよ始まった1回目の予選。ところが、しなやかでグリップ力の高いミシュラン・タイアは、我々のクルマとのマッチングが予想以上に悪い。これほどのオーバーステアは味わったことがなく、タイムどころの騒ぎではなかった。すぐさまピットへ戻りセッティングを変えたが、問題を解消するには根本的な変更が必要なため、応急対策だけ施してコースへ戻る。暴れるクルマを押さえつけて、なんとかトップと同じ2分14秒台を叩き出したものの、予選8番手が限界だった。しかし僕は何も心配していなかった。タイムの出ない原因は分かっている。それにここはオーバーテイクポイントもたくさんあるし、レースは絶対に大丈夫!

　午後の決勝に向けて大幅なセッティング変更を行なった我々は、2周の

ウォーミングアップランもフルに使ってクルマを煮詰めていく。フランスF3は無線交信が禁止されているので、チームと的確なコミュニケーションを取れないのが辛いところだが、ハンドリングは見違えるように良くなった。さらにグリッド上で車高やキャンバーまで変更。万全の準備で決勝を迎えた。スタートは絶対に負けない！　前戦ドニントンパークでのフライング裁定が、まったくただの言いがかりであることを証明しなければならない。ここでビビっておとなしいスタートなんて絶対にしないぞ！

　今回のスターティンググリッドはF1と異なり、オールージュ手前のホームストレートに整列する。そこはかなりの下り坂のため、スタートの瞬間までブレーキペダルを使わなければならず、いつもより忙しい。それでも得意の"ロケット・スタート"を決めることに成功。目の前ではフロントロウの2台がスタート直後からやり合っている。PPのモンテイロが2番手のシェクターを牽制。シェクターは行き場を失ってポジションを落とす。僕はといえば早くも4台を抜き去り、すでに4番手。トップ3は相変わらず凄まじい順位争いを行なっているが、とりあえずは大人しく様子を見て、バスストップシケインまでやってきた。ここでハプニングが発生する。2番手を走行中の福田選手にカーティケヤンがイン側からブレーキング競争を仕掛けたのだ！　さらにその内側にシェクターが飛び込んで行く！　おまけに僕もシェクターを抜こうとしていたから大変だ。さすがに"バス停"に4台は無理だろう！？　ここはひとまず引いたが、結局シェクターと福田選手は止まりきれずに2台ともシケインをストレートカットしていった。ところが、これだけでは収まらない。コースへ復帰してきたそのふたりが、ラスルス・ヘアピンの手前でまだやり合っていたのだ。押し出される形で態勢をくずしたカーティケヤンは、なんとシェクターに追突。2台のPSRが一瞬にして消えていった。おかげで、こっちは一気に2つもポジションアップ。さらにフロントウィングにダメージを負った福田選手をパスし、PPのモンテイロを猛追した。まるまる3周をかけてそのモンテイロに追いつき、真後ろについて様子を窺う。

　実はスタート前のドライバーズブリーフィングで、「イギリス勢はフランス選手権の邪魔をしないように！」と釘を刺されていた。そのため、ケメルストレートのブレーキングでもいけそうだったが、慎重に後ろへ付いてしばら

く様子を見ることにした。ひとつ分かったのは、モンテイロくんはプレッシャーに弱いということ。背後に忍び寄ると、いたるところでミスをし始めたのだ。で、こういうチャンスを見逃す手はない(笑)。公道へと合流する4速の高速コーナーを抜け、一気にロックオン！　その瞬間、身体も操舵感も"ふっ"と軽くなった。そう、完全にスリップストリームへ入ったのだ。そしてバスストップシケインでのブレーキング競争に競り勝ち、ついにトップへ躍り出た。そこからはファステストラップも叩き出して、完全に一人旅。予選8番手からの優勝だって可能なのだ！　本当に嬉しい！

ぶっちぎりでリードしてたのに……

　翌朝の予選は、雨上がりのセミ・ドライコンディション。昨日のレースを走りきったことで、データも豊富になったし、ミシュラン・タイアの特性も完璧に把握できた。心配事は何ひとつない。実際、セッション終盤にはカーティケヤンとランデブー走行になる場面もあったが、結果は2番手で、フロントロウを確保できた。

　スタートまで1時間となったところで大粒の雨が降り始める。大好きなウェットレースになりそうだ。期待に胸が弾む。レース直前に行なわれる2周のウォームアップランでは、コース上にできる川や水溜りを慎重にチェックした。優勝を狙うなら、1周目からペースに乗せなければならないからだ。

　いよいよスタート。PPはフランスF3ポイントリーダーのJ.コシェである。一瞬、ふたり揃ってホイールスピンをさせてしまうが、スロットルを緩めて、トラクションを呼び戻す。そして予定通りのスタートでトップへ躍り出た。さあ、ここからは見せますよ、僕のレインダンス！　とにかく全開だ！　オープニングラップを終えて、コントロールラインへ戻ってきたときには、2番手コシェに約6秒もの大量リードを築いていた。そして雨のオールージュへ5速ほぼ全開で突入していく……が、ここで重大なミスを犯してしまう。レース前のウォーミングアップランはピットロードを通過しなくてはならず、オールージュの下見ができない。このことを、すっかり忘れていたのだ。もちろん僕自身はそのスピードでも通過できるつもりだったが、坂の下に大きな水溜りが潜んでいた。そのため、クルマがボトミングした瞬間にアクアプレーニングを引

き起こし、まるで巨人が指先で豆を弾いたような、とてつもない勢いでスピン。オールージュの急坂でも止まりきれず、そのままクルクルと坂を駆け上がって、ヒルトップのタイアバリアに突き刺さったのだ。

なんということだろう！　ぶっちぎりのトップで飛び出すとは！　レースはその2周後に起きたアクシデントのためにセイフティーカーが入り、まもなく赤旗で中断となった。結局スタンディングスタートからのタイムだったにもかかわらず、なんと僕がファステストラップを記録。くっそー！　でも、これも大事な教訓にしなければいけませんね。きっと、秋のスパは大丈夫ですよ！

ポール・トゥ・フィニッシュだあ！

イングランド北部のヨークに位置するクロフトサーキットは天候が不安定なことで有名だが、この日はめずらしく汗ばむほどの好天に恵まれた。イギリスにも短いながら夏はあるのだ。

スパ遠征後に、我々は以前から問題の多かったプロトタイプダンパーを徹底的にテストした。どんなに素晴らしいマテリアルでも、テストを繰り返して熟成させなければ宝の持ち腐れだ。今回は、準備万端整ったそのダンパーを実戦投入することになった。走行初日のテストでは、1分14秒357のトップタイムを記録。順調な滑り出しだ。2番手は前回PPのキエーサだが、タイムは1分14秒723で、その差は小さくない。

予選が行なわれる土曜日は、前日とは打って変わって冷たい風が吹き、いつものどんよりとした"ブリティッシュ・ウェザー"に戻ってしまった。今回の予選では一発でタイムを出すことを狙い、燃料積載量は少なめ。そんなわけで、予選開始直後はピットで待機する。ライバルたちが叩き出すタイムは、昨日のテストよりコンマ6秒は速い。Boyoが無線で知らせてくれたラップタイムを頭の中で描き、「自分は絶対13秒台を出してみせる！」と気合いを入れてコースイン。念入りにタイアをウォームアップさせてから、いよいよアタックラップに入る。1回目は遅いクルマに引っ掛かってしまったが、2回目に早くも14秒フラットで暫定のポールを確保。さらに1周のクーリングラップを挟んで、超全開フルアタック！　叩き出したタイムは1分13秒773。もちろんぶっちぎりのPPだ！

午後の予選では、決勝向けのセットアップを試していたものの、中盤過ぎになるとシェクターが迫ってきた。そこで予め用意してあったニュータイアに履き換え、こちらもアタックに入ったが、4速へシフトアップした瞬間、軽いショックと共に異音が発生したのに気づいた。ギアボックストラブルが発生したようだ。そのまま走るとダメージが拡大する恐れがあったので、すぐさまニュートラルに入れてエンジンを停止。コースサイドにクルマを止めて、他のドライバーたちの走りを眺めることにした。結局シェクターが2番手へ上がり、キエーサは3番手となったが、PPは守りきった。それにコースレコードも更新！トラブルは残念だったが、結果的にコンディションの良いタイアを温存できたから、これはこれでOKだ！
　決勝日の朝は少し小雨が降っていたけれど、午後からはドライになりそうだ。気温も昨日とさほど変わらず、風向きも同じ。これならば、昨日のうちに試しておいた決勝セットアップでドンピシャリだろう。この日、メカニックの飯田さんはいつも以上に緊張していて、とても険しい表情を見せていた。ジョンボーイにしてもしかり。みんなシルヴァーストーンの時とは違った雰囲気だった。唯一いつもと変わらないのはBoyo。相変わらず「Good morning, Taku. Did you sleep well?」とご機嫌だ（笑）。そしていよいよコースインの時間が迫ってきた。いつものごとく飯田さんにハーネスをしっかりと締めてもらったところで、僕は「大丈夫。オープニングラップで1秒以上引き離して帰ってくるから！」と言い放ち、目を閉じた。
　フォーメーションラップで最大限タイアを温めて、グリッドへ静かに停車。そしてシグナルグリーンと同時にスタートダッシュ！難なくトップで1コーナーへ飛び込み、オープニングからとにかくハードに攻める。公約通り1周目に1.3秒引き離すと、あとは毎周その差を広げるだけだった。もちろんファステストラップも獲得！そのまま集中力を欠かさないように残りの周回を走りきって、遂にイギリスF3で2勝目を挙げた。みんなとても喜んでくれた。僕もすごく嬉しかったので、思わず最終コーナーから左右にクルマを振り回して、パワーリフトしながらチェッカーを受けたのだが、これが危険行為とみなされ、なんと罰金を払うはめに……。せっかくお咎めなしのパーフェクトウィンだと思ったのに！

それにしても今回はとても意味のある、実に気持ち良いレースだった。週末を通して、一度もトップを譲らなかったし、すべてが完璧。チームも本当に素晴らしい仕事をしてくれた。僕を支えてくれているすべての方々に感謝の気持ちでいっぱいです。みなさん、たくさんの応援、本当にありがとうございました。

悪夢のエンジンストール

　昨年、僕はコースサイドからマスターズを観戦していた。毎セッション、すべてのコーナーへ足を運んで、じっくりと彼らの走りを観察したのだ。もちろんそれは、このF3世界統一戦の"マールボロ・マスターズ"に、翌年はドライバーとして戻ってくるつもりだったからだ。

　アップダウンもバンク角も程良く付いたザントフールトは、相変わらずダイナミックで攻め甲斐がありそう！　ただ、海岸沿いなので風が強く、砂浜から飛んでくる埃も無視できない。コンディションは驚くほど変わりやすいのだ。

　金曜日のフリープラクティスは20分のセッションが2回だけと、驚くほど走行時間が短い。いっぽうで、マスターズ専用のブリヂストン・タイアはコンパウンドがソフトなため、セッティングの善し悪しがハンドリングに大きな影響を与えそうだ。そこで、できるだけセッティングを大きく振って、まずは大まかな方向性を確認することにした。

　予選日の朝、ホテルの窓から見える海はとても穏やかで、ザントフールトの空は気持ち良く晴れ渡っていた。今回のマスターズには40台がエントリーしたため、予選はA／Bの2グループに分けられた（僕は偶数番号なのでBグループ）。まずはAグループの予選をじっくりと観察する。昨日のプラクティスに比べると、ラップタイムは1.5秒以上も速いので、路面コンディションはかなり良さそうだ。しかし、タイムの出方からして、タイアが傷むのも相当早そうだった。Aグループのトップは1分33秒565。とりあえずは、これがターゲットタイムだ。

　そしてBグループも続々とコースイン。やはりタイアのグリップレベルがまったく違う。まずはスパッとトップタイムを出すが、タイアライフを考えると、アタックは3周が限界だ。ここでコシェがタイムを塗り替えてきたので、我々

も2セット目のニュータイアを投入。渾身のアタックで1分33秒214を叩き出し、トップへ返り咲く！ が……、またもコシェ！ 1分33秒192で逆転される！ その差0.022秒……。「ぢっくしょー！！！」なんと悔しいことか！ 午後になるとコンディションが悪化し、2回目の予選でタイムアップを果たす可能性はなくなった。結局、僕のグリッドは3番手。でも、明日はスタートから狙っていくぞ！

　マスターズのスタート。遂にこの時が来た！ 興奮は最高潮に達する。7万5000人の大観衆の中で、フォーメーションラップがゆっくりと完了。そしてレッドシグナルが点灯……長い……ん長いよ！ ……どうなってんだ……？ 実はこのとき、4番グリッドのカーティケヤンがエンジンストールしていたらしいが、15秒以上もスタンバイしていたおかげで、クラッチの温度は急上昇！ これが後でトラブルを引き起こすとは予想もできなかった。

　そして、もう一度整列し直して2回目のスタート！ いつも通り最高のタイミングでクラッチミート……ところが！ クラッチが張り付き、今度はなんと自分がエンジンストール！ まったく信じられなかった。本当に悪夢だった。PPのコシェがロケットのように遠ざかっていく。ところが、自分ひとりが取り残されてしまった。「Boyo, I stalled……」

　ピットへ押し戻されると「Taku, go！」と、チームがエンジンを再スタートしてくれた。運良くセイフティーカーが導入されていたレースに、僕は1周遅れで合流。最後尾37番手からの追い上げとなる。もはや普通の精神状態でなかったけれど、2周後に再スタートが切られてからは、猛然と追い上げを開始した。それこそ蹴散らすかのように毎周のポジションアップ。渋滞の網目を縫うようにして、前へ前へと突進した。そして見かけ上の18番手まで挽回するころには、タイアもかなり酷使したし、クリアラップも取れなかったけれど、ファステストラップの0.1秒落ちを記録できた。ストールさえなければ、間違いなく……。いや、もうこれ以上言うのは止めよう。とにかく、素晴らしい仕事をしてくれたチームや、応援してくれた多くの方々に、本当に申し訳ない思いで一杯だった。でも一刻も早く気持ちを入れ替えることも大切。これをスプリングバックに、次のシルヴァーストーンは、おもいきり気持ちの良いレースにするぞ！（2000年10月号掲載）

第8回
ポール・トゥ・ウィンで今季3勝目

2000年 イギリスF3選手権 第9戦シルヴァーストーン／8月20日
第10戦スネッタートン／9月3日

ライバルを突き放してPP獲得

　予選前日の晩、激しく窓を叩く雨の音で、僕は何度も目を覚ました。これまでも似たようなことはあったけれど、一度として期待通りに雨が降ったことがない。それでも「明日は雨の予選かな……」なんて夢心地で期待していたが、結局あくる日のシルヴァーストーンはいつも通りの晴天に恵まれた(晴れは好きなんだけどね。ただ、たまには雨もいいかなあって思っただけ)。

　少し強めの風が吹いていたため、路面はどんどん乾いていく。おかげで予選直前にはコースの90％が乾いていたが、気がつけばまたもや雨雲が姿を現わしていた。こういう時の判断は非常に難しい。待てば、それだけニュータイアのおいしいところを、それもより乾いた路面で使えるけど、欲張りすぎて雨が降りだせば元も子もなくなる。答えは簡単には出ないものだ。僕は早々とコクピットに収まって、エンジニアと無線で話しながらタイミングを見計らっていた。「Hum…… It's tricky, really tricky isn't it!」Boyoはなんだか嬉しそうに空を眺めている。この人はいつでもこんな感じ。誰よりもレースの駆け引き楽しんでいる(Boyoはとってもかわいいんだ!)。そしていつものように、チームオーナーのトレヴァーは、そのとなりで心配そうに僕らのやりとりを聞いている(笑)。

　予選開始から5分が経過。主にスカラシップクラスのドライバーたちがタイムアタックを続けているなか、トップチームでは唯一、PSRのシェクターがコースへ出て行った。おそらく様子見だろう。そう言えばこの人、先週ジャガーF1のテストドライブをした。「見てろよ、そのうち僕だって……」という思いは拭いきれない。それはともかく、シェクターが走り始めて3分と経

たないうちに、チームメイトのBenがしびれを切らしてコースへ飛び出していった。これに続いて、他のドライバーも続々とコースインしていく。「Do you want to go now, Taku?」「Ahh……Not yet. I want to wait another a couple of minutes」毎周のように入れ替わる順位とタイムを、Boyoが絶えず無線で伝えてくれる。どうやら天気は持ちこたえてくれそうだ。BenのP2と書かれたピットボードを確認する。Boyoに目で合図を送り、エンジンに火を入れた。さあ、行くぞ！

　まだ所々濡れているところもあったが、レコードラインはドライ。これなら行ける！　いつもより1周余分にタイアを温めてからタイムアタックへ突入した。ピットボードの最上段はポジション、真ん中がトップタイム、そして一番下が予選残り時間を示している。この時点では1分16秒5が僕のターゲットタイムだった。

　まずは1回目のアタックでクルマのフィーリングをチェックし、アタック2周目にタイムを出す。16秒フラットで、いきなりトップタイム。それから他車との間隔を見計らいながらクールダウンを行ない、続けてもう一度アタック。今度は15秒台へ入れた！　その後も再び15秒台へ乗せて、難なく暫定ポールを獲得。2番手には0.142秒差でカーティケヤンが続いた。

　セッション開始直後に調子の良かったBenは、なんと10番手まで後退。僕が絶妙のタイミングでアタックしたことを示す何よりの証拠である。ピッツォニアとシェクターは、それぞれ5、6番手に並んでいるが、タイムは接近している。油断は禁物だ。

　午後の予選2回目は完全なドライコンディションとなったが、気温も上昇したのでタイムアップは微妙なところ。まずは予選1回目で使ったタイアを履き、決勝用セットアップの方向性を確認。今のところ午前中のタイムを更新しているドライバーは見当たらないが、2セット目のニュータイアを投入して、さらなるタイムアップを狙う。

　走り出した直後のフィーリングはなかなか良かった。ほどなくして、ピッツォニアが2番手へ躍り出たことをBoyoが無線で伝えてきた。「来たな……」16秒フラットが3人、なかなかの接戦になっているみたいだ。そうとなればこちらも行くぞ。渾身のドライビングで叩き出したタイムは、午前中のタ

イムをわずかに上回る1分15秒827！　今季5回目のポールポジション獲得だ。やったー！

ピッツォニアとの一騎打ち！

　明けて日曜日は、見事なほど穏やかな快晴。絶好のレース日和となりそうだ。決勝スタートの時刻は午後2時。それまでにチームとのミーティングやドライバーズブリーフィング、ピットウォークでのサイン会など、いろいろとやることがある。それにしても、こちらのお客さんはとても層が広い。一部の熱狂的なレースファンだけではなく、老若男女を問わず、本当にたくさんの人たちがモータースポーツを楽しんでいる。その中で最も多いのが家族連れで、子どもたちの多さにも驚かされる。熱心にお気に入り選手のアルバムを作ったり、こちらが驚くような、思いもかけない昔の写真を持ってきたりして、思い思いにドライバーたちとの交流を楽しんでいる。

　さて、今回のスタートは、さすがに意識しなかったと言ったら嘘になるだろう。スタートでエンジンをストールさせたマスターズの直後だったから、クラッチミートはいつも以上に気を遣うことになった。今日はPPからのスタート。何も特別意気込んでスタートを決めなくても、普通の発進をすれば問題はない。といっても、真横にピッツォニア、真後ろにカーティケヤンと、スタートダッシュに定評のあるドライバーが揃っている。さあ、どうなるか。

　結果は少しホイールスピンが多かったけれど、まずまずの出足。難なくトップで1コーナーへ飛び込むと、1周目に後続を1秒以上引き離し、スリップ圏外へ追いやる。しかし、スタート直後の1コーナーで起きたアクシデントのため、イエローフラッグが提示されているのが気になるところ。「んん……」始めの2周で一気に差をつけるつもりだったから、イエローフラッグでタイムを出せないという状況は辛い。どうやら2番手のピッツォニアとの差が少し縮まっているようだ。イエローが解除されたのは4周目。待ってました！とばかりにファステストラップを叩きだし、後続を再び引き離しにかかる。なんとか付いてこられたのはピッツォだけ。16秒台で周回を重ねていったのは僕らふたりだけで、後続は完全に視界の中から消えてしまった。そして、常に1.5秒前後のマージンをキープしつつ、タイヤをいたわ

りながら走行する。奴が攻めているのは分かっていた。間隔のバラツキが何よりの証拠だ。もしも1秒を切るほど接近してきたときには、僕もフルに攻めて再び引き離す予定だった。

そして、今回はなんのお咎めもなく、完全にレースをコントロールしてチェッカーを受けた。クロフトに続き、2戦連続でパーフェクト・ウィンを達成。やったー！！ チームのみんなも本当に大喜びしてくれた。

なんでテストしなかったの？

　イギリスF3ではシーズン開幕と同時に、選手権を開催するサーキットでのテストが禁止される。例外として認められているのは、今回のレースの舞台となるスネッタートンと、我がカーリン・モータースポーツのホームコースでもある南ウェールズのペンブリー。したがって、ほとんどのイギリスF3チームは、このふたつのサーキットでテストを行なっている。

　そのスネッタートンでは、今季オフィシャルテストが5回予定されていた。カーリンを除くすべてのF3チームは、当然このテストへ参加していた。なぜ我々は参加しないのか？　理由のひとつは、スネッタートンでのレース開催は秋だから、テスト時とはコンディションが違うというもの。そして、参加したところで周りとのタイムアタック合戦になってしまい、結局はテストに集中できない、というものだった。う〜ん、納得したような、しないような……。と言うわけで、僕らはいつもペンブリーでプライベートテストしていたのである。

　そんな僕らも、さすがに最後のオフィシャルテストには参加した。当初の予定では予選前日の金曜日にもう一度、1時間程度のテストが予定されていたので、それさえあれば充分だと考えたのだ。しかし、金曜日のテストが突然キャンセルされたのである。つまり、この日（予選の10日前！）のテストが、我々にとって最初で最後のテストとなってしまったのだ！　ガーン。Boyoは以前、こんなことを言っていた。「シーズン中、苦戦するレースがあるとすれば、それはおそらくスネッタートンだ」「……???」だったらもっとテストに行こうよ！

　オフィシャルテストから10日後にいきなり予選というのは、何とも理解し難いが、状況は皆同じ。ん……？　ここに限っては同じではないか。とはい

っても弱音なんか吐いていられない。こういう時こそ、いつも以上に頑張らなくちゃいけない。とにかくここはイギリス屈指の高速サーキット（アベレージスピードはスラクストンに続く英国第2位）だが、オーバーテイクが非常に難しいことでも有名。だから何としてもフロントロウを獲得したいと思っていた。

なぜかグリッド3列目に……

　爽やかな秋晴れの下で行なわれた予選1回目。コースは少しダスティだったものの、クルマのハンドリングは思いのほか良かった。まずはトップタイムを出して順調な滑り出しだったが、2番手には僅差でシェクターが着ける。そして、予選開始15分が経過したところで赤旗中断。若干セットアップの変更をして、2セットめのニュータイアを装着した。今は晴れているが、午後から天気が崩れると聞いていたし、風もかなり強い。何としても午前中にタイムを出しておきたかったのだ。

　そしてセッションは再開されたが、今度はハンドリングがイマイチしっくりとこなかった。さらに悪いことに、タイミングを逃したおかげで始めの2ラップを無駄にしてしまう。この時点で順位は3番手へと落ちてしまった。くっそー！ もう一度アタックだ！！と意気込むが、今度はブリッジ下でイエローフラッグが提示されている。おまけに、いくら周回すれども一向に解除されない。予選残り時間はもう5分を切っている。「早くー、早くー！」そうこうしているうちに、時間はどんどんなくなっていく。一体どうなっているんだ？

　スピンしたクルマは置き去り、マーシャルの姿はなし、ただひたすらイエローフラッグだけが振られていた。そしてラストチャンスとなった最終周に、僕は自分の目を疑った。なんとポジションが6番手だと言うのだ！ どういうこと!? イエローフラッグは提示されたままだぞ！

　これに対して数チームから抗議やアピールが出されたが、コース・クラークの判定はなんとノーペナルティ！ これには怒り爆発だった。

　とりわけシェクターが取った行動は、最悪のものだった。イエローフラッグ間での追い越しプラス最終周のファステストラップ。そしてこのラップで、彼はフロントロウを獲得している。しかも彼は、これまで2回"お咎め"を受け

ていた。つまり、ここで3回目を喰らうと続く2戦は出場停止処分となるのだ。おまけに予選タイムは抹消され、午後からは雨の予報。ましてや、彼はピッツォニアとタイトル争いをしていて、今回はフロントロウに着けている。この意味がおわかりだろうか？　一体何が起きたか知らないけれど、事実として残ったのは、ノーペナルティということだけ。まったく納得が行かない。結局、小雨が降った予選2回目はタイムアップできず、僕のスターティンググリッドはサードロウ、6番手となってしまったのだ。

　決勝はスタートを決めなければならない。とびっきりのロケットスタートを切るつもりだった。にもかかわわらず、肝心な時に"普通のスタート"。トップ6は順位不動のまま1コーナーへ雪崩れ込む。2コーナーではオーバーテイクのチャンスもあったけど、チームメイトを無理やり押しのけるわけにもいかず、後続のブロックもしなければならない状態。この後に続くストレートは長く、無理にインへ飛び込むと、逆に順位を落としかねないのだ。

　しばらくは、Benに続いて我慢の4番手を走行するが、彼のペースが一向に上がらず、トップ2台はどんどん逃げていってしまう。もう、前が見えなくなるほど差をつけられ、僕の中に、かなりの焦りが生じていた。チャンスがあるのはシケインへのブレーキングだ。それに合わせて4速のコーナーへ急接近して飛び込むが、極端に近づきすぎて、一気にダウンフォースを失い、なんとコースオフ……！　360度回って復帰したものの、順位は8番手まで落ちていた。

　それからはトップを走る2台と変わらぬペースで懸命に追い上げたが、6番手まで復帰するのが精一杯だった。いずれにしても、速さを結果に繋げられなかったことがとても悔しくて、自分に何度も腹が立った。確かに予選から苦戦を強いられたが、だからこそこのレースでは上位でフィニッシュしたかった。とはいえ、決して最後まで攻めの姿勢を変えなかったのも事実。結果はコースオフしてしまったけど、あそこで4位に甘んじるわけには絶対いかなかった。何としても3位まで上がりたかったのだ！

　でも、もう気を取り直して、次に繋げよう。イギリスF3は残り2戦だけとなってしまったけど、次戦はあのスパ-フランコルシャン。雨だろうがなんだろうがオールージュは全開で行きますからね！（笑）今回の悔しさをすべてぶつけて、攻めて攻めて、おもいっきり戦ってきます！（2000年11月号掲載）

第9回
圧勝でシーズンを締め括る

2000年 イギリスF3選手権 第11戦スパ-フランコルシャン／9月24日
第12戦シルヴァーストーン／10月8日

思い出深いスパ-フランコルシャン

　イギリスF3第11戦の舞台はスパ-フランコルシャン。このサーキットにはたくさんの思い出がある。僕にとって最高のメカニックであり、現在はカーリン・モータースポーツでチーフメカの"ジョンボーイ"と絶妙のコンビを組む飯田さんが、初めてイギリスにやってきたのは今からちょうど1年前のこと。当時、僕はダイアモンド・レーシングからイギリスF3のナショナルクラスに参戦していたが、飯田さんは渡英してまだ二日目だというのに、チームの一員としてスパまで連れてこられたのだ。このレースでは強敵だったマーティン・オコネルを初めて倒すことになったから、思い出深い一戦として今も鮮明に記憶している。みんなと抱き合って喜んだのが、まるで昨日のことのようだ。そして今年の7月には、ここスパで開催されたフランスF3にスポット参戦して優勝を飾った。そうそう、その翌日に行なわれたダブルヘッダーの2レース目では、スタンディングスタートからファステストラップを叩き出したものの、そのまま雨のオールージュで突き刺さってしまったっけ。僕にとってスパは、色々な意味で特別なサーキットなのだ。

　ベルギーのスパまで、僕はクルマで移動する。自宅のレディングからドーヴァーまでが約2時間。ここでフェリーに乗り込んで1時間半ほど揺られると、フランスのカレーに到着する。そこからフランコルシャンまでは約3時間の行程だ。モーターウェイをひたすら走り、スパに差し掛かる頃になると、雲行きが突然怪しくなってきた。これこそ、かの有名なスパ・ウェザーである。霧で霞んだその先には、オールージュが神秘的に立ちはだかっていた。相変わらずスケールが大きい。これを目にすると、僕の体には鳥肌が立ち始める。そして俄然、やる気満々になってくるのだ。

公式練習は、午前と午後にそれぞれ1時間ずつ設けられていた。午前中のセッションは、昨日から降り続く霧雨のせいで路面は濡れていたが、走行が始まるとライン上は完全なドライとなった。まずは順調に周回を重ねる。フランスF3にスポット参戦したこともあって、僕らのシミュレーションは完璧だった。もちろん、その日のコンディション、タイア特性に合わせて、セッティングを煮詰めていくわけだが、やはりデータの多さは何ものにも代えがたい。結局、両セッションともトップタイムで終え、磐石の構えで明日の予選へ臨むことになった。

今季6回目のPPを獲得！

　予選日は、朝から突き抜けるような青空が広がり、素晴らしい秋晴れ。スパでこんな好天は本当に珍しい。何だかとっても気持ち良くて、思わずホテルを出るときに、大きな伸びをひとつ。「さあ〜、今日も思いっきり頑張るぞ！」自信があった。とにかく、タイムを出す自信があった。風向き良好、気温問題なし、雨の心配もなさそうだ。いつものスケジュールならば、午前中に2セットのニュータイアを使うところだが、今回は2回目の予選が夕方となるため、タイムはどちらが速くなるか分からない。まずは1セットのみ使用することにした。

　いよいよ予選がスタート。他のドライバーが走行する様子を、少なくとも3ラップくらいはピットで確認したかった。ライバルが出すタイムから、アタックラップのイメージを作り出すためだ。コンディションは公式練習時と大差なかった。2分16秒台前半がすでに出始めている。「絶対に15秒台へ入れる！」そう自分に言い聞かせ、コースインしていく。路面の最終チェックをしながら、ゆっくりとタイアを温めていくと、いきなり赤旗。「……」

　予選再開後、各車続々とコースインしていくなか、ひとり1分間だけ待機し、クリアなコースへと向かう。タイアは先程の1周で、いい感じに皮剥きが済んでいる。走り始めた直後、僕はクルマがベストコンディションであることを悟った。そして、コンセントレーションを高め、一発で出したタイムは2分15秒834。ただひとり16秒台の壁を切り、まずは暫定ポールを獲得。フライングラップ1周目ですべて決着したのだ。

"バス・ストップ"は走らない！？

　予選1回目が終了して、チームメイトのBenがニンマリしていた。そりゃ、2番手につけたのだから嬉しいだろう。だが、これには種明かしが必要である。彼のラップタイムはセッション終了間際まで2分16秒588で8番手。それがファイナルラップに突然コンマ5秒も速くなり、一気に2番手へジャンプアップしたのだ。何故か？　実はバス・ストップシケインにその秘密が隠されていた。縁石の内側がアスファルトで、そのさらに内側が網状のコンクリートブロックになっている。これが、ちょうどF3カーが走れるくらいの幅なのだ。もともとは危機回避のためのエスケープゾーンなのだが、Benはここを真っ直ぐ突っ切ったわけだ。これは明らかな反則行為だけれども、オフィシャルが示した見解はなんとノーペナルティ！　んなバカな！？

　とはいえ、そうとなれば次のセッションは全員がショートカットするだろう。かくして、予選2回目のバス・ストップシケインは大荒れとなった。中には上手く走破できずに、モノコックの底を縁石に打ち付け、反対側の壁にクラッシュする者まで出てきた。もはや、通常のシケインを走行するドライバーは誰ひとりいない。僕は最後までこの裏技に否定的だったが、だからといってPPを失ってはあまりにマヌケだ。やるならば、本気で極めてやろうと思った。そもそも、コースでないところを走るのは、僕の得意技でもある(?)。そして、このシケインをショートカットしたところ、2分15秒019というタイムが出た。これで0.3秒だった2番手との差は、0.8秒にまで広がった。この瞬間、僕の今季6回目のPPが確定！　しかし、裏技を編み出した張本人のBenは、なぜか6番手へと後退。誰にも言わなければよかったのに……。

悪夢のフォーメーションラップ

　僕らはスパ・ヴィレッジという小高い丘の頂にある、何ともかわいらしいホテルに泊まっていた。グランプリの時はフェラーリのメカニックたちも投宿するらしく、至る所に写真が掛けてあった。その中にはベルガーを始めとするドライバーの写真もいくつかあって、オーナーのおじいちゃんは少しだけ自慢気な表情を浮かべていた。それにしても雰囲気がいい。小さいけれど、とても静かなところだし、あまりにも居心地が良いので、僕はすっか

り気に入ってしまった。

　翌朝も、ここがスパだということを忘れるくらい素晴らしい天気に恵まれた。ゆったりと朝食を終え、「絶対に勝つから！」とおじいちゃんと固い握手をして、僕はサーキットに向かった。頬をくすぐる秋風が、とても心地いい。

　もはや指定席となったポールポジション。静かにスタートの時を待つ。グリーンフラッグが振られ、いよいよフォーメーションラップが始まった。体調完璧、気分爽快、天気良好、ノープロブレム。例のバス・ストップシケインは、今朝のドライバーズブリーフィングでショートカットの禁止が告げられた。長いスパのサーキットを一周し、その本来の姿に戻ったシケインにゆっくりとアプローチする。5速から4速、4速から3速へとシフトダウンしたその瞬間、僕は悪夢に襲われた。なんと3速ギアがスタック！「う、うそ！？」「What the hell……Boyo!!! Jesus……The 3rd gear is stuck!!! Shit!!! What can I do??? What can I!!!」シフトレバーが折れ曲がりそうになるほど、懸命に押したり引いたりしてみたが、もはやどうにもならなかった。スターティング・グリッドは目の前なのに、ピットへ戻らなくてはならない……。まるで地獄絵を見ているような気分だった。

　動揺して、うまく喋れない。涙があふれて、目の前がよく見えなかった。凄まじい混乱のなか、ピットでは懸命に復旧作業が行なわれていた。その間、チームオーナーのトレヴァーは僕を落ち着かせようとして色々と話しかけてきたが、まるで耳に入らない。どこにもぶつけることのできない悔しさで、気がつけば体が震えていた。シフトレバーが動くようになったのは、それから3分後のことだった。ステアリングを投げつけて、コクピットから飛び出すのは簡単だった。でも、走るしかなかった。

　僕がコースインしたのは、トップが2周目に突入する直前だった。外見は皮肉にも、まるで僕が首位を走行しているような恰好だ。走り続けている間、僕にはグランドスタンドの日の丸がずっと見えていた。それが僕を奮い立たせてくれたのかもしれない。応援してくれたファンの皆さん、本当にありがとう。知らないうちに後続との差はどんどん広がっていき、やがてミラーには誰も写らなくなった。

速さなら負けないぞ!

　僕らは、スパのレースが終わってから、シフトリンケージの周辺を徹底的に見直した。ペンブリーでのテストでは、シフトフォークの交換など、チームは完璧な対策を施した。もう、同じトラブルは絶対に出ないはずだ。シリーズの最終戦は、スパの直後ということもあり、とても重要な一戦となる。もはやランキング2位には手が届かなくなったが、そんなことはどうでもよい。今僕らに必要なのは、圧倒的なスピード差を見せつけて、シーズンを有終の美で飾ることなのだ。

　そのイギリスF3最終戦の舞台は、今季3回目のシルヴァーストーン。しかし、過去2回はショートコースだったが、今回はグランプリコースである。昨年、ナショナルクラスでデビューウィンを飾ったのが、やはりシルヴァーストーンで開催されたF1イギリスGPのサポートレースだった。それ以来、ここでは勝率100%を誇っている。ゲンがいいサーキットなのだ。

　今回も事前テストではトップタイムを叩きだし、絶好調。いつもと違うのは、今季はなぜか不調に苦しんでいたルノー・プロマテクメの2台が、突然速くなったことくらい。彼らは、それぞれテストで2番手3番手に着け、不気味な存在感を放っていた。

　土曜日は朝から大雨となった。今年何度となく経験した「朝起きると窓の外は雨」のパターンだが、結局雨の予選は一度もなかった。しかし、今回ばかりは様子が違う。シルヴァーストーン上空は、見渡す限りの厚い雨雲に覆われ、簡単に止みそうにはなかった。ようやく雨の予選が来たのだ! 今日は思いっきり楽しんでやろうと思った。

　予選1回目。雨脚が激しく、ストレートでも真っ直ぐ走れない。前車が巻き上げるウォータースプラッシュで、自分の目の前さえ何も見えない状態だ。おかげでコースアウトが続出し、予選は半分が過ぎた約15分時点で赤旗中断となる。もちろん、僕はトップタイム。2番手に着けているのは、雨を得意とするナレイン・カーティケヤンだ。しかし、1.6秒もの差がついている。ナレインは最後にコンマ5秒差まで迫ってきたが、3番手に着けるシリーズチャンピオンのピッツォニアは1秒以上も後ろ。まったく相手にならない。

　午後になると雨は完全に上がり、路面コンディションもかなり回復してき

た。すでにレコードライン上は乾き始めている。これは最悪のパターンだ。雨の予選は大好きだが、こうなるとタイミングだけの勝負になってしまう。案の定、予選開始直後から、タイミングモニターの表示は猫の目のようにクルクルと入れ替わっていった。毎周タイムアップし、凄まじい勢いで順位が変動する。午前中と比べるとラップタイムは10秒近く速い。そして、この予選はルノー・プロマテクメのアンディ・プリオとの一騎打ちとなった。僕は最終ラップまでトップをキープしていたが、なんと最後の最後で逆転されてしまった！　その差、わずかに0.062秒。こっちも最終ラップにすべてを賭けていたが、最悪のタイミングで遅いクルマに引っ掛かり、屈辱の予選2番手となってしまったのだ。めっちゃくちゃ悔しい！雨の予選で負けるなんて……。悔しくて悔しくて、本当に眠れない夜を過ごした。

　一晩明けた決勝日の朝は、前回のスパに負けず劣らず、すばらしい晴天に恵まれた。ルノーがPPと3番手、ナレインが4番手、ピッツォニアは5番手、シェクターは、ん？　9番手？？？　荒れたんだなあ。

　さあ、いよいよ最終戦のスタートだ！　いつも通りのダッシュを決めて、とっとと逃げてしまおう。PPのプリオは、スタートで僕を前に出したら、もう終わりだと思っていたのだろうか？　彼はスタートと同時に、もの凄い勢いで幅寄せをしてきた。ピットウォールとサンドイッチにされるかと思ったが、そんなことで僕が引くわけがない。プリオの攻撃をするりとかわし、トップで1コーナーを抜け、2周目にファステストを叩きだし、後は超特急で全員をぶっちぎった。終わってみれば、2位に10秒もの大差をつけて、イギリスF3今季4勝目を挙げていた。

　チェッカーを受けた後は、何度も何度も拳を天高く突き上げた。シリーズ最後を優勝で飾れて、本当に本当に嬉しかった。辛いこともたくさんあったけど、常に僕らは前向きに頑張ってきた。クルマを降りて、ひとりひとりスタッフ全員と抱き合った。苦労を共にしてきた仲間たちと、喜びを分かち合う。最高の瞬間だ。表彰台では突然の雨に打たれてしまったが、シャンペンセレブレーションの後、僕らはびしょ濡れのまま勝利の美酒に酔ったのである。（2000年12月号掲載）

第10回
4勝よりも大切なこと

いかにしてチームを引っ張っていくか

　イギリスF3参戦を目前に控えて臨んだシーズン前のウィンターテスト。僕は無我夢中になって、ひたすらスピードを追い求めていた。「それが僕のスタイルだから」といってしまえばそれまでだが、あの頃の僕は、どんな状況でも「常に100%で走る、絶対に妥協はなしだ！」という思いが特に強かったように思う。おかげで確実さや安定性とは無縁の、まったくリスキーな全開走行を繰り返していた。それはチームや周りに対するアピールでもあったが、結局のところ、自分自身がスピードを強烈に追い求めていたからだともいえる。ときに、それはいくつものミスを呼び込み、クラッシュも数多く経験した。今思えば懐かしいが、あの頃はニュータイアを履くと、2周目にはよくすっ飛んでいたものだ（苦笑）。でも、それは僕がここに辿りつくまでの過程として非常に意味のあることだった。

　レーシングドライバーにとって何よりも大切なことは、自分を中心とした環境作りをすることにある。どんな状況に置かれても、チームはドライバーを信頼し、ドライバーはチーム内で絶対のポジションを築き上げる。そうした関係が生まれなければ、ドライバーが本当の実力を発揮することはできない。クラッシュやコースアウトは、チームにとってもドライバーにとっても歓迎すべきことではない。そんな時、ほとんどのルーキードライバーは意気消沈してしまうだろう。でも、ここで引いてはいけない。決して臆することなく、常に堂々と意見を言い、自信を失わないこと。傲慢になれと言っているのではなく、ドライバーは常にチーム全体を引っ張っていく存在でなければならないということだ。

　時にはナイフエッジの限界を超えてミスを犯すこともある。しかし、チー

ムは僕に対して"叱る"なんてことはしない。もちろん、自分の失敗は素直に認める。けれども、それはクルマを速くするため、自分の限界を上げるために必要だということを、しっかりと伝えておかなければいけない。コクピットに収まれば、ドライバーは100％ドライビングに集中し、チームはクルマを100％の状態に仕上げようとする。つまり、ベクトルは常に同じ方向を向いているのだ。だから、お互いの仕事を信頼し尊重している限り、叱るなんてことには絶対ならないのである。

　偉そうなことを言える立場ではないけれど、ヨーロピアン・モーターレーシングでの生き方とは、そういうことだと思った。自分の意見を言う。あたりまえのことだけれど、僕たち日本人にとって、実行するのはたやすいことではない。たしかに、僕は出会う人々にも恵まれていた。昨年まで所属していたダイアモンド・レーシングは、ほとんど家族も同然だった。文化も言葉も違うなかで、勝負の世界に生きるというのは非常に厳しいことだが、彼らは常に僕を守り続けてくれ、そして信頼もしてくれた。チームも僕自身も、失敗は山ほどあったけれど、共に乗り越えることを、当時は身をもって学ぶことができた。それは今季のカーリン・モータースポーツにしても同じだ。そして、そういう関係が築けたから、自分の意見も正直に言えたのだろう。

Never give up!

　シーズンを通して、僕のレースアプローチはだいぶ変化した。そうした僕自身の変化とレースのリザルトとを照らし合わせてみると、とても興味深い結果が出てくる。

　危なっかしいけれど、何があろうと常にトップスピードだけを追求した開幕戦から第5戦までは、予選で暫定PPやダブルPPを獲得するも、リタイアが3回も続いた。

　たとえ勝てない状況でも、完走を目指してレースを組み立てるようになった第6戦以降の4レースでは、初優勝を含む3回のポディウムフィニッシュを果たした。

　そして、スピードもシャープさも失わずミスなく確実にレースコントロール

することを覚えた終盤の5戦は、優勝3回を挙げた。

　外的要因で、勝てるレースをみすみす落としたり、その他にも悔しい思いをさせられたレースは幾度となくあったが、それらを克服することで、僕の精神力はさらに鍛え上げられていった。

　そうしたなかで、僕にとってのベストレースとなったのは、間違いなくイギリスF3第13戦、スパ-フランコルシャンだった。というのも、残念ながらリザルトは残らなかったけれど、とても大きな意味を持つレースだったからだ。公式練習は一度もミスすることなく、全セッションをトップタイムで通過。すべてのプログラムを順調に消化していった。そして予選ではタイミングを見極め、フライングラップ1周目でPPを獲得する。

　すべてが完璧だったレースウィーク。ところが、スタート直前というタイミングで、幸か不幸か、突然ギアリンケージ・トラブルが起こった。あの時の心境は、今でも恐ろしいほどよく覚えている。自分にはどうすることもできない悔しさ、怒り、苦しみ……。そのすべてを、あれほどまで徹底的に味わわされたことはない。そうした、誰が見ても尋常ではない状況のなかで、僕がどういうレースを見せるのか。焦点はその一点に集まった。

　ひとつだけ間違いなかったのは、これでシリーズ最多勝記録タイとランキング2位のチャンスがフイになったということ。それを思えば、もはやこのレースには何の意味も残されていなかった。ステアリングを投げ捨て、マシーンから飛び降り、モーターホームの奥に消えていく。一瞬、そんな思いが僕の胸をかすめた。しかし、本当に何の意味も残されていないのだろうか？　否、復帰することには大きな意味がある。幸か不幸かと言ったのは、まさにこのことだ。レーシング・ドライバーであれば、どんな時でもプロフェッショナルとしてドライビングに徹しなければならない。辛いのはチームだって一緒だ。しかし、ここで投げれば、彼らを捨てるのと同じことになる。体が震えるほどの混乱と、霞む視界の先に見えたものは、レースでここに佐藤琢磨あり！を見せつけるということだった。

　レースリーダーの直前で復帰できたのも運が良かった。見かけ上のトップを走り、そこから後続をグングン引き離してチェッカーを受ける。自分自身への挑戦、そして、どれだけチームを引っ張っていけるのか。結果的に

あの事件は、ドライバーとしての精神的な強さを証明する絶好のチャンスとなったのである。

　すべてを失っても、絶対に諦めない。どんなことがあっても、全力で戦う。「Never give up」似たようなことはマールボロ・マスターズでも起きた。予選を3番手で通過し、優勝も充分可能な状況だった。ところが、多少のトラブルがあったにせよ、自分が最も得意とするスタートでエンジン・ストール。精神状態はメタメタだった。この時、ピッツォニアも最後尾からのレースを強いられていたが、彼は追い上げは無理とばかりに、端からレースを諦めていた。そして接触をし、リタイアに終わっている。いっぽうの僕は周回遅れの最後尾だったが、ファステストと変わらぬラップタイムで猛追し、フィニッシュまでに19台を抜き去った。

　たとえ努力に見合った結果が出なくとも、いつも同じアプローチで全力を出し切る。そして無限の可能性を信じ、常に前を見ること。無駄なことなど何ひとつない。チームのモチベーションは、ドライバーが作り上げるものだ。それだけにプレッシャーは凄まじい。けれども、その成果は必ずドライバー自身に返ってくる。それができなければ、F1での成功など到底無理だろう。そういう意味で僕がいま身を置いているのは、最高のトレーニング環境なのだ。

　今年、イギリスF3に参戦した僕は、ポールポジション6回、優勝4回、シリーズランキング3位という成績を残した。チャンピオンという目標は達成できなかったが、この一年で、僕は実際の成績以上に価値のある、とても意義深い経験を積むことができたと信じている。目先の結果だけに捕らわれず、長いスタンスで物事を考えれば、きっと今シーズンの経験が、2倍にも3倍にもなって役に立つ日が来るだろう。悔しさは大きな力を生み出した。勝負はこれからだ。マカオ、そしてコリアと、いつも通り全力で今世紀最後のレースに挑むぞ！（2001年1月号掲載）

第11回
地獄から天国へ

2000年 第47回マカオGP ギア・サーキット／11月19日
コリア・スーパープリ チャンウォン・サーキット／11月26日

予選2位で味わった敗北感

　マカオGPに出場することは、僕がレーシングカートを始めた頃からの夢だった。それは現代のF1パイロットたちがマカオで名勝負をしてきたという歴史的背景だけでなく、このギア・サーキットでF3マシーンを走らせてみたいという、憧れみたいな思いが僕にあったからだ。
　レースウィークに入ってからコースの下見に出かけると、そこには不思議な雰囲気が漂っていた。かつて、アイルトン・セナが独走劇を演じ、シューマッハーとハッキネンが死闘を繰り広げた場所……。SRS-F時代、僕は鈴鹿を存分に走り回り、それこそF1ドライバーと同じところを走っているという事実に、とても興奮したのを記憶している。ただし、それは「きっとF1だとこんな感じで走っているのだろうな……」という想像にすぎなかった。しかし、今回ばかりはわけが違う。当時の彼らと同じようにF3マシーンに乗り、まったく同じレースにこれから出場するのだ。伝統のマカオF3に挑戦する！ 僕はかつてないほどの期待で胸を膨らませていた。
　木曜日の朝、窓ガラスをパチパチと細かく叩く音に、いつもとは違う気配を感じて目が覚めた。カーテン越しから飛び込んで来た景色は、なんと雨！「えっ雨？ マカオで雨……！？」
　87年以来、13年振りに雨となったセッションの中、ついにマカオGPが開幕した。各車一斉に雨のギア・サーキットへコースインしていく。このフリー走行は30分間のみ。深刻なトラブルがない限り、コースに留まってひたすら慣熟走行を続ける予定だ。それにしてもマカオの雨は最高にシビれる。山側のセクションなんて、アンダーだとかオーバーだとかの問題じゃなくて、もう4輪とも滑りっぱなし。結果は2位以下に約2秒の差をつけてのぶ

っちぎりだった。

　明け方まで強く降っていた雨は、フリー走行が終わるころには次第に弱まり、そしていつしか止んでいた。午後になっても相変わらずの曇り空で少し肌寒いくらいだったが、強風の影響もあってコースはほとんど乾いていた。そして予選1回目は、ぶっつけ本番のドライコンディションとなったのだ。

　マカオの予選は特別だ。走れば走るほど、ラップタイムはとてつもない勢いで向上していく。もちろん、ドライバーの習熟度が上がるという要素も絡んでいるのだが、とにかく路面コンディションの変化が激しい。それは毎年見られる傾向だが、特に山側でのタイムアップは顕著で、セッション中に1秒は速くなる。なにしろ、レース中のファステストが予選タイムを上回ることもあるほどなのだ。理由は主にラバーグリップ。つまり、普段公道として使用されている路面は、初めこそ埃だらけで最悪の状態だが、走るたびに掃除され、その表面にゴムが乗ってグリップしてくるわけだ。今年は雨が降り出したので、特にその傾向が強いようだった。

　走り始めは2分18秒台だったものが、どんどんとタイムは更新されていき、最終的に暫定PPは2分15秒374でパウロ・モンティンが獲得。僕は一時期トップに躍り出たものの、セッション中盤にエンジン・トラブルが出たおかげで4番手まで後退。ドライコンディションで走行する貴重なチャンスを20分近くも失ってしまった。

　翌日も前日と同じスケジュールで、30分間のフリー走行と45分間の予選が行なわれた。この日もどんよりと曇っていたが、天気はなんとか持ちこたえそうだった。そして僕はといえば、まずは午前中のフリー走行を2分14秒087のトップタイムで通過。

　そして迎えた予選2回目、少々狙いすぎたがゆえに、大きな失敗を犯してしまった。今回は雨のセッションがあったため、未使用のドライタイアが2セット残されている。勝負は最後の最後で決まると考えた僕は、最初のセットから思いきって攻めることができなかった。そして、ここで僕は大切なことを見失ってしまったらしい。予選が進むにつれ路面コンディションが良くなり、ステアリングのバランスが刻々と変化していくそのスピードと限界

を読みきれなかったのだ。このことは、2セット目を履いて臨んだアタック中に気づいたが、時すでに遅く、おまけにクリアラップも思うように取れず、満足の行く状態では走れなかった。結果的に予選は2位に終わり、この後、流れは最悪の方向へと進んでいく。

　ポールポジションを獲得したのはナレイン・カーティケヤン。2分12秒887という驚異的なタイムだった。彼は、今回僕のチームメイトとしてマカオに参戦している。98年はカーリンから、99年はPSR、そして2000年は古巣のカーリンに舞い戻ってきたから、これが3回目のマカオ・チャレンジということになる。予選で戸惑った僕に対し、彼は完璧な仕事をこなした。経験上マカオの予選をどう戦うべきか知っていたのかもしれない。お見事と言うしかないが、このときの僕にそんな余裕はない。チームメイトに負けたことの悔しさは半端なものではなく、フロントロウなんてことはまるで喜べなかった。とてつもない敗北感だけが、ただただ僕を襲っていた。

狂い始めた歯車

　決勝はスタートに賭けていた。この時の精神状態を今考えると、明らかに正常ではなかったと思う。F1と同じ方式の、慣れないシグナルではあったが、僕ら2台は抜群のスタートダッシュを切っていた。しかし、勢いは僕の方にあった。ナレインがブロックするようにイン側へ切れ込んできたのを見て、僕はとっさにアウトから並びかけた。スタートすると、コースはすぐに左へ緩やかに折れるのだが、ここで僕が抜きに出たとき、ピットでモニターを見つめる誰もがヒヤッとしたという。アウトから仕掛けた僕は、壁とナレインに挟まれたために右側のガードレールまであと数センチと追い込まれ、タイアが側溝へ落ちるショックさえ感じた。あれ以上寄せられたら間違いなく空を飛んでいた……。問題はその後マンダリンを抜けて、リスボア・ベンドにアプローチする時のこと。ミラーで確認すると、ナレインは完璧にスリップへ入り、立場は逆転。明らかに僕よりもスピードが伸びていた。

　スタート前、チームオーナーのトレヴァーは、僕らふたりに言い聞かせた。「1コーナー(リスボア)では決してバカなことをするな」ナレインも僕も承諾したが、リスボアへ向かう僕の足は、ブレーキペダルに充分な圧力を掛

けていなかった。それは本当に不思議な感覚だった。何故しっかりといつも通りブレーキングをしなかったのか。ナレインがインに入ると思ったから？　それはないはずなのに。「止まれない……」そう気づいたのはターンインを開始する直前。ラインを外れ、大量のオイル処理剤の上を滑走し、僕はタイアバリアに突き刺さった。

　何がこれほどまでに僕を追い立てていたかは火を見るより明らかだった。それは、言葉では言い表わせないほどのプレッシャー。僕は今まで数々の苦境を乗り越えてきた。そしていつも前向きに考えることで、それらを克服したと思っていた。しかし、これが本当のプレッシャーというものなら、僕はそれに負けたと告白しなければならない。自分の最大の弱点が浮き彫りになった瞬間だった。このことは翌週のコリアでさらに深く自覚することになる。

"どん底"の先にあったもの

　マカオGPが終わってから"もぬけの殻"のような状態で数日間を過ごした僕は、その翌週に開催されるコリアGPに臨んだ。一刻も早く走り出したい。そしてノックアウトされたような心境から抜け出したいと願っていたが、気持ちの入れ替えはとうとう上手くいかなかった。

　チャンウォン・サーキットはマカオと同じ公道サーキットだが、極端に低速コーナーが多く、高速レーンチェンジが繰り返されるマカオとは正反対の性格だ。

　何かを吹っ切らなければ！　そう思って再トライしたコリアはフリープラクティスをトップタイムで通過、そして予選1回目でもグループトップをもぎ取り、見かけ上は失いかけていた流れを取り戻しているようだった。しかし、2回目の予選はまったくの不完全燃焼。予選が予定よりも早く終了するというハプニングに、すべて狂わされてしまった感はあるが、それでも何かひとつ、乗りきれていない歯がゆさが残っていた。

　結局のところ、自分自身の問題を解決できずに走るレースはどうにもならない。6番グリッドという予選順位が、また執拗に自分を追い込んでいく。解き放たれることのないプレッシャーは、自分自身を酷く窮屈にさせてしま

う。自分の得意とするスタートで失敗し、エンジンをストールさせてしまったのだ。これ以上の地獄はなかった。胸が激しく締めつけられて、完全に自分を見失ってしまう。この2週間で、僕の精神状態はズタズタになってしまった。それは今まで経験したものとは比べものにならないほど辛い思いだった。

　しかし、これを乗り越えなければ先がないことも明らかだった。マカオやコリアへ応援に駆けつけてくれた大勢のファンの方たち、大きな垂れ幕と仲間の寄せ書きがされた応援フラッグ、それらすべてが僕を後押ししてくれた。メカニックの飯田さんは言う。「今日の結果は一切関係ない。このレースは琢磨自身が強くなるためにあるんだ」そして、第2レグのスタート進行を待っている時に、ひとりの友人が手を差し伸べてきた。いつもはクールに見守っている彼が、「おまえ、目が死んでるよ。頑張れ！　大丈夫、まだ終わってないぞ」その一言が、ロウソクのように心許なかった僕の気持ちを焚きつけてくれた。コースインしてグリッドへ着くまでの1周、僕は喉が張り裂けそうになるくらいの大声を出して、闘争心を蘇らせた。明らかに体が軽くなった。これは行くしかないぞ！

　この抜きにくいコースで18番グリッドからスタートし、とにかく前へ前へと突き進んで行った。結果は10台を抜き、8位でフィニッシュ。いつもの通りのレースができたことに、安堵感も生まれ、最後は少し笑える余裕も出てきていた。

　これほど辛い2週間はなかったけれど、しかしそこで得たものは計り知れないほど大きかった。まだまだ自分自身を磨き上げなければいけないことも充分思い知らされたが、それを今回は正直に受け止めようと思う。この挫折を乗り越え、そして克服するために、僕はこれからも全力でチャレンジし続けます！

　最後になりましたが、みなさんからのたくさんの応援、今シーズンを戦う上でとても心強いものでした。本当にありがとうございました。

突然やってきたチャンス！

　エディー・ジョーダンは不思議な人だ。相手が誰でも、不思議とリラック

スした雰囲気を作り出してしまうのである。それは彼独特の持ち味によるものかもしれないが、僕も初対面のときから何の抵抗も感じずに、打ち解けた調子で話し合うことができた。その時は彼に「来年何やりたいんだ？ 正直に言え」と聞かれて、「F1！」と即答したのを覚えている。

それは突然のチャンスだった。12月7日、ヘレスにてF1テストドライブのチャンスが与えられたのだ。走行3日前、シルヴァーストーンに隣接するジョーダンのファクトリーで、シートフィッティングを行なった。テストチームはすでにヘレスに出発していたため、スペアシャシーを使ってのシート合わせだが、その作業は本当にワクワクさせられるものだった。このとき作ったシートを手にヘレス入りしたのは6日の夕方。当然誰も知らないわけだから、皆も驚きの顔を隠せなかったようだ。スタッフひとりひとりに挨拶を交わし、すぐさまいろいろな説明を受ける。

ピットガレージに入っていくと、真っ黄色なジョーダンのマシーンが視界に飛び込んできた。手術台の上にのっているようにも見える、その生き物のようなボディには"TAKUMA SATO"の文字が！ 自分の名前が貼られたF1マシーンを見ると、何とも言えない嬉しさがこみ上げてきた。念入りにドライビングポジションをチェックし、各操作系の確認をする。もう、我慢できない。早く走り出したい！

翌朝7時45分、まだ日の出前の真っ暗なヘレス・サーキットを、僕はジェンソン・バトンと一緒にレンタカーで走り回った。このサーキットの攻略法とF1のフィーリングなどを教えてもらい、僕なりにいいイメージを描くことができた。さあて、準備万端だぞ。

最も興奮したのはインスタレーションラップ。ガレージで待機する時間は、まさに至福の時だった。自分の目に映っているのは、紛れもなく本物のF1コクピット。いつもオンボードカメラで見ている景色が、手を伸ばせば届く現実のものとしてある。ステアリングに添えた指先が自分のモノだということさえ、まだ信じられなかった。9時ジャスト、いよいよコースオープンだ。チーフメカが合図を出すと、一斉にタイアウォーマーが外され、エンジンに火が入る。その感覚は本当に心地よい。スターターのウィーンという音がしたかと思うと、間髪入れずにワァァァァァ……とエンジンが始動。内燃機

関とは思えない美しい音色がガレージに響き渡る。ハンドクラッチの操作は意外に容易だ。何の問題もなくコースイン。この瞬間を、どれほど待ち望んでいたことか！

　F1マシーンの操作系はすべて素晴らしいクォリティで仕上げられている。フライ・バイ・ワイアで電子制御されたスロットルを踏み込み、シフトパドルに軽く触れただけで、何事もなかったかのようにギアチェンジは完了するのだ。ラジオ・チェック、すべての動作チェックを終え、まずは1周でピットイン。本当に天にも昇る気持ちだった。

　さあ、ここからはどんどんチャレンジしていくぞ。まずは連続で10ラップ走ることをエンジニアから伝えられ、再度コースイン。ついにフルスロットルを味わう時がやって来たのだ。そこには想像を絶する、とんでもない加速が待ち構えていた。シフトアップをいくらしてもエンドレスに湧き上がるそのパワーと加速感は、まさに圧巻。そして不思議なことに、外で聞くあの甲高い排気音は、ドライバーにはほとんど聞こえてこない。その代わり、言葉で表現するのは不可能なほど精緻な印象をもたらすメカニカル・ノイズが、全身を伝わって聞こえてくるのだ。機械というよりも、まるで楽器のよう。耳から入ってくるダイレクトな音と、体に伝わる"音の振動"。それらが絶妙に調和している。おまけに、尋常ではないGフォースが体を襲う非現実的な世界は、究極のレーシングカーというべきF1ならではのものだ。これには本当に感激してしまった。しかし、レーシングドライバーたるもの、いつまでも"音"に浸っている場合ではない。数周する頃には、ただ速く走ることだけを見つけ出す作業に、自然と移行していった。

　それにしてもF1のGフォースは強烈だ。左右方向4G、ブレーキングに関しては最大5G近くまで到達する。その減速力には度肝を抜かれる。そして、この日最も難しく感じたのは高速コーナーだった。F1マシーンが生み出すダウンフォースの量は半端なものではない。低速コーナーと高速コーナーではまったく別次元の挙動を示すのだ。たとえば、コーナーリングスピードを上げれば上げるほどマシーンにのしかかる遠心力は増えていくが、ある速度域までなら、遠心力よりもダウンフォースの増加によって得られる効果のほうが大きく、したがってマシーンもより安定していくのである。もっ

とも、理屈では分かっていても、それを実行するのは容易なことではない。ましてや今回のテストはタイムを出し合うオーディションテストではないのだから、まずは順調にプログラムをこなすことを優先させる。

　ある程度ペースが掴めてきたところで、5周を1セットとして、いろいろなセットアップを試すことになった。それこそ来年用の新しいデバイスも試したし、ダンパーや空力特性なども変化させてみた。各データはテレメトリーを通してエンジニアが解析し、ドライバーのコメントと照らし合わせて、ベストなトレードオフ・ポイントを探していく。その作業は極めて洗練されたもので、僕はF1の世界を存分に体験することができた。

　今回のテストはトータルで42ラップの走行となった。僕自身は問題なくもっと周回できたところだったが、残念ながら午後から雨が降りだしたために中止。ほぼ半日のテストドライブとなってしまったものの、満足のいく一日を過ごすことができた。本音は雨も走りたかったけれど、1ラップだけ走ったトゥルーリの「こりゃダメだ」という一言でテストは終了となってしまったのだ。

　それにしてもF1体験は本当に凄まじいものだった。自分が目標としているものもこれで明確に見えたし、おかげでモチベーションは上がる一方だ。これからも、ひとつずつ確実にステップを踏み上がり、チャンスをものにして行きたい。さて、来月号ではどんな話題をお届けしましょうか？　皆さん、楽しみにしていてくださいね。それでは！（2001年2月号掲載）

ついに夢がかなった！　突然舞い込んできたF1テストのチャンス。ジョーダンのコクピットのなかで、僕は至福の一時を過ごした。

第12回
テストドライバーとしての初仕事

F1チームのドライバー育成教室?

　いくら冬期も温暖な南欧とはいえ、バルセロナの朝は意外なほど冷え込む。12月18日、スペイン北東部の上空には雲ひとつないすっきりとした青空が広がり、カタルーニャ・サーキットの小高い丘から見下ろすと、放射冷却が生んだ朝靄のなかに街並みが浮き上がって神秘的な景色を作り出していた。

　ジョーダンでF1の初テストを経験してわずか10日。その興奮も冷めやまぬうちに、今度はBARからテストのチャンスが舞い込んできた。ただし、ジョーダンのときとはテストの意味合いが少し異なっている。というのも、BARが行なうドライバーズ・ディベロップメント・プログラムの一環として参加するからだ。候補ドライバーに選ばれたのは、1999年イギリスF3チャンピオンのマーク・ハインズと僕のふたり。このプログラムでは、同一条件下で、フィットネス、ドライビングスキル、テクニカル・フィードバックなどを総合的に評価していくという。しかし、名目上はいくら若手育成とはいえ、F1チームがご丁寧にもドライバー育成教室を開いてくれるはずがない。つまり、今回のテストはオーディションというわけだ。自分にとってもこれは大きな大きなチャンス。絶対にモノにしなければ!

　幸いにも僕らの"F1歴"は似たようなレベルだった。ハインズは1997年のフォーミュラ・ルノーでチャンピオンを獲得した際、そのスカラシップとしてウィリアムズF1をテストドライブしている。さらにはバルセロナのコースも走行済みだ。対する僕は、サーキットこそ初体験だが、ご存知の通り10日前に最新のF1を経験済みである。

　テスト初日、僕の走行は午後からなので、午前中はサーキットの各コー

ナーへ行って観察することにした。今回はブリヂストン・タイアの合同テスト的意味合いが強く、BS装着チームはほとんど参加していたので、見応えもあった。カタルーニャ・サーキットは丘が多いけれどコース自体は開けているので、1ヵ所に立てばいくつものコーナーが観察できる。クルマで敷地内を移動すれば、サーキット1周を余す所なく見学できるのだ。

　僕はまず1コーナーから3コーナーまでが見渡せる丘に立ち、各車のコースインを待った。"いの一番"に出てきたのはジョーダンのトゥルーリ。相変わらずの甲高いエグゾーストノートが冷たく澄み切った空気を切り裂き、あたりに猛然とこだましている。思わず鳥肌が立ってしまった。そして、BARのフルタイム・テストドライバーであるダレン・マニングが、僕らのテストに使用するマシーンのセットアップ確認とターゲットタイムを設定するためにコースインしてきた。午前中の涼しいうちに彼が記録したタイムは1分23秒359。もちろん、これが僕らの目標となるわけだが、ここでひとつ明確にしておかなければならないことがある。それは僕らが使用するタイアのことだ。今季よりミシュランがF1に参戦してくることもあって、この時期はタイアテストが凄まじい勢いで行なわれている。つまりほとんどが開発タイアなのだ。しかし、僕らには安定したテスト環境が必要なため、2000年仕様のハードスペックタイアのみが用意された。ちなみに、ベストラップで比較すると2秒近くの差があるらしい。

BARの正式なテストドライバーに！

　念入りなミーティングを終え、遂にラッキーストライクBARホンダに乗り込む時が来た。ここからはすべてが評価されていく……。当然そこにはプレッシャーがあり、期待感があり、そして自信があった。「Radio check. You hear me OK, Takuma? 4 timing laps. Go!」まったく初めてのコース、初めてのマシーン。しかし、「とりあえず乗ってみろ」ではなく、いきなり「4周の計測だ」である。甘くない。そしていよいよコースイン！　ドラマチックに湧き上がるエンジンパワー、パドルひとつで電光石火のように終了するギアチェンジ……。F1というものの凄まじさを見せつけられる瞬間だ。

　前回の経験もあって、僕は落ち着いて取り組むことができた。それに新

しい事に挑戦するのは、昔からの得意技。何の躊躇もせず、1周目から思いっきりスロットル・ペダルを踏んでいった。

　僕が走り出す午後になると気温は上がり、風も出始める。コンディションは決して良いとはいえないが、プログラムは着々と進んでいった。今回は計測周回数も、どのタイミングでニュータイアを投入して、どこでセッティングを変えるかも、すべてがあらかじめ決められている。コンディションの違いは避けられないので、それはチームも充分承知しているが、それ以外の部分では、ふたりのドライバーには徹底的なイコールコンディションが保たれる。初日はハインズのタイムが1分25秒262、僕が1分24秒468。それぞれ1セットのニュータイアと、トータル25周の計測ラップを消化した。

　2日目はエンデュランステストとして10周連続計測を行ない、ベストラップ、アベレージラップ、そしてミスの程度と回数までしっかりとカウントされる。バルセロナは強烈なフィジカル・サーキットだ。ハイスピードで長く回り込んでいるコーナーが多く、最大で4G近いコーナリングフォースが繰り返し身体を襲う。正直いって、首には相当応えた。

　この日も午前中はハインズの走行。気温は7℃と低く、風も無風。各チームのベストラップはすべてこの時間帯に出た。彼はトータル35周を走り、ベストラップは1分24秒159。対する僕は午後からの走行。気温は17℃にまで達し、例によって風も出てきた。ブリヂストンのエンジニアによれば、午前中と比べて0.7秒ほど遅いという。それでも最終的に1分23秒499をマーク。チームは予想以上のタイムに沸いたらしいが、僕自身はマニングのタイムに0.1秒届かなかったことがとてつもなく悔しかった。

　それからしばらくしないうちにチームから正式に契約のオファーがあった。今までも水面下で交渉を続け、なるべく条件の良い契約を得ようと粘ってきたわけだが、それらすべてを呑んでもらい、晴れて彼らのテストドライバーとして迎え入れられることになったのだ。ただし、僕の立場はあくまで若手育成プログラムのドライバー。フルタイム・テストドライバーには、去年に引き続いてマニングとパトリック・レマリエが起用されている。そしてイギリスのホープで、今年マクラーレン・オートスポーツアワードを受賞したアンソニー・デイヴィッドソンもテストドライバー契約を果たした。

最近のF1は若手ドライバーとの長期テスト契約がトレンドになりつつある。ただ、僕はそれだけはしたくなかった。まだ無限の可能性が広がる未来を縛られたくなかったし、なによりも僕はレーシングドライバーであり続けたかったからだ。しかし、僕が今回彼らとの契約に踏み切ったのは、それなりの理由がある。契約内容は残念ながら公開できないものの、僕が活動する上でのキーポイントは今季のF3選手権だということ。僕はこの部分を強調したい。F1テストドライバーというと、そればかりがひとり歩きしてしまいそうだが、あくまで今季の僕が集中するのはF3である。これが最優先項目であり、絶対に譲れない条件なのだ。

チームのベストラップをマーク

　日本でゆっくりとした正月を迎え、和食を楽しみながら英気を養っていた頃、またしても突然イギリスのマネージャーから電話があった。さっそくテストドライブの仕事が舞い込んできたという。1月14日から始まるヘレスでのF1テストに合流することが決定。再びスペインに向けて、意気揚揚と飛び立つことになった。

　今回僕が担当するのはブレーキの比較テストとトラクション・コントロール・システムの開発。改めてチームの一員となり、仕事に携わることができるのは僕にとっても大きな喜びだ。レギュラードライバーのオリヴィエ・パニスは、先日シェイクダウンを済ませたばかりの新車を受け持ち、僕は昨年型のクルマでマテリアルの比較テストに集中する。今回は皆と同じ2001年仕様のタイア、そしてクルマもエンジニアと共に自由にセットアップすることを許されている。これは楽しみだ！

　F1マシーンにも慣れ、コースも経験済み。順調にテストプログラムを消化していくうち、ペースも自然と上がってくる。初日から40周以上を走りきり、ベストタイムは1分23秒925。パニスの0.4秒落ちまで攻めることができた。ここまでペースが上がると、もう楽しくて仕方ない。チームも有用なデータを収集できたし、トラブルもなく、テスト1日目を終えることができた。

　テスト2日目もメニューは似たような感じでスタート。もちろん、チームのプログラムを優先することが大前提だが、僕の胸のなかにはメラメラと燃え

上がるものがあった。それは、前日にパニスと比べて遅かった部分を徹底的に究明し、克服することだ。ドライバーとして、これほどチャレンジングなことはない。

　これまではF1が高速コーナーで発生するダウンフォースの巨大さに戸惑っていたが、今や最も得意とするパートになってしまった。この日はトータル62周を走り、ベストタイムは1分22秒752。セカンドベストも1分22秒821を記録してフロックではないことを証明できた。BARとしては僕のタイムがこの時点でのベストであり、パニスのタイムさえ凌いでいた。当然チームは驚きを隠せなかったが、この結果には全員が大喜びしてくれたし、僕自身もとても嬉しかった。もう一度アタックできたら、確実に更新できたはずだけど、僕のF1チャレンジはまだまだ始まったばかり。ゆっくりと焦らずに挑戦し続けていくつもりです！（2001年3月号掲載）

年明け早々にはBARと正式に契約を交わし、改めてヘレスでのテストに臨む。今回はレギュラードライバーと同スペックのタイヤを使えたうえに思い通りにセッティングを進められたこともあって、この日のベストタイムを記録。チームも大喜びしてくれた。

第13回
CG TVに登場します！

日本へ一時帰国（？）

　「間に合わない！」僕は愛車ホンダ・ビートのステアリングを握りながら、普段あまりしない腕時計を食い入るように見つめていた。

　1月26日、ラッキーストライクBARホンダはロンドンで体制発表会を開催した。テストドライバーを務める僕もこの日は壇上に上がったが、そのわずか3日後、今度はホンダが東京でモータースポーツ活動の発表会を行なうことになっていた。今季より正式にホンダ契約ドライバーとなった僕としては、この発表会に出席しないわけにはいかない。そこで27日にヒースローから空路日本へと向かったのだが、この日は関東地方に3年ぶりの大雪が降り、各交通機関に大きな影響を及ぼしていたのである。幸い、僕が成田に到着したのは28日だったため、飛行機は無事に着陸したものの、同じ日の夕方、僕は首都圏に残る雪の影響で、ちょっとしたハプニングに巻きこまれてしまった。

　普段であれば、自宅から台場まではクルマで1時間半程度しかかからないが、この日は余裕をもって出発したにもかかわらず、大変な思いをした。保土ヶ谷の狩場ICで、とんでもない渋滞に巻き込まれ、完全に足止めを食ってしまったのだ。なんと、横浜方面の首都高速が、前日の雪の影響で一部通行止めとなっていたのである。首都圏の高速はすべて回復していたのに……。まったく身動きの取れなくなってしまった僕は、次第に焦り始める。というのも、この日はニッポン放送の生出演が決まっていたからだ。

　ようやく一般道に下りた時には時計の長針がひと回りしており、クルマで目的地に向かうのはどう考えても無理な状況となっていた。仕方なく東神

奈川の駅でクルマを乗り捨て、電車で台場へと向かう。最終的には、オンエアの数分前に到着することができ、スタッフの皆さんはホッと胸を撫で下ろしていた(苦笑)。メデタシ、メデタシ。

　生放送はさすがに緊張する。今回は"声"だけで表現しなければならないラジオだったから、なおさら難しかった。そもそもラジオ出演は初めての経験。おかげで僕はひどく緊張し、始めのうちは戸惑いを隠せなかった。それでも、番組が進むにつれてスタジオの雰囲気にもだいぶ慣れて、終盤はむしろ楽しいくらいだった。特に面白かったのは、ナビゲーターの方たちが途中で衣装変えすること。大げさなものではないけれど、ジャケットを変えたり、カツラを被ったりする。その場の雰囲気を変えて、モチベーションを上げるのだそうだ。"見えない"はずのラジオの世界でも、「こういうことってあるんだな……」と新鮮な驚きを感じた。

　もうひとつは、皆さんもご存知のCG TV。16年も続いているこの番組は、僕も昔から友人と一緒によく見ていた。なかでも94年にBTCCが激しかったころは、番組でもよく取り上げていたし、日本では海外レースを見られる数少ないチャンスだったので、毎週楽しみにしていた。そのCG TVに、なんとこの僕が出演させてもらえるという。正直言ってとても嬉しかった。ちなみに関東圏のオンエアは3月3日(土)の27:35(=3月4日の午前3:35)からですが、地方によっては放送日が異なるのでご注意ください。

　まずは、二玄社のスタジオ(というか会議室？)で松任谷正隆さん、それに編集部の大谷さんとのトーク録りが始まった。やはりクルマやレースを熟知されている方たちだし、僕がこのコラムを持っていることもあって、話の展開はとてもスムーズ。結果的に1時間もの収録となり、時が経つのも忘れて話し続けていたような気がする。番組内では昨年のイギリスF3や、F1テストドライブ、そしてファクトリーの映像なども流れると思うので、みなさんもお楽しみに！

BARフィルミングデイに呼ばれる

　クリスマスの時期から、イギリスでは観測史上最悪の天候が続いていた。降水量は、年初めの時点から、すでに例年の倍以上となっていて、

雨が降るたびに、いたるところで洪水が起きていた。F1のテストや発表会の間も、イギリスで太陽を見た覚えはなかったくらいだ。ところが、2月13日を境にイギリスの天気はガラリと変わったのである。
　明け方こそ霧が出ていたが、シルヴァーストーン上空には、日の出とともに雲ひとつない真っ青な青空が広がった。2月15日、ラッキーストライクBARホンダのプロモーション用撮影会。現在、F1の映像はFOCAが管理しており、2チーム以上が走行する場合の映像は、すべてコピーライトが掛けられてしまう。つまり、チームがそうした映像を手に入れるには、完全なプライベートテストでなければならないのだ。
　今回は初めて自分が知っているサーキットでF1を走らせるので、ちょっぴり楽しみだった。グランプリで使うフルコースではなく、一番短いショートコースでの走行だったが、最終コーナーから1コーナー、そしてマゴッツ（S字区間のひとつ目）までは共通である。F3との違いをダイレクトに比較するには絶好のシチュエーションだ。
　当日は一日貸切りとなっていたが、予定時刻の10時を回っても、なかなか走り出すことはできなかった。コース上は完全にドライで、何の問題もないのだが、ピットレーン入口の日陰部分が凍っていたため、その除氷作業に結構な時間が掛かったのである。
　ようやくゴーサインが出た。久しぶりのF1に乗り込み、勢い良くコースイン。今回は撮影がメインなので、3周ほどのショートランが繰り返される。1周が44秒程なので、あっという間だ。それはそうと、撮影車とランデブー走行した時には、いかにF1マシーンのパフォーマンスが凄まじいかを改めて思い知らされた。こちらは1速ギアで止まりそうなほどノロノロ走っているのに、撮影車に使っているロードカーは、今にも横転しそうな勢いなのだ。ひとたび加速すれば、3秒と待たずにミラーから完全に消えてしまう。F1って、本当に恐ろしい乗り物だ。
　ひと通り自分のヘルメットでの撮影が終わると、今度はオリヴィエ・パニスへと変身（？）。陽気なチーフメカがさっそく「Bonjour Takuma!」と無線で呼びかけてきた。そうそう、今回は「いつもとスタッフが違うなあ」と思っていたら、彼らはオリヴィエのレースチームだったんだ。

無事、シルヴァーストーンでの撮影も終了し、2日目はCG TVのスタッフと共にBARのファクトリー訪問に出かけた。シート合わせの時にも簡単に見学したけれど、BARの用意する"本格的"なツアーではなかったから、ここまでゆっくり見て回ることもできず、今回はそのスケールの大きさに改めて驚いてしまった。ネジ1本まで、そのすべてを社内で開発。設計、製造、組立、すべてが本当にシステマチックなのだ。詳しい模様はCG TVでご覧ください。

　軽くお昼を食べてから、今度は我がカーリン・モータースポーツへ移動。ファクトリーでは、もうすぐ始まるテストに向けて、僕のマシーンを組み立てている真っ最中だった。もう待ちきれないという感じで、みんな元気そうにしている。

　そのイギリスF3、いよいよテスト禁止期間も終了し、2月19日からシェイクダウンテストが始まる。11月のマカオ・コリア戦以来、F3マシーンをドライブしていないので、僕も本当に楽しみ。3月はF3テストでぎっしりとスケジュールが詰まっているし、いよいよシーズンが始まるんだと思うと、今から期待感で一杯だ！

　次回は今季のイギリスF3開幕直前プレビューをお送りしますので、皆さんお楽しみに！（2001年4月号掲載）

フィルミングデイの合間に、マウンテンバイクに跨る。これはBARのデザイナーが設計したというスペシャル・フレーム仕様のモデル。隣りに見えるウィレム・トーイットさん（BARの空力開発責任者）からは「うーん、タクマは上手いな」とお褒めの言葉を頂きました。え？　もちろん、自転車の腕前ですよ。

第14回
いよいよイギリスF3のテスト解禁

F1テストの影響は？
　南ウェールズに位置するこの日のペンブレイ・サーキットは、一寸先も見えない濃霧に覆われ、不気味なほど静まり返っていた。ここは海に近いために風が強く、午前と午後では風向きが180度変わることもしばしばだが、今日は珍しく無風だ。
　2月19日、僕らカーリン・モータースポーツは、ホームコースとも言えるお馴染みのペンブレイで今季初のF3テストを行なった。イギリスF3では参戦費用の上昇とテスト回数の多少によるチーム力の差を最小限に抑えるため、1月1日から2月15日までは一切のテストが禁止されている。僕にとっては、11月のマカオと韓国の2連戦以来、F3は実に3ヵ月振りのドライブとなった。しかも年末からの2ヵ月間はF1テストが続いていたし、ついこの1週間前にもラッキーストライクBAR・ホンダのフィルミングデイでF1をドライブしたばかり。僕の身体は今、完全にF1モードとなってしまっている。
　2000年イギリスF3チャンピオンであるアントニオ・ピッツォニアは、昨年のシーズン半ばに突然パフォーマンスが鈍った時、「F1マシーンの感覚に慣れてしまって、F3のドライビングに影響が出ている。感覚を戻すまで少し時間が必要だ」と言っていた。かたや今季からザウバーのレギュラードライバーとなったキミ・ライコネンも、F1テストの直後に行なわれたスパのフォーミュラ・ルノー・ユーロシリーズで、ピッツォニアとまったく同じように発言し、相当苦労していることを窺わせた。
　F1マシーンが及ぼす影響とはどんなものなのか？　これはよく耳にする話だが、ステップアップは意外と早く飲み込める反面、ステップダウンには相当な違和感が伴うらしい。よりハイパフォーマンスなマシーンをドライブ

すると、初めは自分の限界が追いつかないが、徐々にペースアップすることで身体は慣れてくる。ところが、一度その領域を知ってしまうと、今度は自分の感覚にレベルの低いマシーンが付いて来れず、オーバードライビングとなって、結局はパフォーマンスダウンに繋がってしまうらしい。しかしその一方で、よりハイレベルな世界を知ったが故に、今までとは違うアプローチができるという可能性もある。つまり「余裕」というものが生まれるかもしれない。それはもちろん意識としての話だが、果たして実際はどうなのだろうか……。

　まったく新しいシーズンが始まり、気分も一新。いつもと変わらぬ雰囲気で、マシーンの念入りなチェックを行なうメカニックたちに朝の挨拶を告げ、エンジニアとミーティングを始める。エンジンをウォームアップさせるリズミカルなエグゾーストノートが、未だ霧の晴れないサーキットに小気味良くこだましている。「ああ、いつも通りなんだな」"変わらない"ということは、僕にとって何とも心地良いものだった。

　日もだいぶ高くなってきたお昼前、ようやく安全に走行できるレベルまで霧が晴れ、久しぶりにF3マシーンに乗り込むときがきた。「やっぱり自分のクルマはいいもんだ」と先程まで眺めていたそのコクピットに収まると、意外や意外、けっこうな違和感がある(笑)。「えっー!こんなだったっけ!?」F1マシーンとのあまりの違いにしばし呆然となる。さすがにシーズンを通して使い込んできたシートは完璧なホールド性を見せるが、コクピットから見える景色は相当異なっている。走り出したとき自分がどんな感覚を抱くのか、ますます面白く思われてきた。

　左足で重いクラッチペダルを踏み込み、右手でシフトレバーを握り、メカニカルなリンケージの動きを感じながら、ギアを1速にエンゲージさせる。当たり前の操作だが、なんだか妙にうれしい。走りだすと、さすがにまったくと言っていいほどパワー感は感じられない。う～ん、ピッツォニアがF3復帰戦直後の走行で、いきなり1周目にピットインしてエンジンカバーを開けさせた理由が分かったような気がする。

　まずは10ラップほどして、徐々に感覚を戻す。自分ではF3のイメージをしっかりと持っていたはずだけど、いきなりのフラットアウトはやはり無理だ

った。それだけF1は凄まじい領域にあるということだろう。

　ひとつ不思議だったのは、F1に初めて乗ったときのエンジンパワーは強烈だったけど、そのうち慣れてきて、それほどすごいと思わなくなったこと。ところがF3に乗り換えて、それこそ初めは「パワーないなあ……」と思ったものの、しばらくすると、その小さなエンジンパワーが結構強力に感じられてくるのだ。

　こうなると、僕の感覚はもう完璧に戻っていた。午前中のセッションが終わる頃にはタイムも満足行くレベルとなり、午後からはいろいろなセットアップにトライ。最終的にはペンブレイのコースレコード、そして自己ベストである49秒フラットを叩き出し、今季初のF3テストは無事終了となった。

ライバルは自分自身！

　ブリティッシュ・モーターレーシングには、若い優秀なイギリス人ドライバーの発掘とバックアップを目的として、マクラーレン・オートスポーツ・アワードというスカラシップ制度がある。過去のアワード受賞者はデイヴィド・クルタードやダリオ・フランキッティ、ジェンソン・バトンなどなど。そして今回はアンソニー・デイヴィドソンが選ばれた。彼はカート・ヨーロッパ選手権でバトンとタイトル争いを演じ、昨年はフォーミュラ・フォード・フェスティバルで優勝しているイギリス人若手No.1の21歳。アワード受賞直後にBARとF1テストドライバー契約を結んだことでも話題を呼んだ。その彼が今年の僕のチームメイトである。

　実際、テストでもその速さを遺憾無く発揮し、セットアップを変更した際のクルマの微妙な挙動変化もきっちりと把握している。ふたりで協力しながらクルマを速くするには、絶好のチームメイトだが、同時に最大のライバルでもある。懸命に速さをアピールしようとする彼に、昨年の自分の姿がオーバーラップする。

　いっぽう、2年連続でイギリスF3タイトルを獲得したディフェンディング・チャンピオンのマナー・モータースポーツは、今季デレック・ヘイズを起用。昨年何度かカーリンのF3テストを担当した彼はなかなか腕利きだが、テストではカーナンバー1のプレッシャーからか、あまり実力を発揮できていない

ように見える。

　名門ポール・スチュワート・レーシングは今季よりジャガー・ジュニアと名を変えたが、引き続きチームの規模は文句なしの一級品。ドライバーラインナップは、昨年のドイツF3でポイントリーダーに立ったこともあるアンドレ・ロッテラーとイギリス・フォーミュラ・フォード・チャンピオンのジェイムス・コートニー。テストではそれほど好調とは言えないが、実績があるチームだけに軽視はできない。

　こちらも昨年までベネトン・ジュニアとして参戦していたRCモータースポーツは、今年からなんとプロスト・ジュニアに生まれ変わった。ドライバー・ラインナップも強力で、2年目のニコラス・キエーサはテストでも好調。チームメイトはフォーミュラ・ルノーでキミ・ライコネンとタイトルを争ったライアン・ダルジエル。彼はテストでしばしばキエーサを上回ることもあり、今後伸びてくる可能性は大だ。

　結局、今年のイギリスF3選手権にはBクラスを含めるとなんと32台が出場し、全13戦のシリーズはすべてダブルヘッダーの26レースに拡大されることになった。おまけにF1ジュニアチームが多数参戦するとあって、注目度も一層増すだろう。プレスティッジはとびきり高い。

　僕をとりまく環境は昨年と変わらない。エンジニアのBoyoを始め、ジョンボーイと"ダイソン"こと飯田さんの最強コンビも健在。オフィシャルテストでも僕とアンソニーが1-2でトップタイムを連発しているし、今年はタイトル獲得に向け、チームのモチベーションもとてつもなく高い。本当に良い環境でレースに挑めそうだ。

　もちろん、戦うすべてのドライバーたちがライバルと成り得るが、今年はある意味、自分自身との戦いになると思う。多くの関係者が注目するなか、勝ってあたりまえと言われる自分の立場。そして勝ち続けることの難しさと、その意味。負ければすべては終わる。きっと今年も多くのドラマが待ち構えていると思うけど、どんなことがあっても自分を信じ、サポーターの皆さんを信じ、苦難は必ず乗り越えて、勝利をこの手で掴むぞ！

　次回はシルヴァーストーンより、いよいよイギリスF3の開幕。皆さん、お楽しみに！（2001年5月号掲載）

第15回
待ちに待ったシリーズ開幕

2001年 イギリスF3選手権　第1戦シルヴァーストーン／4月1日
　　　　　　　　　　　　第2戦スネッタートン／4月15日

たった20分の超スプリント！

　毎年2月から4月にかけて不安定な天候が続くイギリスだが、今年は例年とは比較にならないほどの荒れ模様となっている。なにしろ昨年の冬から現在までの降水量は、1879年に英国の気象観測が始まって以来、史上最悪の記録といわれるほどなのだ。イギリスは起伏が乏しいこともあって大雨の被害を受けやすいのだが、おかげで昨年のクリスマス時期には至るところで洪水のニュースが飛び交っていた。今年に入ってからも、川沿いの道路などは依然として通行止めが続いているところが多く、普段なら僕の住む街をゆったりと流れるはずのテムズ川でさえ、未だに氾濫している有り様だ。せっかくの散歩道である川辺の歩道も、その姿をなかなか現わしてくれない。

　悪天候の話はさておき、オフシーズンはあっという間に終わって、ついに2001年イギリスF3が開幕した。緒戦の舞台はシルヴァーストーンである。イギリスGPの開催地でもあるこのサーキットには3種類のコースレイアウトが用意されているが、今回使用するのはインターナショナルコースと呼ばれるタイプで、全長はグランプリコースの約2/3ほど。F3でのラップタイムはドライで1分16秒程度だ。

　今年のイギリスF3は昨年同様、決勝前日に2回の予選を行なうが、翌日の決勝はすべてダブルヘッダーとなる。そして、それぞれの予選結果はそのまま第1レースと第2レースのグリッドポジションとなるため、事実上予選は一発勝負だ。レース形式は周回数ではなく時間で打ち切られるタイムレースのままだが、今年はさらに10分短縮され、わずか20分間となってしまった。こうなると後方からの追い上げは至難を極める。超スプリント

レースとなった今季、今まで以上に予選順位が重要となったわけである。

暗雲たちこめるシルヴァーストーン

　予選開始直前、僕らカーリン・モータースポーツを悩ませたのは、またもや「雨」だった。デジャヴ……。昨年の開幕戦の、波乱に満ちたスラクストンを髣髴とさせるこの天気雨。さすがにこの期に及んでスリックタイアを選択するようなことはないだろうが、こういうコンディションがやはり一番難しい。ドライの場合は例外なく新品タイアが一番グリップするが、レインタイアの場合はその限りではないからだ。たとえば使い古したレインタイア。経年変化とヒートサイクルにより硬くなったコンパウンドが、ドライに近いウェット路面では威力を発揮する場合が多い。さらに、溝が浅くなったタイアであれば、ブロック剛性が上がり、よりカチッとしたハンドリングになる。
　これから始まるウェットコンディションの予選は、すべてこのタイアチョイスが鍵を握っていると言えよう。
　風は強いもののすでに雨は上がり、空には晴れ間が見える。コンディションは刻々と変化していくはずだ。僕らはまずフルウェットに近いセットアップでコースインした。コース上の水たまりはほとんど消え去っていたが、路面は信じられないほどスリッパリーだった。おまけに予想していたとはいえ、トラフィックは最悪。38台の出場車が行列をなして走行しており、まったく一分の隙もない。クリアラップを取るのは至難の技である。
　まずは様子見がてら4周目に1分28秒9をマークし、一旦ピットへと戻る。この時点では2番手だが、順位は目まぐるしく入れ替わっていた。僕は浅溝タイアを選択して再度コースイン。というのも、同じようなコンディションのプレシーズンテストで、プロストJr.のキエーサがぶっちぎりのトップタイムをマークしたが、その時彼が履いていたのが究極とも言えるほどの浅溝タイアだったからだ。
　ところが困ったことに、今日はこれがまったくグリップしてくれず、予選順位は落ちる一方。クリアラップを見つけてアタックを繰り返すたびに順位は少しずつ挽回されるが、それでも決定的なタイムは出なかった。このまま行けばファイナルラップがベストコンディションになるのは間違いない。

毎週タイム争いをすればそこそこの順位を保てるが、しかしそれでは先にタイアが音を上げてしまうだろう。リスクはあるが、最後までタイアを温存して一気に勝負をかける作戦に変更する。ファイナルラップへ入った時の順位は8番手。ここから必死のアタックで2番手まで返り咲くが、その直後、ジャガーのコートニーに0.006秒差でかわされてしまう。予選は3番手となった。
　PPを獲得したのはスペンス。しかし、彼の履いていたタイアを見て僕は驚いた。なんと新品のレインタイアだったのだ。一方、テストと同じ浅溝を選択したキエーサは、なんと12番手に沈んでいる。つまり極端に路面のμが低かった今日の予選では、雨量が少なかったにもかかわらず、柔らかでラバーグリップを有効に使えるニュータイアが勝負を制したことになる。これだからセミウェット時のタイア選択は難しい……無念。
　午後から行なわれた第2レースの予選はドライコンディションとなったが、僕らにとってはかなりショッキングな展開となってしまった。
　シルヴァーストーンは僕にとって非常に相性の良いコースである。なにしろ、昨年はここで全勝しているのだ。開幕直前のオフィシャルテストもトップタイム。ところがこの週末、僕らカーリンの2台は完全に失速してしまった。ハンドリングがまったく安定せず、ドライ路面でまさかの敗退。予選順位は4番手である。オフのテストは絶好調だったチームメイトのアンソニーに至っては、なんと16番手に沈み込んでしまった。しかし混乱していたのは僕らだけではなかった。第1レースPPのスペンスは18番手！？　そして13番手だったデイビスが今度はPP！？　一体どうなっているの？？？

またしてもドラマ満載！

　日曜日はキレイに晴れ渡ったが、昨日と同じで強風が吹き、風向きも同じ。コンディションも予選のときと似ているのか……。
　第1レースの決勝スタートは11時30分。久しぶりのレースに胸は高鳴る。どんなにテストでレーシングカーをドライブしていても、やはりレースは別もの。究極の緊張と興奮。僕はこの瞬間が大好きだ。
　最高のスタートダッシュを決めるためにいつもどおり念入りにタイアを温

め、スタート練習を何度か試みる。そしてフォーメーションラップを終え、スターティンググリッドへとアプローチするとき、信じられないようなハプニングが僕を襲った。軽くエンジンのブリッピングをした瞬間、「ウィン！」という普段はまったく聞きなれないハイトーンのエンジン音に混じって、「ティン……」という金属音が響いたのだ。一瞬にして僕の背筋は凍りついた。なんとレヴリミッターが効かなかったのだ！

　F3はエアリストリクターで吸気制限されるため、最大許容回転数は7000rpm以下とレーシングエンジンとしては異例に低い。それでもピックアップは恐ろしく素早いので、スロットル開度はわずかでも、一瞬にしてリミッターへ到達してしまうのだ。今回はそれが効かなかったのだから、とんでもないことになった。問題は金属音だ。エンジニアのBoyoと無線を交す。「Boyo, rev-limiter doesn't work！I'm pretty sure valves touched … unbelievable…」「OK, Taku. Don't worry about that. Just concentrate on signal. The last car came on the grid now」Boyoは気にしない（苦笑）。

　間違いなくバルブとピストンが当たった。レース距離を持ち応えてくれれば良いが……。しかしそんな混乱があってはスタートも上手く行かない。38台のマシーンが勢い良く一斉に飛び出していったが、残念ながら僕はポジションをひとつ落とし、4番手で1コーナーへと向かう。

　その後、僕を待ち構えていたのは、まさに狂気の沙汰としかいいようのないレース展開だった。Abbeyヘアピンでは凄まじいポジション争いでタイアスモークが激しく立ち上がる。インサイドからはとんでもない勢いでプリオーが飛び込んできた。もし僕がインを譲らなかったら間違いなく2台とも激しく衝突していただろう。立ち上がりで再度並びかけ、「無礼者！」とばかりにBridgeコーナーでプリオーを蹴散らす。そしてBrooklandsコーナーでアウトに膨らんだジャガーのコートニーをかわし3位浮上。間髪入れずに3周目のAbbeyヘアピンで2位のスペンスのインサイドへ飛び込む！サイド・バイ・サイドのままコーナーへ進入するが、彼はまったく僕にラインを残さずに寄せてきて、そのまま接触してしまった。マシーンにダメージはなかったものの、順位を7番手まで落としてしまう。

この時6番手を走行していたチームメイトのアンソニーとランデブー走行となるが、彼も暴れるマシーンに手を焼いているようだ。6周目に彼をパスし、今度は5位のブルーニへ照準を合わせる。じりじりと追いつき、9周目のMaggottsで外から並び、Beckettsのアプローチで一気に抜き去った。ところが「よし！」と思った瞬間、今度はとんでもない勢いでブルーニに追突されて弾き飛ばされてしまった。「Jesus!」コースを横断する形で一度コースアウトしたが、執念でレースへ復活。しかし今度はポイント圏外の12番手である。何度もオーバーテイクを試みるが、追突のダメージと、異常ともいえるブロッキングにいく手を阻まれてしまう。なぜこのポジションでそれほどまでするのか？　結局、そこから順位を上げることはできなかった。

我慢のレース

　リミッターの故障で僕のエンジンはダメージを受けていた。データロガーによると、トラブルが起きたときのアクセル開度は30％程度、にもかかわらずエンジン回転数は11,000rpmを記録していた。

　第2レースまでのインターバルは3時間を切っている。メカニックのジョンボーイと飯田さんは直ちにエンジンの交換作業に取り掛かった。Boyoと僕は、明らかに本調子ではないハンドリングに頭を悩ませていたが、大幅なセッティング変更はあまりにもリスキーだ。しかし何かしなければ勝負にならない。

　祈るような思いで第2レースへ挑む。スタートはいつもよりホイールスピンをさせてしまい、一瞬加速が鈍る。それでも前車を抜かすには充分な勢いがあったが、周りのライバルたちが鉄壁の包囲網を作り出し、まるで身動きが取れない。「絶対SATOを前に出すな！」そんな雰囲気がひしひしと伝わってくる。本当はそんなもの蹴散らしてトップを快走したいのだが、今日ばかりはどうすることもできない。マシーンをコース上に留めて置くだけでも精一杯で、残念ながらまったく勝負にならなかった。結局、4位キープのまま第2レースのチェッカーを受けた。

まるでルーレット！

　続く第2ラウンドのスネッタートンでも、天候が不安定なことには変わりなかった。どんよりと曇った空は予選開始5分前に突然きまぐれな霧雨を降らせる。パドックは騒然となり、予選開始直後のコース上は戦場と化した。もうすでに路面は濡れ始めていて、かなり滑りやすくなっていたが、雨が本格化する前に何としてもタイムを出さなければならない。案の定、予選開始7分後には3台のマシーンがクラッシュして赤旗中断となるが、それまでに僕はトップタイムを叩き出していた。この後、雨が降り続けば楽な展開となるけれど、そうはいかないから難しい。

　赤旗解除と共に霧雨は止み、路面コンディションは次第に回復していった。しかしいつまた降り出すか分からないので、フラットアウトで毎周タイムを更新していくことにする。やがてセッション2回目の赤旗。すでに路面コンディションは完全に回復したため、セッティングをフルドライへと戻す。順位は相変わらず目まぐるしく入れ替わっていた。トップタイムを叩き出しても、すぐにドロップダウン、そしてまたトップタイムの繰り返し。しかし、一番肝心なラスト5分でなんとクラウンピニオンが破損するという珍しいトラブルが起こってしまい、コース脇にクルマを止めざるをえなかった。予選は4番手まで落ちてしまう。

　2回目の予選は雨となったが、このセッションがまさに最悪だった。30分間の予選でなんと赤旗が5回！　タイムアタックなど出来たものではない。原因は単純にエントリー台数が多すぎるためだ。ラップタイムわずか62秒のサーキットに36台ものマシーンがひしめき、単純計算でも各車の間隔は2秒とない。しかもBクラスは1周2秒以上ものラップタイム差があるのだ。クリアラップをとるのは不可能に近い。今回はアランドッキングの2台がフロントロウを独占するかたちとなり、僕は3番手につける。まるでルーレットで決めたかのように、予選結果は毎回大幅に変わってしまう。

悪夢、再び……

　決勝日は朝から素晴らしい天気に恵まれた。台数が多いので、フォーメーションラップを終え自分がグリッドについてからも、最後尾が着くまで

結構時間が掛かる。無線で確認しながらバイザーを開け、少し深呼吸。さあ落ち着いて行こう。5秒前ボードが提示され、一気にエグゾーストノートが高まる……。そしてシグナルはレッドからグリーンへ！

「よし！」まずはスタートダッシュでキエーサをかわし、一気にクルマをイン側へ滑り込ませる。マナーのヘイズが幅寄せしてくるが、そんなものはおかまいなしだ。インをこじ開けて1コーナーのポジション争いに競り勝ち、2番手浮上！ トップを走るデイヴィスを追いかける。スネッタートンは極端にオーバーテイクの難しいサーキット。昨年はベンを抜こうとして無理をしてしまったが、今日はどう攻略するか。すると3周目に、幸運にもセイフティーカーが導入された。「これはいただきだ！」

数周のローリング走行が続いた後、セイフティーカーのランプが消えた。リスタートを意味している。デイヴィスの背後にピッタリとくっつき、スロットルとブレーキを同時に踏み込む。カタパルト発進と同じ要領だ。そして、これでもかとばかりに目を見開いてコンセントレーションを高める。さあ、行くぞ！ デイヴィスが加速すると、間髪入れずに僕もフル加速。そしてコントロールラインを越えた瞬間にスリップから抜け出し、アウト側へクルマを振り半車身リード。1コーナーアウト側から一気にトップへ出た！ グングンと後続を引き離し、久しぶりにトップを快走。しかし3周後に悪夢が訪れようとは、この時点で誰が想像できただろうか……。

それは昨年スパのフォーメーションラップで起きたトラブルとまったく同じものだった。3速ギアのスタック。まるでノックアウトされたかのように身体がズシンと重くなり、何も言葉を発せられなくなってしまう。僕に残された道はピットへ戻ることだけだった。

午後になると空から雨が落ちてきた。第2レースはウェットレースだ。予選3番手はPPと同じ列なので、本来であればレーシングライン上のため、スタートダッシュがしやすい。しかし今日はとことんついていなかった。なんと、僕らの列には大きな水溜りが残っていたのだ！ 予想通りPPのエドワーズと僕はトラクションを掛けられず、加速が鈍る。好対照に2番手グリッドのプリオーはロケットスタート。僕はすぐさまエドワーズを抜き去るが、トップまでは届かない。昨年、雨となった最終戦の予選で僕とフロントロ

ウを分け合った男"雨のプリオー"は意外と手強い。2台は毎周後続を1秒ずつ引き離し、完全に一騎打ちとなる。ファステストラップを叩き出しながら彼を追いまわすが、最後まで抜くことはできなかった。悔しい思いは拭い切れないが、チャンピオンシップを考えればこの2位は絶対必要だ。残念ではあるけれど、トップを狙ったあげく、まかりまちがってノーポイントになることだけは避けなければならなかった。

　開幕戦から思わぬ苦戦を強いられている今年のイギリスF3だが、勝負はまだまだこれから。昨年の「ぐるぐる回る虹」よりはマシなのだから、全力で巻き返すぞ！（2001年6月号掲載）

さあ、待ちに待った開幕戦だ！ チャンピオン獲得のためにも最高の形でスタートを切りたいと願っていたが、これまで常勝を誇っていたシルヴァーストーンでなぜかマシーンが安定せず、不本意な結果に終わってしまった。

第16回
3勝挙げてポイントリーダーへ

2001年 イギリスF3選手権 第3戦ドニントンパーク／4月29日
第4戦オウルトンパーク／5月7日

誰もが真剣に戦っている……

　シルヴァーストーンで開幕してからまだ1ヵ月も経たないというのに、イギリスF3は早くも第3戦を迎えた。今回の舞台はドニントンパーク。99年のフォーミュラ・オペル時代には初優勝を飾り、昨年のF3ではダブルポールを獲得するいっぽうで予選失格騒動やフライング疑惑事件に巻き込まれるなど、僕にとっては良くも悪くも思い出深いサーキットだが、案の定、今回もさっそく波乱が待ち受けていた。

　ハプニングが起きたのは、予選4日前に行なわれた公式練習。いつものように50分間のセッションが3回設けられていたのだが、僕らにとっては決して順調とは言えない滑り出しだった。セッション1回目を2番手タイムで終えたものの、僕のマシーンは前回のスネッタートンから続く深刻なトラブルを抱えたまま。そこでセッション2回目では疑わしいと思われる部分を変更したのだが、問題は解決されずじまい。残るセッションはあと1回のみで、これを終えると、そのまま土曜日の予選を迎えることになる。いつもは冒険好きで楽観的なBoyoだが、ここまで問題が続くと、さすがにお手上げの様子。トラブルの原因になっているのは、おそらくふたつあるデバイスのうちのどちらかだが、Boyoはそれらをそっくりそのままスタンダードパーツに取り替えてしまったのである。

　「Too much problem. I don't want to have anymore of it. I just let it go fucking this problem away!」Boyoはこんな感じのセリフを吐き捨てた。トラブルに頭を悩ませているのは分かるが、彼が下した判断では問題の解決にならない。立て続けに起こるトラブルを払拭したいのは僕も同じ。ならば全力を注いで、その原因を突き止めるべきだ。もし、

これが予選であれば彼の意見に従う。しかし、今日はテストである。僕はBoyoのやり方に反対した。トラブルの真意を見極めなければ、進歩など絶対にあり得ないのだから……。
　僕の意見はこうだ。原因と見られるふたつのうち、ひとつを取り替える。もしトラブルがなくなれば、替えたモノが原因。トラブルが発生し続ければ、クルマに残っているモノが真犯人というわけ。いずれにせよ、最後のセッションは雨模様である。セットアップで他に後れを取る心配はない。それに、せっかく開発してきたパーツ類を、みすみす捨てるのはあまりにも惜しいではないか。しかし、それでもBoyoは聞かない。「Excuse me Taku. I'm sorry. But this is the car as we exactly gonna run this weekend. That's it」こんな風に強引に言われて引き下がるわけにはいかない。僕は真っ向からBoyoに反論した。
　地面を叩く雨音と、メカニックの作業音だけが小さく響くガレージのなかで、Boyoと僕はお互い一歩も引かぬ姿勢で向かい合った。彼がイライラしている理由は分かっている。これ以上トラブルを出したくない……いや、出せない状況と、原因が突き止められないわだかまりに、相当のプレッシャーを感じているのだ。だが、僕らは喧嘩をしたいわけではない。ふたりの言い分は違っているが、向かっているベクトルの方向は常に同じ。そう、ただ純粋に速いクルマを作りたい、そしてレースに勝ちたいということだけなのだ。
　最後にこの状況を救ったのはチームオーナーのトレヴァーだった。彼はお互いの言い分を聞いた後、初めはBoyoと同じようなことを言っていたが、絶対に引かない僕の様子を見て、トレヴァーの目の色が変わった。「タクマの好きなようにやらせてみろ」この一言には、さすがのBoyoも何も言えない。
　激戦が繰り広げられるヨーロピアン・モーターレーシングの世界では、こうしたやりとりを行なうことも時にはある。初志貫徹、最後まで自分を信じる。もちろん、結果的に間違っていることもあるかもしれない。だがそれは恥ずべきことではない。後から認めれば済む話だ。むしろ、不安を残したまま本番を迎え、後で愚痴をもらすようなことだけは絶対にしたくない。

それならば正々堂々、正面からドカンとぶつかり合ったほうが、よほど潔いではないか。性格的なものもあるだろうが、たとえどんなに気まずい雰囲気になっても、彼らが後々まで引きずることは決してない。相手を認めて動き出したら、気持ちをスッと入れ換える。本当に気持ちの良い男たちだ。ところで、例の問題は無事解決して一日を終えられたことを、ここで付け加えておこう。

ドニントンの予選は踏んだり蹴ったり

　土曜日の朝からドニントンパークは青空に恵まれていたが、まるで今年のイギリスF3が呪われているかのように、予選開始と同時に雲行きが怪しくなる。気まぐれな雨雲はサーキットにパラパラと雨を落とすと、まるで何事もなかったように過ぎ去っていく。その繰り返しだ。

　コースコンディションは軽く湿っている程度なので、全員スリックタイアを装着して予選が始まった。しかし、ファーストアタックもセカンドアタックも黄旗に出くわしてしまい、たまりかねた僕は一旦ピットに戻ることにした。気温がぐんぐん上昇していたので、タイアのエアプレッシャーも合わせたかったし、1ラップごとにコンディションが変化するような状況で、無意味なアタックをしたくなかったからだ。

　ところが、これはとんでもないミスジャッジだった。まさに僕がピットインしたその瞬間、大粒の雨が空から降り出したのだ。まだ1周もタイムを出していないじゃいないか！　大慌てでコースに戻るが、とてもタイムが出せるような状況ではない。「これまでか……」万事休すの溜息が思わず漏れたが、それから2周もしないうちに今度は強烈な太陽が照りつけ、みるみるうちにコースは乾き始める。気を取り直した僕は、ここからタイムアタックをする度に何度もトップタイムを出すのだが、相変わらず予選順位は目まぐるしく変動していく。結局、赤旗中断や、最後に再度降り出した雨の影響で、第1レースの予選は2番手に終わった。

　2回目の予選は1回目よりも悲惨な展開となる。まるで僕らをあざ笑うかのように、天気雨が降ったり止んだりを繰り返したのだ。こうなったら、コースに留まって走り続ける以外に術はない。しかし、P1に躍り出てもすぐさ

まP2、P3、P4……という具合に、1周を待たずに順位が変わっていく。そして残り時間もあと3分となった時、前方にBクラスの集団が見えた。このままではファイナルラップに追いついてしまう。一度バックオフして、最後にすべてを賭ける。わずか1周の間アタックを止めただけで順位は簡単に10番手まで落ち込む、そんなきわどい状況での判断だ。残り時間は1分を切っている。さあ、どうなる……!? 結果はまたもや2番手。と思ったら、その数秒後に0.006秒差で3番手へと落ちてしまった。無念。

3コーナー連続のサイドbyサイド

　大方の予想を裏切り、決勝日は素晴らしい天候に恵まれた。PPはジャガーJr.チームのアンドレ・ロッテラー。昨年のドイツF3では、最終戦までジョルジョ・パンターノとチャンピオン争いを演じた末にランキング2位を得たが、今年は戦いの舞台をイギリスへと移してきた。序盤2戦はあまりパッとしなかった彼だが、ここに来て本領発揮といったところだろうか。

　第1レースのスタートは、僕にとって平凡なものとなった。順位の変動がないまま、各車一斉に1コーナーへとなだれ込む。僕はロッテラーの背後にピッタリと着けてプレッシャーを与え続けたものの、3周目にセイフティカーが導入される。残念ながら前回のスネッタートンのように再スタートで抜くことはできなかったが、まだまだチャンスはありそうだ。

　ロッテラーはトップを走るプレッシャーからか、時々小さなミスを犯す。オールドヘアピンと呼ばれる5速180km/hのコーナーで、一瞬、彼が姿勢を崩した。僕は、縁石からダートに飛び出しそうになるほどのラインを取って目一杯勢いをつけ、その差を一気に縮める。さあ、スリップストリームに入ったぞ！ここからコースは長い登り坂を駆け上がり、軽く左に折れ曲がっていく。僕はとっさにクルマを振り、彼の左側にノーズを滑り込ませ、マクレーンの進入でサイドbyサイドへと持ち込んだ。このマクレーンは右コーナーなので、僕は外側から仕掛けたことになるが、それと同時に彼のブレーキングをイン側に封じ込めたことになる。

　さあ、フェイントはこれでおしまい。ここからが本当の勝負なのだ。このコーナーは、クリッピング付近で登り坂が終わるため、出口でのトラクショ

ンが非常に掛かりづらい。案の定、スピードのつき過ぎたロッテラーは、キレイな弧を描きながら外側へと膨らんでいく。一方の僕はクロスラインを取って内側へと真っ直ぐに立ち上がっていき、再びサイドbyサイドへ。さあ、今度はブラインドコーナーで有名なコピースだ。完全に横並びの状態となるが、ここで外側にいる彼は成す術なし。一気に抜き去る。やった、ついにトップだ！ 1.5秒ほどのマージンを築いたあとは順調に周回を重ね、チームクルーが沸き立つピットウォールへ拳を突き上げながら横切り、嬉しい今季初優勝を決めた。

ところが、ダブルヘッダーでは優勝の余韻に浸る間もなく、すぐに第2レースがやってくる。さあ、気を引き締め直して、今度はスタートから一気に狙うぞ！ 僕はスタート直後から2番手のデイヴィスに並びかけ、内側からドアをこじ開ける。彼の幅寄せは強烈だ。もうほとんどコースから落ちそうだったが、絶対に引かない。そして1コーナーのアプローチに向けて、2台揃って突っ込んでいくのだが、彼もお構いなしにどんどんステアリングを切り込んでくる。「それじゃ行き場が……」と思った時には、僕の右フロントタイアはダートの上。可能な限りインサイドのラインをトレースしたが、デイヴィスと軽く接触してしまう。

しかし、更なるアクシデントは次の瞬間に起きた。スピンモードへと移るデイヴィスとそれを避ける僕の後方にいたのは、チームメイトのアンソニー・デイヴィドソン。その彼が僕を避けきれずに追突してしまったのだ。僕のリアウィングは見事に吹っ飛び、ギアケースも割れてしまう。ピットへ戻るものの修復は不可能。僕らのレースは一瞬で終わった。

念願の今季初ポール獲得！

オウルトンパークはブランズハッチと並んで、イギリスで最もチャレンジングなサーキットのひとつだ。ダイナミックなアップダウンと、自然の地形からなる不規則な路面のうねり、そして超高速ブラインドコーナーが森のトンネルを引き裂き、物凄い勢いでドライバーの視界に飛び込んでくる。

先週まで続いた不安定な天候がまるで嘘のように、オウルトンパーク上空には素晴らしい青空が広がっていた。そして今回は赤旗によるセッショ

ンの中断もなく、第1レースの予選では念願だった今季初のポールポジションをついに獲得。この日をどれだけ待ち望んでいたことか！

　この調子で第2レースの予選もPPを獲りたいところだったが、またしても予想外のハプニングが発生！　なんと第2予選で使ったニュータイアに問題があったのだ。ピットアウトするとすぐに異常な振動を感じたので、Boyoに無線で連絡をとる。僕は別のニュータイアを用意するよう切望したが、週末に使用が認められているのは2セットのみ。このタイアで予選を戦う以外に道はなかった。

　タイアの振動には2種類あって、ひとつは単純にホイールバランスが取れていないモノ。そしてもうひとつはタイアが真円ではない場合だが、後者の方はかなり厄介だ。なにしろフラットスポットがあるようなものだから、ブレーキングは安定しないし、ハンドリングにも大きく影響してしまう。こんな状況でのタイムアタックは至難を極める。結局、どんなに頑張っても4番手グリッドへ滑り込むので精一杯だった。予選後、AVONタイアの技術者により、製造工程での欠陥がある不良タイアであることが確認されたが、予選が終わってしまっては、もうどうすることもできない。本当に悔しい結果となった。

僕の性格、知ってるでしょ？

　オウルトンパークのスターティング・グリッドは一風変わっている。一般的な"段違い式"ではなく、"Two by Two方式"を採用しているのだ。これだと2台ずつノーズを揃えて並ぶことになるので、PPと2番手は横一線で変わらない。3番手と4番手も同様。大接戦のスタートとなることは間違いないだろう。

　久しぶりとなるPPからのスタートも、気持ち良く決めて、まずはトップで1コーナーを抜ける。しかし、後方でアクシデントがあったようだ。すぐさまセイフィティカーが導入されるが、2周のローリングを終えると赤旗が提示され、レースは一時中断となった。

　なぜ、僕の身には毎回必ず何かが降り掛かるのだろうか？　今度は左リアタイアに深い切り傷が発見されたのである。どうやらアクシデントの破

片を踏んでしまったようだ。エアプレッシャーはまだ落ちていないが、このまま走行を続ければスローパンクは免れない。グリッド上でリアタイアを交換することになった。

　1輪だけ冷え切ったタイア……。しかも右回りのこのコースでは、左リアが最も重要となる。再スタートは難なくトップで1コーナーを抜けるが、その直後から、かなりきついオーバーステアに悩まされることになった。2位にはアンソニーに代わってブルーニが浮上していたが、抜かれる心配はなさそう。充分ペースをコントロールできていたし、4周目くらいからはタイアプレッシャーも均等に上がり、徐々にステアバランスは安定してきたからだ。ここからはじりじりと後続を引き離し、ポール・トゥ・フィニッシュ＋ファステストラップの完全勝利でチェッカード・フラッグを受けた。

　第2レースはいくつもの難関を打ち破らねばならなかった。僕のマシーンに装着されたのは、バラバラの寄せ集めタイアである。左側のフロントとリアは予選2回目のタイア。しかし右フロントは例の不良タイアからの置き換えで、公式練習で使った中古タイアを装着。同じく右リアは、パンク事件があったので、すでに第1レースを走ったものを使用しなくてはならなかったからだ。

　決勝前、僕は手堅く表彰台を目指すつもりだった。チームも同じくそれを望み、誰もが無理をするなという。しかし、スターティンググリッドに並び、ライバルたちの後ろ姿を見た瞬間、いつものごとく僕の闘争心にメラメラと炎が灯った。マネジャーのアンドリューは僕とガッチリ握手すると、「Taku...」と口を開きかけたが、僕の目を見て言葉を呑み込んだ。アンドリューに向かって「You know what am I like!」と一言。それ以上は必要なかった。

　おもいきり目を見開き、スタートに全神経を集中する。そして、スタート!!　よし、いいぞ!!　2番手からトップへ踊り出たデイヴィスにさらにアウト側から並びかけ、1コーナーへアプローチする。しかし、ここはひとまずバックオフして加速重視のラインを取り、出口で一気に追いつくことにした。そして、5速全開で下りながら右へ曲がる次の高速コーナーで、もう一度アウトへ動き、ダラーラがちょうど収まるほどの隙間へと飛び込んでいく！　さらにコ

ースは豪快に下りながら左へとカーブするカスケードに繋がっていく。さあ、今度はインサイドだ！ブレーキングで4輪を滑らせながら、デイヴィスを一気に抜き去り、オーバーテイク成功！「よっしゃー!!」

途中、セイフティカーの導入があったが、難なく再スタートを決め、その後は2位以下をぐんぐんと突き放して独走態勢を築く。そして、コースレコードとなるファステストラップも記録。途中、Boyoが無線で叫んできたほどだった。「Taku, make sure your pace! Too quick!」「I'm OK, Boyo. Feel so much comfortable!」そして、パーフェクトウィンでチェッカード・フラッグを受けた。

大波乱の幕開けとなった序盤戦のイギリスF3だが、これから始まる中盤戦をポイントリーダーとして戦うことはとても大きな意味を持つ。「勝って兜の緒を締めよ」ここからが僕にとっては本当のスタートだ！

（2001年7月号掲載）

カーリン・モータースポーツのメンバーが勢ぞろいで大祝勝会！ なんといってもこの日は僕が2連勝でチームメイトのアンソニーも2戦連続の3位、おまけにBクラスに参戦する星野一樹選手も2レース続けて表彰台に上ったのだから、こんなに喜ぶのも当然といえば当然？ それにしても、背中にシャンパンは冷たかった！

第17回
首位のまま中盤戦に突入

2001年　イギリスF3選手権　第5戦クロフト／5月28日
　　　　FIAフォーミュラ3・ヨーロピアン・カップ　ポー／6月4日
　　　　イギリスF3選手権　第6戦ロッキンガム／6月10日

絶対ポールだと思っていたのに……

　イギリスF3選手権の第5戦は北ヨークのクロフト・サーキットが舞台。ここは有名なヨークシャー・プディング発祥の地である。まあ、自分が好きな食べ物と関係があるかどうかは分からないが、僕にとってクロフトはゲンのいいサーキットのひとつだ。オフシーズンのテストでも絶好調だったし、昨年のレースでもブッチギリの優勝を果たしている。いやがうえにも気勢はあがるというものだ。

　最近になってイギリスの天候も少しは安定してきたが、未だに雨が降りやすい状況が続いており、一日中晴天という日は少ない。今回の予選も例外ではなく、前の晩に降った雨の影響でサーキットは完全なウェット状態だった。低くどんよりとした雲が上空を覆い隠している。しかも、この日最初のプログラムがF3の予選のため、コンディションは最悪。そこでセッション最初の数分間はピットで待機し、ライバルたちの様子を見ることにした。

　コース上では30台以上のクルマが周回を重ねているせいか、路面は徐々に乾き始めているようだ。本来ならば完全にドライとなるまで待ちたいところだが、あまり待ちすぎると赤旗やコースアウトしたマシーンによるコンディションの悪化なども考えられる。タイミングを見計らうのは難しいものだ。結局、予選開始から約10分後にコースインしたものの、相変わらず黄旗やトラフィックが多く、満足のいくアタックはできなかった。おかげで9／100秒差でPPを逃し、第1レースは2番手からのスタートとなる。

　午後の予選は、さらに慌しいものとなった。上空を覆う怪しい雲はより厚みを増し、風も強くなってきた。午前中に比べても気温はぐっと下がっている。僕らの戦略は、一度中古タイアでタイムを出して路面コンディションと

ハンドリングを確認したら、今度はピットで10分ほど待機するというもの。雨さえ降らなければ、終盤にコンディションが良くなることは明白だからだ。予定通り数周をこなし、ニュータイアへ履き替えて待機しようとしたその瞬間、空からポツリポツリと雨が降ってきた。これはマズイ。路面が濡れる前にタイムを出さなくては！ 慌ててコースインを試みる僕。しかし、タイミングは最悪だった。ホームストレートへ戻ってきてタイムアタックへ入ろうとするたびに、ピットアウトしてくるクルマと遭遇してしまうのだ。それも連続5周！ 一体ピットマーシャルは何をしているんだ！

　気まぐれな雨は止んだものの、タイアのグリップレベルはピークを過ぎてしまったことだろう。それでも何とかP1のタイムを叩き出すものの、ここでBoyoが無線で一言。「You have to come back on this lap」そう、これ以上走れないのは分かっていた。ガソリンがないのだ。しかし、路面コンディションは確実に良くなっている。抜かれるのは時間の問題か。案の定、残り5分で僕のグリッドは3番手に落ちてしまった。僕らは緻密に積載燃料量を計算している。だから予定よりも早く予選を始めてしまうと、後半はガソリンが足りなくなってしまうのだ。F3では予選中の給油は禁止されているので、多く入れておけばとっさの作戦変更時にも対応が可能になるが、それでは車重が重くなってしまい、タイアがもっともグリップする時期にタイムが出ない。何が起こるか予想がつかないイギリスF3の予選では本当に難しい問題だ。PPを獲れなかった悔しさは残るけど、夜はホテルでヨークシャー・プディングをたいらげ、明日のレースに備えた。

信じられないラフプレー

　翌朝、空からは天気雨に近い霧雨が降っていたが、レースが始まるころには穏やかな天候に戻ってくれたのでひと安心する。

　第1レースがスタートした。動き出しは誰よりも早く決めたが、PPのヘイズも加速は良く、抜き去るまでには至らない。おまけに僕を執拗に牽制してきて、かなりラフな幅寄せを食らう。メインストレートにはピット出口があり、コース幅は充分にある。しかし、1コーナーへ向けてコース外側にはフラットな縁石とポールが数本たっているので、このまま行くとそれらにぶつかっ

てしまう。ひとまずは引いて様子を窺うことにした。
　2周目のバックストレートエンド、タワーコーナーでチャンスはやってきた。ヘイズがブレーキングミスを犯し、大きく膨らんだのだ。僕はすかさずインサイドへ滑り込んだ。2台は完全なサイド by サイドとなる。しかし、アウト側を大回りしてきたヘイズはコーナー出口でのスピードが乗っており、僕に覆いかぶるように2度目の幅寄せをしてきた。さすがに頭にきたが、その先の高速S字で2台並ぶことなど不可能。僕は彼のテールにビッタリと食らいつき、2台はスロットル全開のまま重なり合うようにしてS字を抜けていく。「さあ、ここまでだ！」続くサニーコーナーの入り口で、ヘイズはいつも通りのレーシングラインをトレースする。つまりイン側はガラ空きということだ。僕はその隙間に飛び込んだ。しかし、ヘイズはその状態からなんと扉を閉め出したのである。
　彼はミスを犯した。その代償は払わねばならない。タワーコーナーの立ち上がりで、強引に道を閉ざして前に出たヘイズ。真後ろには「SATO」が張りついていることも、そしてサニーの入り口で仕掛けられることも、彼は知っていたはずだ。2台は接触してコースオフ。双方にダメージはなかったので、すぐにレースへと復帰したが、僕は7位まで落ちてしまった。
　ここから怒涛の追い上げを開始する。11周目にはヘアピンの切り返しで、プロマテクメのジョアーニをパス。13周目には同じ場所でプロストJr.のキエーサ、15周目には1コーナーでスペンスをかわし、4位まで挽回する。次なる標的は3位を走るジャガーJr.のコートニー。しかし、彼の決死のブロックに行く手を阻まれて表彰台には届かず、4位に終わる。一方、ヘイズは6位争いにてこずったうえ、しまいには接触して10位まで順位を落とした挙句、他者を強引に押し出したことでレース失格処分となった。ところが、その腹癒せではないだろうが、僕との接触をレース・クラークにアピールし、今度は僕のリザルトまで失格処分になってしまったのだ！　納得の行かない僕はスチュワードに対して控訴することになったが、最終決断はまだ下されていない。
　気持ちを切り換え、今度は第2レースだ。決勝グリッド3番手からは、得意のロケットスタートしかない。そして、最高のスタートダッシュを決める。

今度はあわやヘイズに追突するところだったが、間一髪で避け、コースのアウト側へクルマを放り出す。なぜならインサイドには、これまた素晴らしいスタートを切ったスペンスの緑色のマシーンが見えたからだ。そこで僕は、スペンスと一緒にヘイズをサンドイッチする形でメインストレートを駆け下りると、続く1コーナーアウト側から一気に2台を置き去ってトップに躍り出る。空からは霧雨が降っていたが、こういうコンディションはお手のモノ。どんどんリードを広げる。しかし、徐々に雨脚も増してきて、いよいよスリックタイアでの走行も危なくなってきたちょうどその時、2位走行中のスペンスが1コーナーで大クラッシュを演じ、レースは赤旗終了となった。これで僕は今季4勝目。ファステストラップも獲って、フルポイントを加算だ。さあ、ガンガン行くぞ！

不運続きだったポーGP

　険しいピレネー山脈が悠々たる雄姿を見せ、極上のワインにお洒落な料理、そして、眩い日差しが自慢の南フランス。今年もカーリン・モータースポーツはポーへ遠征する。チームにとっては3回目のチャレンジだが、これまではいずれも惨敗。そこで、今回は革命的なセットアップを持ち込むことにした。とはいうものの、フリー走行は20分×2回と極端に少ない。かなり冒険をしたセッティングでもあるため、スウィートスポットを探し当てるのは至難の業だ。

　1回目の予選は3／100秒差で2番手。クルマは昨年とは比べモノにならないほど戦闘力が向上している。僕のセッティングを追う形で走ったチームメイトのアンソニーは、予選2回目に見事トップタイムを記録し、AグループのPPを獲得。続くBグループの予選で、当然僕はそのタイムを破るつもりでいた。ところが、冒険好きのBoyoと僕はさらに先を読んだセッティングを試したのだが、残念ながらマシーンのバランスを崩してタイムアップは果たせなかった。

　レースはスタートから苦しい展開が続いた。新品のクラッチが完全に切れず、スタート時にクルマがそろりそろりとクリープを始めたのだ。おかげで4番手から3位へポジションを上げるものの、フライングを取られてしまう。

ピットへ戻ってストップ&ゴー・ペナルティを受けるが、コースに復帰して数周後、今度はエンジンのエアボックスが緩んで落ちてしまうという珍しいトラブルで走行不能となり、レースはリタイアに終わった。残念だけど仕方ない。これがモーターレーシングというものだ。さあ、イギリスへ戻って選手権を頑張ろう!

やっぱりおかしいイギリスの天気

　ロッキンガムは、今年の4月にコースが完成したばかりのブランニュー・サーキット。まだ不整地も多く、未だコースサイドの観客席は建設中だ。9月のCARTまでに完成するのだろうか?

　このサーキットは、まるでF1で使われるインディアナポリスのようなコースレイアウトだ。まず、スタートしてすぐに高速シケインが現われる。しかも、このシケインの通過スピードが200km/hという、とんでもない速度なのだ。さらに、ここにはショートカットを防止するために縁石が用意されており、これに乗りすぎるとモノコック下面が当たってF3マシーンは見事に空中へ飛んでしまう。しかも、ここまでスピードが出ているとノーズリフトが起きた際にシャシー下面に大量の気流が流れ込み、マシーンは信じられないような角度でウィリーしてしまう。そして、そのままの姿勢で空中を滑空する恐れがあるのだ。この後、コースは再びオーバルコースへと合流し、第2ターンが始まる直前にインフィールドへ逸れていくことになる。

　見た目にはかなりフラットなコースだが、実際に走行してみると、細かいアップダウンもあり、意外と接地性が激しく変化するコーナーもある。インフィールド内はかなりテクニカルで、スロースピードのコーナーが続く。そしてかなりタイトなヘアピンを挟んで再びオーバルコースへ復帰し、最終コーナーに第4ターンを使用して、1周が終わる。

　誰にとっても、どのチームにとっても、まったく初めてのサーキット。オフィシャルテストが行なわれる今日まで、誰もここを走ったことはないのだ。テストセッションはいつもと同じく45分×3回。まずはギアレシオの設定から始まり、クルマのセットアップを煮詰めていく。見た目にはオーバル区間を使うストレートが長いので、ローダウンフォース仕様のクルマが速そうに思え

るが、実際にはまったく逆のセットアップとなった。インフィールドで稼ぐタイムが、ストレートのそれよりもずっと大きいからだ。

　それにしても今季のイギリスF3は天候に呪われている。土曜日の予選が始まる1時間くらい前、ロッキンガムの上空は黒い雨雲に覆われていた。そしてポツリポツリと降り出した雨は、たちまちコースを濡らしていく。慌しくクルマのセッティングをウェット方向に変更するが、これが正常に変更されておらず、僕は1周でピットへ舞い戻って状況を説明した。ところが、直後にピットアウトした頃には路面が乾き始めている。各車ピットへ戻り、ドライセットへ戻していく。対する僕はまだタイムアタックを一度もしていないので、雨が降った場合のことを考えてコースに留まり、1周のタイムアタック。それからピットへ戻り、セットアップを変更した。しかし、一度後手に回ってしまうと後がつらい。コースへ戻って3周目には2番手タイムを出すものの、黄旗が出されてそのまま赤旗終了。またしてもPPを逃してしまう。

　午後の予選も似たようなケースとなった。予選開始直前に降り出した霧雨にチームが翻弄されてしまったのだ。「コースが濡れる前にタイムアタックを」と全員が思っているため、ピット出口にはすでに行列ができている。当然僕も早くから並んでいたのだが、雨は一向に止まず、判断はどんどん難しくなっていった。「ウェットだ！」と無線で連絡が入ったと思ったら、「いやドライだ」と言われて、飯田さんとジョンボーイはクルマを列から出したり、戻したり、完全に混乱している。そうこうしているうちに予選は始まり、結局、スリックで走ることに。走り始めはかなりスリッパリーだったが、徐々にラップタイムも上がってきたので、僕らはピットへ戻り、ニュータイアを履き替える準備をした。しかし、信じられないことに、最悪のタイミングで空から雨が……。

　結局、このときホットラップに入っていたドライバーがベストコンディションをモノにした。それが、最初からニュータイアで予選に臨んでいたアンソニーである。僕のポジションは4番手まで落ちていた。慌しくピットアウトするが、路面はもはやグリップしてくれない。そして追い打ちを掛けるかのように赤旗中断。予選再開後の残り時間は6分となり、超スプリント予選が始まった。僕は執念でチェッカードフラッグとなる最終ラップに2番手へ浮

上。予選再開後からタイムアップしたドライバーは僕だけだということを考えると、なおさら悔しい。本当にイギリスの天気ってどうなっているの!?

初コースで2連勝達成!

　この不安定な天候は、翌決勝日の朝も変わらなかった。スタート直前まで霧雨が降り続き、コースはところどころ濡れたまま。しかし、レースには全員がスリックタイアで臨む。このサーキットはスタート直後に限ってシケインを通過せず、オーバルコースの第1ターンを使用する。僕は濡れた路面でのホイールスピンを最小限に抑え、完璧なスタートを切った。そしてスロットル全開で第1ターンへ突入。ここではすでに4速に入っているが、スリッパリーな路面をリアタイアが捕らえきれず、なんとオーバーステアに! それでも構うものか。バンクでカウンターを当てたままフラットアウトだ! ここで後続は完全に出遅れた。路面コンディションが徐々に回復していくなか、僕はとにかく攻め続け、最終周にファステストラップを記録してフィニッシュラインを駆け抜けた。

　第2レースのスタート直前、またしても雲行きが……。もう、降るなら降れ! という感じだ。しかし、今回ばかりはパラパラと一瞬だけ雨を落として、空はおとなしくなった。そして今度もスタートをバッチリと決め、PPのアンソニーを第1ターン進入のアウト側から抜き去る。

　もしもトップの座を奪われる機会があったとしたら、それはセイフティカー導入時だった。ここはレースリーダーにはかなり酷なサーキットかもしれない。というのも、ピットレーンが最終バンクから始まるので、そこまではペースカーを抜くことができない。つまり、全員が完全にストレートへ入ってから再スタートとなるのだ。おまけに、ここからロングストレートが続くので、スリップに入られたら抜かれる可能性が非常に高い。だが、僕は得意のフェイントを多用して後続を混乱させ、うまく再スタートを切ることに成功した。

　レース終盤は雨が落ち始めたものの、今季6度目のトップチェッカーを受けた。レース中のファステストラップは予選タイムをも上回る1分33秒203を記録。これ以上嬉しい結果はない。しかも、今回はカーリン・モータースポーツにとって史上初となる1-2フィニッシュを達成できたのだ。こうなったら、次こそはパーフェクトにPP to Winを決めるぞ!（2001年8月号掲載）

第18回
イギリスGPでも優勝だ！？

2001年 イギリスF3選手権　第7戦キャッスルクーム／6月24日
第8戦ブランズハッチ／7月8日
F3インターナショナル・インビテーション・チャレンジ　シルヴァーストーン／7月15日

のどかなコッツウォルズでの激戦

　6月も中旬を過ぎ、イギリスではあたり一面に野花が咲き始めた。それと時を同じくして、空には雲ひとつない晴天がどこまでも広がり、連日にわたって気持ちの良い青空が続いている。こんな日はイギリスのカントリーサイドが最高に美しい。どこまでも続く緑豊かなコッツウォルズ丘陵には、まるで時の流れが止まってしまったかのようなゆったりとした暮らしがある。蜂蜜色の石を積み上げた家並みは、やわらかな独特の雰囲気を放ち、その玄関先の頭上や窓辺から吊り下げられた、色とりどりの花たちと相まって、絶妙なコントラストを演出している。風に揺らめく木々の音と小鳥のさえずり。やっとのことでクルマがすれ違えるほどの小さな石橋の下、キラキラと太陽の光を反射する小川のせせらぎが、耳に心地よい。僕が今訪れているキャッスルクーム・ヴィレッジは、そんなコッツウォルズに点在するおとぎの村のひとつだ。

　1966年から開催されているイギリスF3選手権は、数々の名場面を様々なサーキットで残してきたわけだが、キャッスルクームは、F3史上なんと初開催のサーキット。のどかで雄大な風景の中に突然現われるこの古びたサーキットは、その土地柄とはまるで正反対の異次元の超高速サーキットだ。ロードカーでも明確に感じるほど激しい路面のアンジュレーションと、恐ろしくバンピーな舗装。それに加えて、グラベルベッドなどの近代的なランオフエリアはほとんどなく、数メートル幅の芝が植えられたあとはいきなりタイアバリアというレイアウト。観客は信じられないほどコースに接近できるので、迫力ある走行シーンを見ることができるが、レースをしている我々にとってみれば、ちょっと恐ろしいサーキットでもある。

オリジナルレイアウトではあまりに高速すぎて危険だという理由から、数年前に2つのシケインが追加された。だが、それでもF3マシーンは全長3kmのキャッスルクームを60秒以内で走りきる。平均速度は実に180km/hを超える勢いだ。さすがにこれだけラップタイムが短いサーキットでは、トラフィックは深刻な問題になる。そこで30分間の両クラス混走だった予選が、今回から各クラス別20分間のセッションとして行なわれることになった。走行時間そのものは縮まったわけだが、クリアラップが確実に取れるようになったので、僕らにとっては天と地ほどの違いがある。

連日の晴天は土曜日も変わらず、朝から気温はぐんぐん上昇していった。僕は充分にタイアをウォーミングアップさせ、満を持してタイムアタックに突入。計測2周目には59秒587のスーパーラップを叩き出して、一発でポールポジションを獲得した。しかし、午後に行なわれた第2レースの予選では、思わぬアクシデントに遭遇してポールポジションを取り損ねてしまう。ハイレベルにバランスされたマシーンは、セッティングの変更に対してとても敏感なものだ。ところで、この時もいつものように第1予選のデータを基にセットアップを煮詰めたのだが、冒険好きのBoyoと僕は、どうもこの領域で攻めすぎてしまう傾向があるらしい。第2予選でタイムアタックに入った瞬間、そのナーバスなハンドリングに僕は手を焼くことになる。マシーンが暴れだし、一発でタイムを出せないのだ。それでも、何とかうまく1周をまとめ上げてきたという時に、今度は最悪のタイミングで黄旗が……。それも土壇場の最終コーナーという間の悪さである。このまま突っ走れば間違いなくトップタイムだが、僕に残された道は右足をスロットルから離すことだけ。イエローフラッグ間でタイムを更新すれば予選失格になるからだ。そして第2の不運は自らが呼び込んでしまった。シケインの進入で一瞬バランスを崩してイン側に入りすぎた僕は、ショートカット防止のプラスチック製ポールをなぎ倒してしまったのだ。すでに数人が同じようなことをしていたが、今回はそのひとつが僕のフロントウィングに直撃。フラップを破損し、メインウィングとの間に挟まっていたが、僕はそのままアタックを続行する。残るのは最終コーナーのみだし、何しろ、まだタイムが出ていないのだから！ 当然ダウンフォースを失った僕は大きくアウト側に膨らんでしまうのだ

が（データロガー上では0.3秒のロス）、それが僕のベストラップとなる。もちろんピットへ戻れば修復可能だったが、ガソリン積載量の関係から、残されたチャンスは2ラップのみ。結果は無残にもトップから0.2秒遅れの4番手となってしまった。

2戦連続の2位だけれど……

　今回は週末を通して雨の心配は一切なく、本当に素晴らしい天候に恵まれている。さあ、第1レースはポールポジションからのスタートだ。問題なくいつも通りにダッシュを決めるが、何故か加速が鈍い。1コーナーはトップで駆け抜けるものの、これは明らかに遅い。そして最終コーナー直前で、チームメイトのアンソニーにあっさりと抜かれてしまった。全然エンジンが回らず、ストレートエンドでは後続に凄い勢いで追い立てまくられる。始めはヘイズに、次はコートニーという順で何度も並ばれたが、鬼神のブロックで2番手を死守する。しかし、ラップタイムは1秒以上も遅く、僕が抜かれるのは時間の問題だと思われた。

　ところが、レースも中盤に差し掛かる頃から、どういうわけかエンジンが復調してきた。ラップタイムは一気に上がり、今度はファステストラップを叩き出しながら追い上げを開始。一時はトップに7秒近くまで離されてしまったその差をどんどん縮め、もう少しで手が届くというところまで追い詰めたのだが、ここで無念のチェッカードフラッグが出されてしまった。「なんで2位なんだ……」怒りにも思える悔しさが込み上げてくる。

　第2レースのスタートまでに、ニールブラウン・エンジニアリングがデータ上も明らかなパワーダウンの原因究明を急いだが、何故か解明できず。センサーのトラブルで誤信号を読み取った可能性もあるとして、ECU関連はすべて交換された。しかし、原因が分からないってどういうこと！？

　こうなったら第2レースはスタートから飛び出すしかない。僕はグリーンシグナル点灯と共に猛烈な勢いで発進した。2位と3位の間を潜り抜けてトップの真後ろへ！　ところが、ここで八方塞がりとなってしまった。右側はコースぎりぎりで一寸の隙間もなく、左側はスペンスがいて動けない。完全に閉じ込められてしまった。僕はアンソニーを軽く突き、一言。「Come on Anthony!」

　ホームストレートは軽く右へと曲がっているのだが、バンプで激しくクルマがボトミングし、3台は一塊となって同じ挙動を見せる。そして1コーナーのアプローチは、まず左に曲がりながら坂を駆け上がり、そのあと深く右へと曲がっていくのだが、ブレーキングポイントでは、クルマがちょうど坂を登りきったところで左へ旋回を始めるため、マシーンの重心点が右斜め上方向に引っ張られたかのように、とても不安定な状態となる。これまた3台はシンクロしたようにブレーキングオーバーの挙動を見せながら、1コーナーへ突入。アウト側からはスペンスが被せてくるが、アンソニーが邪魔でどうする事もできない。そのままサイドbyサイドで立ち上がり、今度はシケインへ進入。しかし、勢いを付けたスペンスは要注意だ……。案の定、クルマ半分をダートに落としながらも、無理やりアウトから被せてくるスペンス！ 出口でも、勢い良すぎて左から右へ縦横無尽に走り回り、他人のラインもへったくれもない。そのおかげで後ろは大渋滞だ。そうこうしている間にアンソニーは逃げてしまった。僕がスペンスを抜いた時にはすでに4秒近い差が開いており、同じようなペースで走るアンソニーとは、その差がなかなか縮まらない。結局、そこから順位は変わらずにレースは終わってしまった。チャンピオンシップを考えれば、2戦連続2位は悪くないリザルトだが、その悔しい思いはなかなか吹っ切ることができなかった。

自分のミスは自分で挽回

　ロンドン東部郊外のケントに位置するブランズハッチは、間違いなくイギリスで最もチャレンジングなサーキットだ。激しいアップダウンを越えて深い森の中を突っ切る様子は、オウルトンパークにも共通するところだが、ここの高低差は半端ではない。本当にジェットコースターのごとく駆け下ってから這い上がる1コーナーは、前後左右だけでなく上下方向からもGが襲い掛かる独特のセクション。バックストレートエンドには同じく急勾配の登り坂を駆け上がりながら220km/hでクリアするコーナーや、登り坂の頂点に位置する、ディングルデルと呼ばれる視界ゼロの高速シケインなど、ここには本当にエキサイティングなコーナーが勢揃いだ。この週末はいつもの

どんよりとしたイギリスの空に戻ってしまったが、第1レースの予選では確実にポールポジションを獲得。まずは順調な滑り出しとなった。

しかし、午後からはポツリポツリと雨が降り出し、非常に読みにくい天候となってしまう。見た目にもコースはかなり濡れていたので、滑りやすい路面に合わせて、クルマには若干ウェットよりのセットアップを施す。序盤はブッチギリのトップタイムを連発するのだが、意外にも路面は急激に乾き始め、今度はフルドライへと変わった路面にペースが上がらず苦しんでしまうことに。残念ながら予選順位は4番手へと落ちてしまった。

一晩明けた決勝日も、ハッキリとしない天候が続いた。霧雨が降る中、全員がスリックタイアでスタートすることになったが、こういう時のセットアップは本当に難しい。僕らは昨日の経験から、サスペンションはフルドライに近いセットアップでダウンフォースのみを増大させて決勝に挑んだ。しかし、路面は想像以上にスリッパリーだ。フォーメーションラップのプラクティススタートでは、ひどいホイールスピンに見舞われ、クルマはちっとも前進しない。これは難しいスタートになりそうだ。

ブランズハッチのポールポジションは、あまりご利益がない。セカンドロウまでは下り坂なのに対し、フロントロウは平地から登りに差し掛かっているうえにグリッドが斜めに傾斜しているため、PPは一番低い位置からスタートしなくてはならないのだ。それらの状況と滑りやすい路面が、僕をいつもより慎重にさせたのかもしれない。けれども、その先にまさかの悪夢が待ち構えるとは思いもよらなかった。頭の中では絶妙のホイールスピンでスタートする様子を思い描いたのに、現実は予想外の大失速。クルマはどうにか動き出したのものの、登り坂だったためにエンジンをストールさせてしまったのだ。なんてことだ!! エンジンが再始動した時にはマーシャルカーにさえ抜かれた後で、完全に最後尾の29番手。1周目に起きたスカラシップクラスの多重クラッシュにより、セイフティカーが導入されて追い上げのチャンスは増したが、それでも目の前にはおびただしい数のマシーンが列をなしている。でも絶対に諦めないぞ！ 1周で1台、時には2台をオーバーテイクしながら鬼神の追い上げを開始。最終的には20台抜きを演じて9位でフィニッシュした。これで2ポイント＋ファステストラップの1

ポイントを加算し、最悪の事態だけは避けられたが、何と言えば良いのやら……無念。

　第2レースは、僕自身にとって非常に重要な意味を持つ。それは単純にチャンピオンシップのことを考えて言っているのではく、自分の失敗を克服して、さらに前進できるかという問題だ。スタートポジションは4番、さあどう出る？ もちろんトップを狙うしかないでしょう！

　スターティングライトにレッドランプが灯った瞬間、僕は体中の全神経を研ぎ澄ませ、クラッチペダルに乗せる左足と己の目を直結させた。そしてスタート‼ 3番手のテイラーも鋭いダッシュを見せたようだが、それさえも止まっているように映った。僕のマシーンはカタパルト発進のごとく勢い良く発射されたのだ。2番手のアンソニーがインへ切れ込むのを見て、間髪入れず反射的にマシーンの向きをアウト側へ変える。そして大外からPPスタートのコートニーも抜き去り、1コーナーまでに3台をオーバーテイク。

　こうなったら、後はゴールを目指して突っ走るのみ。後続をグングンと引き離して独走態勢に持ち込む。途中、一向に緩まない僕のハイペースに耐え切れなくなったBoyoは「Make sure your pace!」と叫んでいるが、そんなものはお構いなしだ。ファステストラップを叩き出しながら、ブランズハッチのラップレコードを塗り替え、チームスタッフが乗り出して待ち構えるピットウォールに向かって天高く拳を突き上げてトップでゴールを駆け抜けた。自分のミスで第1レースを失っただけに、本当に嬉しい勝利となった。

優勝以外に意味はない！

　今年のイギリス・グランプリにはF3レースがサポートイベントとして組み込まれた。これはイギリス選手権とは直接関係のないノンチャンピオンシップレースだが、F1関係者に自分をアピールするには絶好のシチュエーションだといえる。

　2週間程前、ドライコンディションの中で3時間のテストセッションが設けられたが、それ以外は金曜日の予選まで一切テスト走行はなく、予選時間も25分間の一発勝負である。イベントの性格上、僕にとって優勝以外に意味はない。予選にしても然り、誰もが死に物狂いになってPPを狙うだろ

うが、大雨となったその予選で、僕は2位以下を1.108秒引き離し、ブッチギリのポールポジションを獲得した。

　僕らのF3レースは、F1のサポートイベントとしては特別の待遇を受けた。F1の決勝スタート直前、午前11時にスケジュールが組まれたのだ。シルヴァーストーンを埋め尽くす超満員の熱気に包まれ、フォーメーションラップは始まった。予選が雨だったので、全員が新品のスリックタイアを装着。これが今日のレースのキーポイントになるだろう。僕は勢い良くスタートから飛び出すと、1周目の終わりには後続に1.4秒の差をつけてトップを快走する。2番手には3位スタートのアンソニーが上がったようだ。ここから3周の間は彼も執拗に食らいついてくることになる。アンソニーを一気に引き離すことも可能だったが、あえてそれをしなかったのは、ニュータイアのバランスを考えていたからだ。

　レーシングカーというのは、ニュータイアを履くとアンダーステアの傾向を示す。しかし、エンジンパワーで酷使されるリアタイアは、フロントよりも早くパフォーマンスのピークを迎え、ハンドリングは徐々にオーバーステアへと転じていくのだ。予選と決勝でクルマのセットアップを変更するのはそのためである。ところが、僕は1周目の時点ですでに軽いオーバーステアを感じていた。これではレース後半が保たない。そう判断して、タイアのヒートサイクルが安定するまで、慎重に労わりながらレースを進めていたのだ。僕はアンソニーが全開でアタックをしていたのを知っていたし、彼のタイアが保たないことも知っていた。そして予想通り、5周目からはその差がジリジリと開き始め、最終的には2位以下を11秒以上引き離すという、圧倒的な差をつけて完全優勝を達成した。僕は湧き上がるピットクルーたちの期待に応え、右手を突き上げてピットウォールをかすめた。レース直後の表彰式では、ピットレーンから声援を送るチームクルーたちに思い切りシャンペンシャワーを浴びせ、共に勝利の喜びを分かち合った。本当に最高の週末になった。さあ、来週はイギリスF3のドニントンパーク。ここでも一気に後続を引き離すぞ！（2001年9月号掲載）

第19回
ついに世界の頂点に立った

2001年 イギリスF3選手権 第9戦ドニントンパーク／7月22日
第11回マールボロ・マスターズ ザントフルート／8月5日

なぜかドラマが起きるこのコース

　いまは亡きアイルトン・セナが世界中のモータースポーツファンを魅了した、1993年F1世界選手権のヨーロッパGP。ドニントンパークに雨が降り出すと、僕の心の奥にあの伝説的なオープニングラップが鋭くフラッシュバックしてくる。──思い返せば、一昨年ダイヤモンドレーシングから参戦したフォーミュラ・オペルでは、あの時と同じ雨のドニントンパークで悲願の初優勝を決め、カーリン・モータースポーツから参戦した昨年のイギリスF3では、初のダブルポールポジションを獲得。開幕戦から連戦連勝を期待していた今季のイギリスF3選手権でも、シーズン1勝目を飾ったのはやはりここドニントンだった。まるで僕にとっては幸運を呼び寄せるかのようなサーキットだが、同時に悪魔が潜んでいると言っても過言ではないだろう。エアリストリクター径のオーバーサイズ（製造工程上の欠陥、それも0.015mm！）によるポールポジションの剥奪、ミスジャッジによるフライングスタートの裁定、フォーメーションラップでトーマス・シェクターに追突され（!?）スローパンクチャーを喫したこと、それに1コーナーで起きた2年連続接触事故など、僕のレースキャリアでこれほど激しく禍福が交錯したサーキットも他にない。

　木曜日に行なわれたオフィシャルテストでは、3セッションすべてをトップタイムで終えるなど、すべてが順風満帆に進んでいた。土曜日の予選でひとつだけ心配事があったとすれば、それは風向きが180度変わってしまったこと。特にドニントンのようにダイナミックなスケールでアップダウンが連続するサーキットでは、下から吹き上げる風や、丘を駆け上がった時に突然出くわす強風などの影響をもろに受けてしまい、ステア特性が著しく変

化してしまうのだ。

　予選1回目、僕らは不安定な空模様に惑わされないよう、セッションが始まると早めにコースイン。積極的にタイムアタックを繰り返し、路面状態が良くなった後半にタイムアップしてポールポジションを獲得した。

　第2レースの予選は午後から行なわれる。午前中に比べて風は少し強まったが、天候は安定していたので、今度は数分間ピットで待機してから満を持してコースイン。そして計測1周目に一発でトップタイムを叩き出し、ダブルポールポジションを獲得した。

なんでそんなところに！？

　決勝日は朝から素晴らしい晴天に恵まれた。雨雫でキラキラと光る新緑の木々、そしてサーキットから吹いてくる初夏のそよ風は「フォーン……」という心地よいエグゾーストノートを僕の耳へと運んでくれる。さあ、今日も頑張るぞ！　サーキットへ到着してからは、いつものようにチームスタッフと握手をして朝の挨拶を済ませると、モーターホームでストレッチングをしながら、ゆっくりと身体をほぐしてゆく。レース前は緊張しきった"感覚神経"をリラックスさせるのと同時に、からだ中の運動神経を目覚めさせねばならないのだ。メカニックのジョンがエンジンのウォームアップを始めると、リズミカルに繰り返されるブリッピングが、僕の闘争心をさらに掻き立てていった。

　グリッドから猛烈なスタート練習をしながらフォーメーションラップに入った僕は、いつものように激しくマシーンをウェービングさせて、タイヤをウォームアップさせる。1周を回って自分のグリッドポジションへ戻り、バイザーを半分程開けて最後列が整列を終えるのを待つ。「Last car is on grid now, Taku」Boyoの無線が入ったところで静かにバイザーを下ろし、深呼吸をひとつ。そして5秒前ボードが出され、ファーストギアにエンゲージ。レッドシグナル点灯……そしてグリーン！　勢い良くスタートダッシュを決め、トップで1コーナーを駆け抜けた。さあ、ここからは後続を一気に引き離すぞ！

　クレーナーカーブを越えて超高速のオールドヘアピンを通過する。このと

き一瞬だけクルマの挙動が不安定に感じたのだが、スタート直後ということもあり、タイヤの内圧が充分に上がりきっていない可能性もある。僕は大して気にしなかったが、次のマクレーンコーナーの進入で、今度は大きく姿勢を崩してしまった。なんてことだ！　大事なオープニングラップだと言うのに！　せっかく築いた後続との差が、グッと縮まる。続くシケインやヘアピンへのブレーキングも、いまひとつ挙動が安定しない。僕は「おや？」と思ったが、とにかくオープニングラップはプッシュし続けなくては！　しかし、最終コーナーへ突入してホームストレートへ向けて加速しようとした瞬間、ドカンッ！という衝撃と共にマシーンのバックエンドが凄い勢いでアウトへ弾き飛ばされた。なんと後ろを走るアンソニーと接触してしまったのだ。危うくスピンするところだったが、僕は体制を立て直し、何とかトップのまま走行を続けることができた。

　ここの最終コーナーはアクシデントが多い。180度向きを変える典型的なヘアピンなのだが、ターンインと同時に急激な下り勾配に切り替わるレイアウトで、イン側へ入ったクルマは相当減速しない限りフロントのグリップを失って外側へ膨らんでしまう。アンソニーにしてみればペースの上がらない僕を見てチャンスだと思ったのだろう。しかし、彼は飛び込んだ後で思いのほかノーズの向きが変わらず、「止まれない……」と悟ったという。僕が大きく回避すれば接触は避けられたが、マシーンの左側に張り出すエアボックスに視界を遮られ、彼が内側にいることは知りようがなかった。それに、後続が迫っているオープニングラップでチームメイト同士がリスクを犯して勝負する必要はない。まずは3番手以下を引き離し、それでも彼が食らいついてくるならば勝負をすればいいと考えていたのだ。

　今回の接触は互いが互いに期待しすぎたことが原因だったが、双方がダメージを受けずに走行を続けることができたのは不幸中の幸いだった。ところが僕はそれ以上に深刻なトラブルを抱えていた。今まで1周目に後続を引き離せなかったことなど一度もない。なぜペースが上がらないのか？　それが左リアタイヤのスローパンクチャーだと確信したのは3周後のこと。ここからトップを死守するために壮絶なバトルを繰り広げることになる。4周目のメルボルンヘアピン（右コーナー180度ターン）のブレーキングでア

ンソニーがインへ飛び込んできた。僕は外側で踏ん張り、2台は出口でサイド・バイ・サイドとなって最終コーナー（左コーナー180度ターン）に向けて猛然と加速していく。今度は僕がイン側だ。さあ、しばしの間アンソニーとのバトルを楽しもう！

次々と迫りくるライバルたち

　2台は重なりあうようにしてテール・トゥ・ノーズのままメインストレートを駆け抜ける。このとき、トレヴァーやBoyo、ジョンや飯田さんはどれほどハラハラしていたことだろう。僕は激しく追い立てられている立場だったが、いっぽうで完全にバトルを楽しんでいた。迫ってくる1コーナーとミラーを見ながら、ちょっと考えた。アンソニーはスリップストリームに入っている。この距離だと、アンソニーがブレーキングポイントでイン側に飛び込んでくるには絶好のタイミングになるだろう。かといってイン側をがっちりとブロックすれば、ブレーキングポイントが手前になり、アウトから抜かれる可能性がある。

　僕はアンソニーをおびき寄せた。最右端のレーンを直進しながら、スロットル全開のまま左足でわざとブレーキを引きずってみせる。アンソニーの取れる行動は左へ避けるしか残されていない。そして彼がアグレッシブにアウト側へクルマを振った瞬間、間髪入れず、僕も進路を変えて今度は最左端へ向かう。レーンチェンジは、1回だけなら違反にはならない。そしてアンソニーをまんまとアウト側へ封じ込め、2台はサイド・バイ・サイドで1コーナーに飛び込んでいく。今度は真横にいる相手の動きを見ながら、抜ききらずにコーナーへアプローチ。そうすれば立ち上がりでクロスラインを食らうこともないからだ。先手必勝。アンソニーには成す術がない。

　同じようなアタックを何度かしのぎながら、レースは7周目に突入した。タイアプレッシャーはかなり下がり、僕のラップタイムも大きく落ちていく。そろそろアンソニーを抑えるのも限界か……と思った矢先、彼はブレーキトラブルで戦線を離脱した。正直なところホッと胸を撫で下ろしたが、自分の状態を考えたら安心などできない。2秒程あった後続との差は一気に縮まっていく。10周目、ついにヘイズが来た。だが、簡単に抜かせるわけに

はいかないぞ。先手先手を打って相手を封じ込める。ヘイズはたまったものではなかっただろう。僕を先頭にトップ集団が形成されたおかげで、彼自身も壮絶なバトルに巻き込まれていたからだ。作戦成功。さあ、逃げろ！ この間、集団は随分とシャッフルされたようだ。ヘイズに続いてはロッテラーが襲いかかってきた。しかし、これも撃沈。最後に僕のミラーに登場したのはフォーテックのジャンマリア・ブルーニだ。ゴールまで残り3周。持ち堪えることができるか？

　僕のリアタイアは深刻な状態までプレッシャーが下がり、コーナーではすでに右フロントが宙に浮き始めている。万事休す。ここまでトップを死守してきたが、ついにこのラップで4台に抜かれてしまう。この頃になるとタイアの変形はさらに進み、ビード部分からもエアが漏れ出し、プレッシャーは一気に落ちてしまう。荷重の抜けたタイアから猛然とブレーキング・スモークを吹き上げたままコーナーに突入していき、僕は3輪でコーナーを曲がる羽目に。もう、最後の2周はコース上に留まるだけでも大変だった。なんとか入賞圏内でレースを終えて、1点でも多くポイントを掴み取りたかったが、ズバズバと抜かれて結局は12位でフィニッシュすることに……。

　パンクの原因はフォーメーションラップで拾った異物だった。僕らのレースが行なわれる直前、コース上ではフォーミュラ・フォードのドライバーたちが激しいバトルを演じ、クラッシュが続出していた。その破片を踏んでしまったようなのだ。ポールポジションは絶好の位置からスタートを切れるけど、異物を拾うのもトップ。それにしても悔しい!!

　スローパンクチャーのせいで走行データは使い物にならなくなった。予選と決勝ではセットアップが変わってくるが、第1レースでハンドリングの変化を確認できなかったのは痛い。第2レースのスタート直前、ピットアウトしてグリッドへ着くまでの1周の間に、僕はクルマが示す挙動を注意深く観察した。冷え切ったタイアは本来とは異なる挙動を示すものだが、そのことを念頭に置けばステア特性は判断できる。そして、このままではレース中にハイスピードオーバーステアへ転じることが予想されたので、グリッド上でセッティングを変更することにした。

　今回のスタートも完璧なダッシュを決めて、オープニングラップから後続

を1.5秒引き離す。後は本当に気持ち良くドライビングをすることができた。その差はグングンと広がり、最終的には10秒の大差を付けてパーフェクトウィンを達成。モヤモヤしていた気持ちを完全に吹っ飛ばし、僕らは真夏のF3世界統一戦、マールボロ・マスターズへと向かうことになった。

昨年の"忘れ物"を拾いに……

　僕は勝つためにここへ来た。世界各国から46台のエントリーを数えた今年のマスターズ。日本、イギリス、ドイツ、フランスと、F3選手権の主要4ヵ国からはそれぞれポイントリーダーが出場、戦いの舞台は完全に整った。

　このレースを制するポイントは、すべてタイアにあると僕は確信していた。世界統一戦として開催されるマスターズには、全エントラントがイコールコンディションで戦えるよう、どのシリーズでも使われないブリヂストン製スペシャルタイアが用意される。特に今年は大幅なモディファイを受け、サイズは前後とも10mmずつ拡大された。つまり、誰もが初めて装着するタイアでレースを戦うことになるのだ。

　大会初日のフリー走行は、このタイアに合わせたクルマ作りとドライビングスタイルを見つけ出さねばならない。なぜなら、僕らが普段イギリス選手権で使用するエイヴォン・タイアとはだいぶ性格が異なるからだ。ケーシング剛性が高く、シャープにコーナリングパワーが立ち上がるエイヴォンは、ステアリングのレスポンスが高く、同時にかなりワイドなスリップアングルを許容するため、ドライバーは容易に限界を掴むことができる。対するブリヂストンはしなやかなケーシングと、ソフトなコンパウンドが強烈なコーナリングフォースを生み出すものの、かなり幅の狭いスリップアングルでピークパフォーマンスを発揮するため、ドライバーは過渡領域で非常に繊細なコントロールを要求される。このタイアから最高のパフォーマンスを発揮させるには、流れるようにスムーズなドライブをせねばならない。

　予選はカーナンバーの奇数と偶数で2組に分かれて行なわれる。僕は後発となる偶数組なので、タイミングモニターに写し出される奇数組の予選をじっと見つめていた。ほぼすべてのドライバーが、配給された2セットのニュータイアを1回目の予選に投入している。このセッションで暫定PPを

得たのは昨年の覇者、シグネチャーから参戦するブノア・トレリュイエだ。

さあ、次は僕らの番。マシーンに乗り込むと、飯田さんが丁寧にハーネスを締めてくれた。ジョンのサムアップでエンジンに火を入れ、Boyoの無線合図と同時に僕はゆっくりとコースインしていく。まずはフリー走行で使った中古タイヤでインスタレーションラップを2周。コースコンディション、クルマのバランスを確認してピットに戻り、1セット目のニュータイヤを装着した。ハイグリップなブリヂストン・タイヤを念入りにウォームアップさせ、いよいよタイムアタックを開始する。

まずは計測1周目、いきなり偶数組のトップタイムを叩き出すものの、まだまだ1分34秒台。ターゲットタイムは奇数組のトレリュイエが記録した1分33秒785だ。僕はハンドリングのバランスを見ながら連続的にタイムアタックを行ない、4周目に1分33秒677を記録して暫定PPを獲得。2セット目を使わずして総合トップを記録した。

午後の予選では、まずレース用のセットアップを煮詰めていき、最後に2セット目のニュータイヤを投入して確認の計測ラップを1周。一発で1分33秒台を叩き出し、決勝に向けて磐石の体制を築くことになった。

決勝日の午後は素晴らしい天候に恵まれ、ザントフールトには6万5千人の大観衆が詰め掛けた。さあ、勝負の時は来たぞ。フォーメーションラップを終えて、僕は静かにグリッドにマシーンを停止させる。決勝へ進出した37台がすべて定位置へ着き、5秒前のボードが提示された。緊張が最高潮に達する瞬間だ。高鳴る鼓動が、イヤープラグで圧迫されている耳に重く低く響いている。レッドシグナル点灯、一斉にエグゾーストノートが鳴り響き、僕は呼吸を止めてシグナルに集中する……そしてスタート！！

一瞬のホイールスピンがクルマの動きを鈍らせたが、僕はそこから確実に加速していった。スタートはごく平凡、ただし僕にとっては最悪だった。しかし、まずは第一関門突破である。ミラーに写ったのは失速しているトレリュイエと、猛烈に加速してくる3番手グリッドのブルース・ジョアーニ。そしてジャガーのロッテラーは、なんとピット出口を使ってジョアーニのイン側へ飛び込んでいった。僕は彼らの動きを冷静にミラーで確認しながら、最大の難関であるスタート直後の1コーナーをトップで通過した。

ここからはスリップストリームに入られないよう、約1.5秒ほどのマージンを稼ぐと、序盤は無理をせず、とにかくタイアをいたわりながらペースを安定させることに専念した。なにしろレースは約40分の長丁場（イギリスF3の2倍）。僕は4周目に1分35秒台へ入れると、ファステスト（ラップレコードも更新！）を叩き出したばかりか、ここからファイナルラップまでの21周をすべて1分35秒台で走りきり、ブッチギリでチェッカード・フラッグを受けた。やったー!!!

　僕は嬉しくて嬉しくて無我夢中で拳を天高く突き上げていた。ウィニングランを終えてホームストレートにクルマを止めた僕は、チームスタッフや関係者から揉みくちゃの祝福を受ける。この手で掴み取った世界戦での勝利。言葉では言い表わせないほどの嬉しさが込み上げてきて、僕はじっとしていられなかった。満員のメインスタンドに向かって僕は舞いながらジャンプを繰り返した。あの大歓声は一生忘れることはないだろう。完全燃焼だった。

　さあ、次なるチャレンジはイギリス選手権に戻って連戦連勝だ。そして必ずこの手でチャンピオンを掴みとるぞ!!　皆さん、今後もたくさんの応援をよろしくお願いします！（2001年10月号掲載）

拳を突き上げながらチェッカーを受ける。チームスタッフの喜びようとグランドスタンドからの大歓声は、おそらく一生忘れないと思う。

第20回
念願のタイトル獲得！

2001年 イギリスF3選手権 第10戦ノックヒル／8月19日
第11戦スラクストン／9月2日

忘れられないヒューイとの出会い

　夢と希望とドラマを満載した僕のイギリスでのレース活動は、3年前の夏、ある小さなレーシングチームと共に始まった。ダイヤモンド・レーシング代表のヒューイはロンドン近郊のワーキンガムにワークショップを構えていたが、1998年当時はレース活動を休止しており、レーシングカー向けのケーブルやワイヤーを製作する職人として毎日を過ごしていた。

　僕が初めてガレージを訪れた日のことは、今でも鮮明に覚えている。さわやかに晴れ渡った気持ちの良い昼下がりだった。おもむろにガレージの小さな扉を開けて足を運び入れると、慣れた手つきで金属加工をするヒューイの姿がそこにあった。愛嬌のある人懐っこい顔、そして大きな鼻に老眼鏡をちょこんと掛けている。訪れた僕らに気づくと、クッと顎を引いてレンズの上越しに視線を投げ掛け、「Hi!」と気軽に挨拶しながらニッコリと笑った。ヒューイはすぐさま自分の仕事を中断して僕らをオフィスへと案内した。接触不良を起こして具合の悪そうなコーヒーメーカーをドンッと手で叩いて上手に再起動させると、軽く顔を傾けて誇らしげにこちらを見ながら僕にウィンクした。それは本当にリラックスした雰囲気の空間で、僕は自分がもう何年もここに居るような気がしてしまった。そして僕らが意気投合するまでにものの数分と掛からなかった。

　1997年、僕は鈴鹿とホンダが主催するレーシングスクール「SRS-F」に参加していたが、当時使用されていたのはロン・トーラナック氏がデザインしたフォーミュラカーだった。僕がその話をヒューイに語ると、驚くべきことに彼自身もデザインに加わっていたという。まるで気取らないこのヒューイおじさんは、1960年代からチーフメカニックやチームマネジャー、そしてチー

ムディレクターとしてF1やインディーを渡り歩き、共に仕事をしたドライバーはジャック・ブラバム、デニス・ハルム、ジム・クラーク、グレアム・ヒル、ブルース・マクラーレン、ジョディー・シェクター、マリオ・アンドレッティ、アル・アンサー、ジェームス・ハント、アラン・プロスト、ミカ・ハッキネン、ネルソン・ピケなどなどと、軽く挙げただけでもまるでモータースポーツ史を見ているかのようなバックボーンの持ち主なのだ。

　僕が参戦するカテゴリーとして、ヒューイはヴォクスホール・ジュニアを勧めた。数メーカーがワークス体制を敷いているフォーミュラ・フォードと違い、クルマのデザインは古いが完全なワンメイクレースのため、腕ならしには最高というわけだ。ダイヤモンドにはすぐに走らせられるマシーンがなかったので、僕らふたりはジョンヴィレッジ・レーシングを訪れ、合同テストとスネッタートンのレースに参戦することを決める。いっぽうでヒューイは、僕をダイヤモンド・レーシングで走らせる準備を着々と進めていった。間もなくどこからか中古のマシーンを仕入れて、ワークショップで丹念なレストアを始めると、ヒューイを慕うレース好きのユニークなボランティア・メカニックたちが次々と集まってきた。メンバーの本業はローカルガレージで働くお兄ちゃんだったり、ロンドンを走り回る白バイ警官だったりと様々。そんな僕らがダイヤモンド・レーシングとして初めてヴォクスホール・ジュニアに参戦したのが、8月のノックヒルだった。

スコティッシュウェザーの底力

　スコットランドの首都エディンバラからクルマを1時間程走らせると、まもなく山間部へ差し掛かり、あたりは急に険しい景色となっていく。箱根の芦ノ湖スカイラインを思わせる爽快なワインディングロードを駆け抜けると、山の中腹に突然ノックヒルは現われる。あれから3年が経ち、僕はイギリスF3のポイントリーダーとしてこの地に戻ってきた。今ではF3スカラシップクラスの立派な有力チームとなっているダイヤモンドのガレージを訪れ、僕はヒューイと昔話に花を咲かせた。

　ノックヒルはロケーションだけでなく、サーキット・レイアウトにも凄まじいものがある。強烈な勾配のアップダウンをクリアして、さらに壁のように立

ちはだかる坂を駆け上がると、今度は完全なブラインドとなるシケインに飛び込んでいくといった具合だ。今回のF3レース開催に伴い、各コーナーの縁石は以前よりもフラットかつワイドに改修されたようだが、それでもシケインを通過する際にマシーンが完全にジャンプすることには変わりなかった。

　スコットランドの山奥で、天候に期待を掛ける者は誰もいないとは思うが、幸運にも予選日は晴天に恵まれた。しかし、テストの時から風向きは180度方向転換し、おまけにプラクティスに参加したGTマシーンが路面にベットリとラバーを乗せていったため、サーキット・コンディションは予想以上に変わっていた。必死にタイムアタックを行なったものの、ポールポジションはアランドッキングのアンディ・プリオに奪われ、僕は僅差で2番手となる。彼らのウェットコンディションでの速さは有名だが、ドライでのPPには本当に驚かされた。テストでトップタイムだったコートニーは3番手、チームメイトのアンソニーは4番手で予選を終えている。

　2回目の予選はとにかく荒れた。ニュータイアを履き始めた中盤頃からコースアウトが続出し、何度も黄旗が提示されてリズムが掴めない。そして例のブラインドシケインでは、決死の覚悟で飛び込むドライバーが多く、なんと3台ものマシーンがタイアバリアの同じ場所に重なり合うようにして突き刺さったのだ。一方、チームメイトのアンソニーは、オーバースピードで突っ込んだクラークカーブでオーバーランを喫したが、なんとそこにあった魔法のライン（？）を偶然にも見つけてしまう。ここを上手く通過するとモノコックの下面を打たずに、よりワイドなラインで走り抜けられるそうだ。レギュレーションでは4輪すべてがコースから外れて走行することは認められていないが、このコーナーでは何故かお咎めがない。シケインではフラップが触っただけで警告されるというのに……。結局、いまひとつ乗り切れなかった僕は、第2レースの予選を3番手で終えたのである。

　日曜日は朝から典型的なスコティッシュウェザーとなった。濃い霧が辺り一面に立ち込め、雨がシトシトと降り続いている。おかげで8月だというのに、スタッフは冬物のジャンパーを羽織っていたくらいだ。不思議なことに、今日のノックヒルはまったくの無風のため、待てど暮らせど霧は一向に晴

れず、午前中のレースはすべてキャンセルされる。しかもレーススケジュールは猫の目のようにクルクルと変更された。第1レースがキャンセルで午後から第2レースだけを行なうとか、第1レースを行なって第2レースをキャンセルとか……。最終的には2レースとも行なわれる方向でスケジュールを組み直したが、今度は雨足がひどくなり、他のカテゴリーのレースはどんどん遅れていった。

　ウェットレースで僕とプリオがフロントロウに並んでいる。おまけにふたりともロケットスタートを得意としているのだ。否が応にも気分は盛り上がる。もっとも、勝負は意外な形で決着した。プリオがスタートでエンジンをストールさせてしまったからだ。僕は雨のノックヒルを楽しむように走っていた。中盤、セイフティカーが導入されたが、再スタートも難なくこなしてトップを快走。最後は雨が激しくなって赤旗終了となったが、ファステストラップも獲得して文句なしの優勝を飾った。しかし、夕方に予定されていた第2レースは、雨脚も衰えずに降り続けたため、次戦のスラクストンへ延期されることになる。残念。

観客の安全性も考えて！

　昨年のイギリスF3開幕戦では、雨上がりの予選1回目に暫定PPを獲ったにもかかわらず、2回目の予選はタイアの選択ミスで総合7番手に転落、さらに決勝ではなんと本降りの雨のなかをスリックタイアで走るという究極のレースを経験した。そして今年、2年目を迎えたイギリスF3の第11ラウンドは、あのときと同じスラクストンが舞台である。ここは1周の平均速度がF3でも200km/hを超える英国随一の超高速サーキットだ。夏の間は少し安定していたイギリスの天気も、スラクストンで合同テストが行なわれたこの日は霧雨が降ったり止んだり。「レインタイアは持っているか？　いつでも貸してやるぞ」パドックでのすれ違い様に、相変わらずユーモアたっぷりのヒューイは僕に軽い冗談を飛ばす。

　今回のスラクストンは3レースが行なわれる変則的なスケジュールだ。この週末にタイトルが決定される可能性もあるが、僕にとってはいつもと何ひとつ変わらない。

予選はそれぞれ2番手と3番手で終えた。納得の行かない順位だが、PPを獲れなかった悔しさは決勝で取り返す。そしてこの日は2回の予選を終えた後、ノックヒルで延期になっていた決勝戦が行なわれた。おもしろいのは予選順位もさることながら、タイアも2週間前の予選で使った"そのもの"を使用すること。サーキットが変更されただけで、あとはそっくりそのままスコットランドから南下してきたのだ。

　僕は慎重にセットアップについて考えた。その理由のひとつはタイアにある。予選しか使用していないので走行距離は短いものの、一度熱が入ってから2週間が経っているため、タイアの性質は確実に変化しているはず。金曜日のテストでは一度このタイアを履き、ハンドリングをチェックしてみたが、やはりオーバーステア傾向が強い。そこで基本的にはリア周りのメカニカルグリップを重点的に増やし、同時にダウンフォースも上乗せすることにした。今回は追い上げなければならない立場なので、前方のマシーンが作りだす乱気流に突入してもスピードを緩めるわけにはいかない。つまり、スロースピードコーナーでアドバンテージを築き、ハイスピード域でスリップストリームに入れるポジションに着かなければ、オーバーテイクはできないのである。

　さあ、行くぞ！　レッドシグナルが点灯し、そしてグリーン！　僕は勢い良くダッシュするが、フロントロウの2台も好スタートを切っていた。彼らはオープニングラップから激しいトップ争いを繰り広げているため、僕は無理をせずに真後ろでタイミングを計ることにする。3周目のコンプレックス、S字区間で絶好のポジションに着き、2番手を走るアンディ・プリオのスリップストリームへ入って急接近。長い長いバックストレートをサイドbyサイドで駆け下り、最終コーナーへのアプローチでガッチリとインを固めて2番手へ浮上した。さあ、トップを走るアンソニーを追うぞ！　彼はレース後半に入ってからペースが落ちている。タイアが完全に傷んでしまったようだ。僕は3秒近くあった差をジリジリと縮めていき、ついに彼を捉えた。真後ろへ着くまではある程度時間が掛かったが、ここまでくるとスリップストリームの効果が急激に高まり、ほどなく射程距離内に捉えることに成功、オーバーテイクポイントに照準を合わせる。そして最終シケインの飛び込みで鋭くインを刺

してトップへ！

「やった！」最高に気持ちがいい瞬間である。それからしばらくトップを快走するが、レースは最終コーナーで起きたアクシデントのため、赤旗終了となってしまった。またしても「赤旗……」そういえばマスターズ以来、まだチェッカーを受けていない。

アクシデントは想像以上に激しいものだった。デレック・ヘイズを追いまわしていたブルース・ジョアーニが最終コーナーのブレーキングでヘイズのリアに突っ込み、宙を舞った。マシーンはフェンスをなぎ倒し、マーシャルポストを掠めて横転を繰り返し、ついには一般車用の駐車場まで吹き飛んでようやく止まったという。ドライバーは無事だったが、観客が負傷するという最悪の事態である。イギリスには、モータースポーツが産声を上げたころの旧き佳き時代の名残として、数多くの歴史的なサーキットがあるが、近代的な施設に比べると安全対策のレベルは極めて低い。おかげで、観客はスピード感のあるエキサイティングな場面に出会えるが、ドライバーの立場からいわせてもらえば、彼らの安全が保証されてなければレース云々ではないと思う。とにかく今回の一件が大惨事にならなかったことは不幸中の幸いだったとしかいいようがない。

日曜日はいつも通りに第1レース、第2レースがそれぞれ行なわれる。前日の優勝もあるし、ここは一気に勝って、気持ち良くタイトルを決めたいところだ。しかし、レースでは苦しい立場に立たされてしまった。スタートでトップに並びかけるも、終始強烈なアンダーステアに悩まされ、5速フラットアウトでクリアする高速セクションでスロットルを緩めざるを得ない状況になったのだ。おまけにブレーキバランスは狂ってしまうし、後ろからはブルーニにまで追い立てられるし、てんてこ舞いである。悔しいけれど、このレースは我慢の走行。2位でチェッカードフラッグを受けた。

新たな歴史が誕生した瞬間

第2レース直前、スラクストン上空の雲行きが怪しくなるが、なんとか天候は持ち堪えそうだ。ピットアウトをガレージで待っていると、ドライバーの低い目線に合わせるようにして、僕の横にトレヴァーがしゃがみ込んだ。

「You are gonna make a history today aren't you, Taku？」そう語る彼の瞳はとても深い色を湛えていた。

　優勝に賭ける僕の思いには並々ならぬものがあった。このレースには何としても勝つ。タイトルは絶対に優勝で決めたかったからだ。スタートと同時に僕は猛烈に加速していく。そして第1コーナーからサイドbyサイドのトップ争いを演じた。ところがコーナーをふたつ三つ抜けた後は、勝負を掛けるどころか、今度は後ろからきたコートニーにあっさりと抜かれてしまう。そして次々と後続にオーバーテイクされ、僕はなんと12番手まで後退してしまったのだ。ストレートスピードがまったく伸びない。僕は今起きている状況が信じられず、無線でBoyoに叫びながら訴えた。そう、これはキャッスルクームで起きた悪夢の再現だ。僕には成す術が無かった。チャンピオンシップを考えれば、ポイント圏外まで落ちてしまった僕に、レースを続行する意味はない。

　しかし、打ちのめされれながらも、僕は必死に走り続けた。決して諦めたくない。その願いが天に通じたかどうかは分からないが、レースも中盤に差し掛かる頃、空からはポツリポツリと雨が落ち始めてきた。周りのペースが落ちてきたのとは対照的に、僕のペースはグングンと上がっていく。くすぶっていたエンジンもようやく吹け上がりだし、僕は水を得た魚のように猛烈な反撃を開始する。そして8番手まで追い上げた頃には雨脚もかなりひどくなっていたが、さあこれから！というその時、僕の目に飛び込んで来たのは赤旗だった。

　怒りにも似た悔しさで、僕の手は震えていた。悔しくて悔しくてどうしようもなかった。なんでこんな大切なときにトラブルが出るんだ！　行き場のない憤りに身を任せながら、赤旗が振られているホームストレートをゆっくりと通過した時、「Congratulations Taku！ You are the 2001 British Formula3 Champion！」というBoyoからの無線と、ピットウォールで沸き立つスタッフたちの姿を見て、僕は初めてその事実に気づいた。

　激しい雨が降っていた。おかげでガッツポーズもできなければ、観客に手を振ることもできない。ピットへ戻るまでの1周はとても長く、たったひとりでトロトロと走りながら、僕は放心状態のようになっていた。ゆっくりとゆっ

くりとピットロードを進み、カーリンのガレージ前にクルマを止める。雨雫でぼやけるバイザー越しに写っていたのは、真っ赤に眼を腫らしたチームの面々だった。それを見た途端、心の底から熱いものが込み上げてくる。自分が嬉しいのか悲しいのか分からなかったが、コクピットから立ち上がって飯田さんとがっちりと抱き合った瞬間、こらえきれずにあふれ出た大粒の涙を、もうどうにも止めることができなかった。暖かく迎えてくれたチームスタッフから、もみくちゃにされて最高の祝福を受ける。それは、嬉しさや悔しさ、喜びと苦しみ、すべての感情がぐちゃぐちゃに混ざった、本当に感動的な瞬間だった。

　夢にまで見たイギリスF3チャンピオン。目標のひとつは達成されたけど、まだまだこれは通過点。これからも僕は全力で走り続けます！

（2001年11月号掲載）

日の丸に包まれた僕のダラーラF301・無限。去年の開幕戦では散々な思いをしたここスラクストンで、僕はイギリスF3のタイトル獲得を決めた。

第21回
イギリスF3を締め括る

2001年 イギリスF3選手権　第12戦ブランズハッチ／9月16日
　　　　エルフF3マスターズ　スパ･フランコルシャン／9月23日
　　　　イギリスF3選手権　第13戦シルヴァーストーン／9月29日

久し振りのガッツポーズ

　イギリスF3第12戦は、ブランズハッチのインディーサーキットで開催される。全長4.19kmのグランプリコースであれば、壮大なスケールで森の奥まで激しいアップダウンが続いているが、一方のインディーサーキットは1周わずか1.937kmと極端に短く、あっという間に最終コーナーがやってくる。ラップタイムはF3で42秒程度。コースが短く、抜きどころも少ないため、少しモノ足りない感じもするが、観る側にとってはなかなか面白そう。なにしろ、自然の地形を生かしたサーキットは全体が傾斜した恰好となっており、グランドスタンドやVIPボックスルームからは、ほとんど視界が遮られることなく全周が見渡せるのだ。まるでショーケースのようなレイアウトである。

　テスト日はかなり慌しくなった。なぜなら、2週間前にチャンピオン獲得を決めたスラクストンで例の〝グレムリン騒動（原因不明の電気系トラブル）〟が起きたため、レース後に僕のクルマは電気系統をすべて交換すると共に、エンジンもニールブラウン（NBE）へ送り返してチェックオーバーする予定だったのだが、実際にはサーキットで簡単な点検を施しただけで、エンジンはそのままだったからだ。あれだけ念を押したのに！　この事実を知ったのはブランズへ移動する数日前。残念ながら、もうどうすることもできなかった。

　案の定というべきか、朝の暖気で早くも電気系トラブルが発生。さらに僕は走り始めてすぐにエンジンの不調に気づいた。NBEのスタッフは念入りな点検を終えると、いきなり「エンジン交換だ」と言い出した。だからあれほど言ったじゃないか！

　ただでさえ少ないテスト走行が余計に慌しくなってしまった。おかげ

でクルマを煮詰めることができず、これが最後まで響く結果となったのである。

　予選日は朝から爽やかに晴れ渡った。イギリスはもうすっかり秋といった感じで、吹く風も冷たく肌寒い。予選が始まると、ほとんどのドライバーが一斉にコースインしてタイムアタックを開始した。僕はガソリンの積載量を少なめにしてあったので、序盤はピットで待機する。そして数分後にはBoyoの合図で僕もコースインするのだが、どうもクルマのハンドリングが安定しない。特にブレーキング時にマシーン後部が飛び跳ねる挙動が収まらず、瞬間的な修正舵を何度も当てなければならなかった。ブレーキバランスも普段と比べると極端に後ろ寄りにしているが、これ以上前へ持ってくると、今度はフロントタイアがいとも簡単にロックしてしまう。そんなジレンマを抱えながら予選を戦ったため、僕は2番手に終わってしまった。

　午後から行なわれる第2レースの予選へ向けて、デフの交換を含む新しいセットアップを試みる。午前中に比べればハンドリングも好転し、タイムも上がったが、まるでロデオをやっているかのようにマシーンは暴れまわる。僕なりに精一杯の走りはしたけれど、0.5秒に15台がひしめく超激戦となった今回の予選、PPは残念ながらコートニーに奪われてしまった。僕はまたもや僅差で2番手である。

　スタートシグナルに僕は全神経を集中させていた。ここは1コーナーに向かって下り坂になっているので、ブレーキを踏みながらスロットルとクラッチをコントロールしなくてはならない。ところがここでPPのアンソニーがズルズルと動き出していった。そしてそのまま勢いを緩めることなくスタートしたのだ。完全なフライングだが、彼は構うことなく飛ばしていく。僕はスタート直後から強烈なアンダーステアに悩まされていたし、3番手以降はすでに遅れだしていたので、無理してアンソニーに合わせず、タイアの状態を見ながらペースを保つことにした。今逃がしても、彼はペナルティを受けると確信していたからだ。ところが、そのペナルティが一向に出ない。無線で聞いても、オフィシャルからは動きがないので、チームとしてはどうしようもないという。僕は怒っていた。まったくフェアじゃない。昨年のドニントン、僕はフライングの疑惑を掛けられて、ペナルティを食らった。しかし、VTR

で調べたところ、フライングではなかったのだ。

　タイアが摩耗してハンドリングのバランスが良くなってきた中盤頃から、僕はトップを猛追した。3秒近く離れていた差を0.2秒まで縮めたが、追いついたところで虚しくゴール。悔しい結果になってしまったが、終わってしまったことは仕方がない。次を頑張ろう。

　第2レースは、序盤のアンダーステア対策もバッチリと施した。スタート前、チームオーナーのトレヴァーがグリッド上に来て、「第1レースのアンソニーはフライングが取られなかったけど、いくつかそういうリポートが上がっているから、次は審査員も厳しく見るので気をつけろ」という。今さら厳しく見るもなにも……まあ、ここはいつも通りのスタートを決めていこう。

　このレースは何としても勝つ。僕は自分に言い聞かせていた。そしてグリーンシグナルと同時に一気に加速し、PPのコートニーへアウト側から並びかける。2台はサイドbyサイドのままジェットコースターのような1コーナーのパドックヒルベンドを急降下し、今度は一気に駆け上がってドリュウイーズと呼ばれるヘアピンへのブレーキング競争に突入する。僕は思いきりブレーキングを遅らせた。絶対に引き下がらない。そしてサイドbyサイドのままヘアピンを抜けていく。今度は下り坂となり、ホイールtoホイールの超接近戦はまだ続く。こういうバトルは本当に興奮するし、最高に楽しい！ そして、スタートからずっとアウト側でこらえてきた僕に、ついにチャンスが訪れた。3コーナーをクリアしてようやくイン側となったのだ。ここで僕はズバッとコートニーを抜き去ると、一気に後続との差を広げ、後は独走態勢のままトップでチェッカードフラッグを受けた。思いきりガッツポーツを決めたのは何だか久しぶりだった。

スパの混乱を3位で終える

　毎年各国のF3シリーズからもエントリーを集め、最近では伝統的となっていたイギリスF3選手権のスパ-フランコルシャン。しかし、今年のカレンダーにスパの名は記されていなかった。シーズン前にそれを知ったときの僕はかなり落胆したが、嬉しいことに突然インターナショナルレースとしてスパのイベントは復活した。使用されるタイアはミシュランだ。

テストは雨で始まり、晴れで終わるという、相変わらずのスパ・ウェザーだったけれど、僕は久しぶりのスパ-フランコルシャンを楽しく走った。予選はドライコンディション。フルドライのセットアップをテストで試せなかったので、ぶっつけ本番のアタックだ。何度かピットインを繰り返してバランスを取り直していくが、強めのアンダーステア傾向は最後まで消えてくれなかった。昨年はぶっちぎりのタイムでPPを獲得したが、今年は超接戦である。マナー・モータースポーツの伏兵、マーク・テイラーが2分13秒302でトップタイム。僕はわずかに0.004秒届かず、2番手となった。なんと悔しい！

　決勝は素晴らしい天候に恵まれた。期待に胸を躍らせながら、僕はグリッドへ着いた。ラスルスの手前からスタートするF1と違って、僕らはオールージュの手前からスタートする。ここは物凄い下り坂になっているが、そのスタートで僕は大失敗してしまった。ブレーキのプレッシャーが高すぎたせいか、クラッチを繋いだ瞬間にスロットル全開のままエンジンが失速したのだ。すぐさま立て直して再加速するものの、ポジションは5番手まで落ちてしまう。なんてことだ。

　ケメルストレートでは3台が真横に並ぶという、壮絶なポジション争いが繰り広げられていた。しかし、この後のストレートエンドは大波乱となる。ラクームコーナーで白煙を上げながら、トップ5がそのままコースアウト！　僕もコーナーを曲がれずにコースを突っ切ってしまった。トップを走っていたテイラーはタイアバリアに激突して吹き飛び、4台ほどを巻き込む大クラッシュとなったのだ。ドサクサからトップへ躍り出たのは予選5番手のゴメンディー、2番手がアンソニーで、僕は何とかコースへ復帰したものの、クラッシュしたテイラーを避ける間に順位は8番手まで落ちてしまった。事故処理のため、セイフティカーが導入されるが、ここで予選12番手からスタートしていたティアゴ・モンテイロがもの凄い勢いで僕を抜いていった。黄旗が振られているのに……。さらに僕の前のドライバーまで抜き去って、ようやく気がついたのかヨロヨロと戻ってくる。問題はここからだ。モンテイロが後ろへ引き下がる際、オフィシャルの目には僕が黄旗間で順位を上げているように映ったのだ。

　2周後には再スタートが切られたが、案の定、僕にペナルティが出され

ている。当然僕は無視したが、再三にわたりブラックフラッグが振られている。僕はお構いなしにラップレコードを樹立しながら一台一台を追い抜いて、3位まで挽回していった。ファイナルラップになって、ようやくオフィシャルも事実を知ってか知らずかフラッグを引っ込めたけど、もし僕がピットへ戻ってしまっていたら一体どうしてくれるつもりだったのだろう？

こんなことアリ？

　イギリスF3最終戦はシルヴァーストーンへ戻ってきた。使用するのはグランプリコースではなく、開幕戦と同じショートコース。果たして、どんなレースになることやら。

　今回は同日開催のGT選手権がナイトレースとなるため、かなり変則的なタイムテーブルである。テストが金曜日の午前中で、第1レースの予選が午後。翌土曜日の朝一で第2レースの予選を行ない、午後から決勝が2回と、かなりタイトだ。

　爽やかに晴れ渡った秋空のシルヴァーストーン。夕方になってから風が強まり、気温はぐんぐん下がっている。夏は22時まで明るいイギリスも、最近は夕方らしい時刻になると、すっかり暗くなってくる。これから寂しい季節になるなあ……と、そんなことはさておき、気合い満々でコースへ飛び出していく。しかし、クルマは常にスライドしているようで、まるで粘ってくれない。僕は本当に精一杯のドライブをしたが、3番手へ食い込むのがやっとだった。フロントロウはジャガー・ジュニアの2台に独占された。

　翌朝は何と午前9時から予選が始まる。起床後に眠い目をこすりながら窓の外を見ると、ああ、なんともイギリスらしい……見事な雨だ。でも僕にとってはむしろ恵みの雨だった。イギリスF3最後の予選が雨なんて、なんだかウキウキしてしまう。予選開始と同時にその雨は止んでしまったけど、中盤は後続を1秒以上引き離してぶっちぎりのトップタイム。終盤は走行ラインがうっすらと見え始めるほどになって、ライバルたちもタイム差を縮めてきたけれど、僕はきっちりとポールポジションを獲得した。

　そして第1レースの決勝。空は雲も切れて明るくなりだしていたが、お昼過ぎに来たスコールの影響で路面は完全に濡れている。僕らは予選と同

じくフルウェットセットアップにレインタイアで挑むことにした。ピットからのアウトラップでクルマのバランスを確認し、グリッド上で再度セットアップを変更。フォーメーションラップを終え、後はスタートを待つだけとなった。シグナルに全神経を集中する。そしてスタート！「よし、決まったぞ！！」フロントロウに立ちはだかる2台のジャガーを蹴散らし、そのど真ん中をスルリとすり抜け、一気にトップへ躍り出る。スリッパリーなコンディションの中、僕は猛烈にプッシュして、オープニングラップだけで後続を4秒引き離してトップを快走。しかし、かなり強いオーバーステアも感じていたので、2周目からは後続との差をキープしたまま、後半に路面が乾きだした場合のことを考えて、タイアを労わるような走行に切り替えた。

　レースも終盤に差し掛かった頃、アクシデントからセイフティカーが導入された。しかし、これが悪夢の始まりだった。なんとオフィシャルは2位を走るアンディの前に入り、ローリング走行を始めたのだ。僕はひとり取り残されて、3周走っても誰も見当たらなくなってしまった。そのうちチームから無線が入り、ペースを落として、僕がペースカーを待つよう指示された。「？？？」と思いながらも止まるようなスピードで走行して後続を待つ。ところが待てど暮らせどペースカーは現われない。そして最後はまた無線が入り、またまた僕が全員を追わねばならないという、何とも不可解な状況となったのだ。6周近くそんなことをしていたので、僕のタイアは完全に冷え切ってしまった。そして再スタート直前、ゆっくりとペースコントロールしながら、最終コーナー付近に差し掛かった瞬間、信じられないような光景が飛び込んできた。後続を走っているはずのライバルたちが、対向車のように目の前からどんどん向かってきて、右へ左へ僕を避けていく……一体……!?　そう、なんと僕はコマのようにクルッと回ってしまったのだ。きっと僕の顔はヘルメットの中でゆでダコのように真っ赤だっただろう。穴があったら本当に入りたかった。

みんな、ありがとう！

　第2レースのスタート進行が始まったのは、午後6時を回っていた。ゆっくりとバラクレーバを被り、ヘルメットのストラップを絞めて大きく深呼吸をし

た。これが本当に最後のイギリスF3。マシーンの左側に立ち、メカニックの飯田さんとジョンの目を見る。言葉は要らなかった。僕はゆっくりとコクピットに収まり、飯田さんの手で確実にハーネスを締めてもらった。ピットウォールに立つBoyoと無線交信をして、僕は噛み締めるようにコースインしていった。

なんてきれいなんだろう。抜けるような空がオレンジ色のグラデーションに染まっている。垂直に突き刺さる夕日がバイザー越しに眩しかった。今朝は雨が降り、予選を戦って、すでにレースもした。「今日は一日が長いなあ……」空も刻々と表情を変えたので、すべてが一日の中で起こっていたとは、にわかに信じられなかった。

僕のスターティング・グリッドはポールポジション。真後ろから照らす夕日が、自分のマシーンの影を真っ直ぐメインストレートに伸ばしている。とにかく静かだった。何も音が聞こえないような感じがして、とても不思議な光景だった。

スタート1分前のボードが表示されて、Boyo、飯田さん、ジョンと、ひとりずつ手をがっちりと握り、僕はひとりグリッドに残された。

太陽が信号のレンズに反射してしまい、スタートシグナルは僕の位置からだとまるで見えない。予選2番手だったブルーニがスタートで先行し、僕は彼の真後ろで1コーナーを駆け抜けた。だが、何も焦っていなかった。妙に落ち着いていて、ベケッツコーナーで照準を合わせ、アビーヘアピンのブレーキングでアウトから仕掛ける。エイペックスで膨らんだブルーニをいとも簡単にクロスラインで交わし、トップを奪還。そのまま独走態勢を築いて、まるでサンデードライブでも楽しむかのように、シルヴァーストーンを気持ち良く走っていた。バックストレートへ戻るたびに、路面が夕日に反射して、あたり一面が金色に輝いていた。本当にきれいな光景だった。

最終コーナーを立ち上がり、僕は皆が落ちそうになるほど混み合っているピットウォールへクルマを寄せて、天高く拳を突き上げた。身震いするほどの、最高の瞬間がそこにあった。僕はウィニングランをしながら、観衆に何度も大きく手を振り、無線で何度も「ありがとう」を言った。

レース後すぐに行なわれた表彰式とシャンペンセレブレーション。壇上か

らは僕を支えてきてくれたスタッフたちが全員見えていた。カーリンの皆だけではなく、ダイヤモンド・レーシングも、オーガナイザーも、ファンも……。僕は思いきり彼らに向けてシャンペンシャワーを浴びせた。飛び散るシャンペンの飛沫が僕の唇に降りかかり、それはとびきりの味だった。本当に本当に素晴らしい時間を僕は過ごしてきたんだと思う。みんな、ありがとう！
（2001年12月号掲載）

第22回
勝つためにマカオへ行く

リスクを承知でF3に参戦する

　僕の身辺が騒がしくなってきたのは、F1テストドライバーとしての話が舞い込んできた2000年も年末に近い頃のことだった。翌年の活動はどうすべきか？　数ある選択肢から最善の道を選び出すことは、F1の世界が現実に見え始めていたため、かえって難しくなっていた。

　およそ1年前、僕はこんなふうに考えていた。一見したところフルタイムF1テストドライバーの座は魅力的である。だがそれと同時に、そこには落とし穴があるようにも思えた。F1マシーンの経験を充分に積み、チームにも慣れ親しみ、テストを重ねて開発を進めていく。すべてのグランプリに同行し、代役としてのチャンスを待つ。ひたすら待つ。それで僕のモチベーションは保たれるだろうか？　僕は考えた……いや、きっと苦痛になる。それにまったくのルーキーが、テストドライバーからレースドライバーに上がれるだろうか？　いつでも新しい才能や可能性を貪欲に追い求めるのがF1の世界。彼らにとっては、レースで輝いているドライバーこそ魅力的に映るように思われる。

　では、ステップアップはどうだろう？　この勢いに乗って、一気にインターナショナルF3000に進出してみては？　ルーキーの失敗は大目に見られるものだから、捨て身の覚悟で挑戦できるのは確かだが、これもあまり得策とは思えない。特に今のF3000が置かれているポジションや将来性を考えると、F1からは逆に遠ざかってしまうような気がしてならなかったからだ。

　僕はレースの世界で生きている。ならば残された道はただひとつ。2年目のイギリスF3に挑戦することだ。勝って当たり前、まかり間違ってタイトルを取り損ねれば、F1への道が閉ざされる恐れもある。もちろん、僕は

成功を確信していたが、何か保証されたものがあるわけではないし、しかも2001年からイギリスF3は全13戦26レースに拡大され、シーズンを戦う難しさは昨年を上回るはずだ。

ではどう戦うべきなのか。もちろん最速最強で圧勝劇を続けるのが理想だが、そのいっぽうで、マシーンをゴールまで導くことも重要になってくる。昨年のように優勝かリタイアか、"イチかバチか"の走りを続けていたのでは、タイトル獲得には繋がらない。もちろん、だからといって表彰台狙いのレースをするつもりは微塵もない。いつだって全力で優勝を目指していく。けれども、ふたつの相反する要素を両立させるのは容易なことではない。だからこそ、今シーズンを戦う上で僕が特に強く思い続けていたのは、自分自身を絶対に見失ってはいけないということだった。

開幕戦での挫折を乗り越え

シーズンオフのテストは絶好調、走ればトップタイムを連発し、チームのモチベーションも最高潮に達した状態で、僕らはオープニングレースを迎えた。開幕戦の舞台はシルヴァーストーン。2000年のイギリスF3では、僕はこのコースで勝率100%というリザルトを残していた。これは幸先良いシーズンになりそうだ。ところが、そんな予想や期待とは裏腹に、僕らはいきなりノックアウトされてしまう。新たに導入したボッシュ・エンジンマネジメント・システムの不具合で、スタートからリミッターが作動せず、エンジンにダメージを与えてしまったのだ。すべてが台無しとなったスタート、おまけに周囲からは猛烈なブロックを受け、ドアは閉じられ、後続からは追突されてしまう。そんな荒れに荒れたレースで、僕はなんとか12位でフィニッシュ。第2レースもまったく精彩を欠いて、ポディウムさえ上ることはできなかった。

僕もチームも、このリザルトには凄まじいショックを受けた。絶対の自信を持って挑んだ開幕戦に、この先制パンチはこたえる。「考えが甘かったんだ……」だが、僕は考えた。これが開幕戦で良かったじゃないか。今ならまだ間に合う。だから僕は、自分自身の無力さを痛感しつつも、今こそチームを再建する絶好のチャンスだと捉えた。逆境に立たされたときこそ、猛然と立ち向かわねば。あくまでも自分の信念は貫き通す。

テストでトップタイムを出し続けるあまり、僕らは大切なことを忘れかけていた。どんなに素晴らしい速さを持っていても、基本が確立されていなければ、それは見かけ上のパフォーマンスにすぎない。何かの拍子に足場を滑らせたら、実はあっという間に崩れてしまうほど、僕らは不安定でもろい状態だったのだ。

　第2戦では、スピードが結果に結びつかないというジレンマを抱えた。トップ走行中に3速ギアのスタック。スパの悪夢が蘇り、チーム内にはただならぬ雰囲気が漂ったが、エンジニアのBoyoは澄ましたものだった。「おまえが序盤から連勝したら、まわりの連中がかわいそうだ。レースは勝てないときがあるから面白い」それはそうかもしれないけど、レースエンジニアから出てくる言葉ではないよなあ……と思いながら、結局は納得してしまう自分が怖い（苦笑）。

　初優勝は第3戦のドニントンパークでようやく訪れ、第4戦のオウルトンパークではついに両レースを制し、ポイントランキングでも6位から一気に首位へ躍り出た。この後は電気系トラブルが生じたキャッスルクームを除いて、ダブルヘッダーのうち必ずどちらかのレースは優勝し、タイトル獲得へ向けて猛進していった。

　全26レースのうち、PP6回、優勝12回、ファステストラップ15回という記録でイギリスF3選手権を制覇した。この他にも、シルヴァーストーンやマールボロ・マスターズのインターナショナルF3レースでポール・トゥ・ウィンを達成。しかし、記録だけでは今シーズンの波乱に満ちた展開は見えてこない。まず、PPから優勝していないレースが実は3回もある。これには英AUTOSPORT誌が挙げるベストレース、第9戦のドニントンパークも含まれる。タイアがスローパンクチャーを起こしていたにもかかわらず、スタートからラスト3周までトップを死守し、次から次へと勝利を狙って変わり来るライバルたちを封じ込めたレースだ。

　開幕戦のシルヴァーストーンを除き、僕はすべてのラウンドでトップを走った。インターナショナル戦を含むと30戦を戦ったが、そのすべての予選でトップ4に入り、いつでも勝てるポジションにいた。ちょっとした展開の違いで、優勝回数の記録が大幅に伸びた可能性は充分にあったが、たと

えそうならなかったとしても、大して意味を持たなかっただろう。悔しいレースも少なくなかったが、そのいずれもが成功へのステップに結びついたからだ。イギリスF3で、僕は本当にかけがえのない経験を積んだ。赤面するようなミスも犯したし、胸のすくようなレースもたくさん味わった。特に今年はバトルに勝ち抜いて掴み取ったレースが圧倒的に多く、だからこそひとつひとつの優勝にとても重みがあった。この2年間で僕が味わった、嬉しさ、悔しさ、喜び、苦しみ、そのすべてを今後も決して忘れることはないだろう。

僕がマカオGPに参戦するわけ

　10月10日、僕は東京で行なわれたF1への参戦発表会に出席した。これまで夢見てきたF1のスタートラインに、ついに立つことができたのだ。交渉は長く険しいものだったけれど、妥協は一切しなかった。レースのように最後まで全力で攻め抜いた結果、本当に満足の行く体制でF1へ挑むことができたのだ。

　2002年からのF1参戦は、僕がイギリスF3や世界戦を制したからこそ手に入れることができたチャンスである。でもそれと同じくらいに、F1テストドライバーとしての活動が大きくものを言ったはずだ。というのも、どんなにF3で活躍したとしても、実際に戦うのはF1である。だから、F1でパフォーマンスを発揮できなければ意味がない。そういう観点からいえば、BARホンダからのオファーを受け、オーディションを勝ち取り、自分が思う存分にパフォーマンスを出せる最高の環境を手に入れたことを忘れるわけにはいかない。F3を絶対的に優先しながらも、F1関係者の目の前で、自分の存在感をアピールすることができたのだ。その相乗効果は本当に大きかった。

　そして僕はマカオF3に挑戦する。イギリスF3チャンピオンになってマカオに行くことは、僕がレースを始めたころからの夢だった。昨年のリベンジという意味もあるし、このまま引き下がるわけには絶対いかない。必要以上のリスクとプレッシャーが襲い掛かることは間違いないが、僕は勝つためにマカオへ行く。今まで戦ってきた最高の仲間たちと、僕はF3最後の勝負に挑むんだ！（2002年1月号掲載）

第23回
僕はこうしてマカオで勝った!

2001年 第48回マカオGP ギア・サーキット／11月18日

ストレートスピードが伸びない!

　マカオに到着した火曜日、宿泊予定のマンダリンホテルに荷物を置いてから、僕はチームへ挨拶するためにパドックへと向かった。海岸通りの側道を歩いていたら、1年前のマカオが昨日のことのように思えてきた。まるでパチンと指を鳴らしたように、瞬く間に1年が経ってしまったかのような不思議な感覚。変わることのない街の匂いと風景が、僕にそんな錯覚を覚えさせたらしい。ガードレールを挟んだ向こう側に、スタート直後にトップでこのストレートを走った自分を思い返していた。テレビ映像と生身の記憶が入り混じっている。「マカオに戻ってきたんだ」改めて僕は実感した。

　どんよりと曇ったフリー走行1回目。まずはスペックが変更されたというヨコハマ・タイアとシャシーのマッチングを見る。前回と比べると僕のクルマはフロントホイールのリム幅やダンパーが大幅に変わっているので、一年前のセットアップは通用しない。何度かピットイン／アウトを繰り返してハンドリングを少しずつ仕上げていく。最終的には3番手で終えたが、ひとつ大きな問題が残された。

　ストレートエンドで計測されたスピードトラップを見ると、トップの262.1km/hに対して僕は252.3km/hで21番手。スリップストリームを使わなかったとはいえ、いくらなんでもこれはマズイ。ストレートスピードは基本的にエンジンパワーと空気抵抗で決まってしまうので、空気抵抗を少なくする以外に解決策はない。

　マカオは特殊なセットアップを要求する他に例のないサーキットのひとつだ。それは1900mにも渡る長いストレート区間と、ダウンフォースを増やせばそれに比例して速くなる山側区間の両セクションを持ち合わせている

からだ。しかも現実的なオーバーテイクポイントはストレートエンドのリスボアコーナーしかない。とはいえ、単純にトップスピードを狙うと今度はラップタイムが遅くなってしまう。なぜなら山側区間のほうが走行時間は長く、おまけにロングストレートに繋がる最終コーナーの通過速度が非常に高いため、ある程度のダウンフォースは必要なのだ。このあたりの折合いをつけるのは本当に難しい。

　マカオではほとんどのチームがレスダウンフォース仕様の小型ウィングを使っていた。これに対して僕らはミドルダウンフォース仕様の大型フラップを選びながらもウィング迎角は抑えるセッティングを選んでいたのだが、あまりにもストレートが伸び悩んでいたため、フリー走行2回目には僕らも小型ウィングを試してみた。実際にスピードトラップでは9番手に浮上したのだが、エアロバランスとサスペンションセッティングが密接な関係にあることもあって、ストレートスピードの向上をそのままラップタイムに反映することができなかった。もちろん、小型ウィングでも迎角を増せばダウンフォースは増えるが、結局僕らはオリジナルの大型ウィングに戻して極限までフラップを寝かすことにした。

　これにはちょっとした理由がある。ドラッグとダウンフォースの関係を見ると、一番効率の良い最適のウィング迎角というものがあり、マカオで要求されるダウンフォースレベルでは、確かに小型ウィングの方がトップスピード域での効率は理想に近い。ところがこの組み合わせのウィングでは、ダウンフォースが立ち上がるまでにそれなりの速度が必要となるのだ。つまり低スピード域での効率があまり良くない。それに対して、大型ウィングは低中速域でのダウンフォースの立ち上がり方が安定しているため、結局どのスピード域にターゲットを絞るかで、セットアップの方向性はかなり変わってくるのだ。基本的には山側区間の占める割合のほうが多いことから、僕らはこのウィングを選んだわけだが、もちろんこれは様々な要素がバランスした上で始めて効果が出てくるものであり、一概に自分たちのセッティングがベストとは断言できない。

　初日に行なわれた予選1回目で暫定ポールを獲得したのは、フリープラクティスからトップタイムを叩き出していたトムスのパウロ・モンティン。2日目、

フリー走行2回目では、前述のとおりウィングの比較テストと足回りの煮詰めに費やした。タイムは中古タイアにも関わらず2分13秒2を記録し、既に前日行なわれた予選の自己タイムをコンマ2秒ほど上回っている。
　そして予選2回目が始まった。まずは中古タイアで2周のタイム計測を行ない、ニュータイアに履き替えてタイムアタックを開始した。すぐに2分13秒1を出して暫定トップに躍り出るが、この直後から遅いクルマに引っかかったり、黄旗が出たりしてうまくクリアラップが取れない。そうこうしているうちにセッションは赤旗中断になり、再開後は猛烈な勢いでタイムが更新されていく。ほぼ全員が2セットのニュータイアを使用したうえ、路面にはどんどんラバーが乗り出しているからだ。しかし、その影響で、僕のクルマはハンドリングバランスがズレてしまっていた。正直言ってこれほどドラスティックに路面コンディションが良くなるとは思わなかったのだ。
　後半になって、ようやくクルマがバランスし始め、僕はとにかく必死にアタックしていた。9番手くらいまで落ちていた順位も2番手まで挽回し、いよいよラストラップに入る。渾身のアタックで山側を走り抜け、海側まで戻ってきた最終コーナー直前のアールベンドを立ち上がったところ、なんと目の前を走っていた地元ドライバーがスピン！　危機一髪で避けたけれど、タイムロスは免れない。祈るような気持ちでフィニッシュラインを越えたが、ポールポジションにはわずか0.07秒届かなかった。悔しい……。本当に悔しい予選となってしまった。PPを獲得したのはドイツF3選手権を戦う松浦選手のチームメイト、ビヨン・ヴィルドヘイム。驚くべきことに、彼は1回目の予選を13番手で終えていたドライバーである。対して暫定PPだったパウロ・モンティンは4番手に転落していた。本当にそれほど大きくコンディションが変化したのだろうか？

「いいスタートを切るな！」とBoyo

　マカオGPの決勝は伝統的に2レグ制だが、2000年より少しルールが変わり、2レグの成績がそのままレースの結果となる。「絶対にリスボアを獲る！」　僕は第1レグのスタートに全神経を集中させていた。このレースではF1方式のシグナルが採用されている。左からひとつずつ赤ランプが点灯

して行き、その5つすべてがフッと消えた瞬間、僕は猛烈なスタートダッシュで一気にトップへ躍り出た。ところが「よし！」と思ったのも束の間、あっという間に僕は窮地に立たされていた。

　僕のスリップストリームを使ったビヨンが、あっさりと横に並びかけて来たのだ。これはコトだと思っていたら、今度はコシェがまたもや僕のスリップからスルリと抜け出し、リスボアまでに2台に抜かれる……。だが、その直後にリスボアとパドックヒルベントで多重クラッシュが起きたため、レースはいきなり赤旗中断となった。う〜ん、ラッキーかな。

　スタートは完全に仕切り直しとなった。Boyoは言う。「Taku, don't make a fucking good start. Try making a slow one. I know it's difficult…but otherwise the people will get your tow again. Let them to go and then you take it!」「いいスタートを切るな？」そんなの聞いたことないよ。だけどBoyoの言いたいことは分かる。さあ、どうする！？

　2回目のスタートは作戦変更だ。スタートシグナルの赤ランプが消えてから僕は一呼吸置いて（というのは言い過ぎだけれど）スタートを切った。作戦通りビヨンを先行させる。本当はマンダリン近くまで引っ張ってもらってから一気に行くつもりだったが、後ろから童夢・無限のブノワ・トレリュイエが迫っているのを見て、これ以上のんきなことを言っていられなくなった。お返しとばかりにビヨンのスリップから抜け出してアウトから並びかける。そしてマンダリンをサイド・バイ・サイドで駆け抜けるが、今度は僕のほうが勢いがあるぞ。しかしブノワには予想以上に速く追いつかれてしまった。僕ら2台がインへ飛び込もうとするのを見て、ビヨンが反応した。しめた！僕はブレーキを最大限遅らせて、アウトから一気に2台をかぶせ、トップでリスボアを駆け抜ける！

　さあ、ここからは猛烈プッシュだ。海側に出るまでに後続に1秒以上は差をつけないと、スリップに入られてしまう。とにかくプッシュだ！そして予定通り1周目に1.4秒の差を着け、このリードを僕は守り切った。ところが最終コーナーでコシェと福田選手の大クラッシュが発生し、レースは5周目に入ったところでセーフティーカーが導入された。

再スタートで一度スロットルを踏み込んだら、約2キロ先のリスボアまではストレート一本と考えて良い。またしても同じ悩みを抱えることになってしまった。でもローリングスタートはイギリスF3で慣れたもの。マシーンを左右にウェービングしながら、後続がつられたところでドンッ！と加速する。作戦は決まり、最大の難関であるリスボアまで振り切った。再スタートは完璧に決まった……と思ったら、んん？　再びセーフティーカー！？　なんと同じ最終コーナーで、またしてもアクシデントが発生してしまった。連続ローリングスタートとは……。これは困ったことになった。既に自分の十八番は見せてしまったし、相手には手の内を読まれているだろう。でも、実はまだまだある。今度は相手が思いもしない早い時点からウェービング無しで一気に加速し、不意を討った。これも決まった。そしてその5周後、第1レグをトップのままフィニッシュ。パドックへ戻ってきてからエンジニアとミーティングをとり、僕は周囲との接触を避けるためにそのままホテルへ直行した。

　夢にまで見たマカオのポールポジション。19歳の時にレーシングカートのステアリングを握ってから、この瞬間をずっと夢見ていた。それほど僕にとって、マカオは大きな舞台だったのだ。第2レグの頃にはもう日が傾き始めていた。メインストレートの先に、やわらかくなった太陽が眩しく輝いている。ポールポジションのアドバンテージを生かすとしたら、とにかくスタートダッシュで後続を引き離すことだ。さあ、最高のスタートを切ってやるぞ！高鳴る鼓動を抑えて、僕は絶妙のクラッチミートを成功させ、ストレートを弾丸のごとく駆け抜ける。しかし、先頭で空気の壁を切り裂く者はそれなりの代償を支払わねばならないこともある。ミラーに映るブノワ・トレリュイエが徐々に大きくなる。「リスボアまで保たない……」僕はマンダリンを超えた直後にマシーンをイン側へ向け、並ばれる覚悟を決めた。だが、リスボアのブレーキングでは絶対に譲らない。それは絶対にだ！　僕はがっちりとインを閉めたまま、究極のレイトブレーキングでリスボアへ突入する。タイアバリアまでは数ミリだったかもしれない。だが、限界ギリギリのところで僕は後続を抑えきった。オープニングラップで1.5秒引き離し、僕はマカオでトップを走る喜びを全身で感じながらドライブしていた。

最高に気持ち良かった。何も考えずに勝手に手足が動いている。物凄い勢いで壁や景色が飛んでくるけど、それをまるで見物しているような感じだった。そして、僕の目にはたくさんの日の丸が映っていた。コースのいたるところに、本当にたくさん。ファンの皆さん、ありがとう！
「Taku, this is a last lap, take it easy…」ファイナルラップに入った直後、Boyoから無線が入った。僕はすぐさま返事をした。「Boyo, what about fastest lap?」間髪入れずに跳ね返ってきたBoyoの声はめずらしく興奮していた。「Don't worry about fastest lap Taku!! Don't make any mistake at all on this lap!!」僕は「冗談だよ」って笑いながら、最後のマウンテンセクションを走り抜けていた。

　太陽は大きく西に傾き、夕日になりつつあった。マカオ全体が金色に包まれている。さあ、待ちに待ち望んだチェッカードフラッグだ！ 僕は何度も拳を突き上げた。何度も何度も！ ピットウォールではカーリンのクルーが狂ったように喜んでいた。そして観客席に沸き立つ歓喜も僕はしっかり感じていた。本当に最高の勝利だった。そしてマカオを最後に僕のF3キャリアは幕を閉じた。F1へ向けて最高のステップを踏みしめたこの瞬間を、僕は今後もずっと忘れずにいたい。さあ、次はF1だ！（2002年2月号掲載）

GO FOR IT!

2000 Results

160

British Formula 3 Chanmpionship Round 1 — Thruxton

23laps - 54.188miles — March 26

Pos	Driver (Nationality)	Team	Chassis/Engine	Qual	Grid	Result
1	Antonio Pizzonia (BR)	Manor Motorsport	Dallara F399-Mugen-Honda	1m12.502s	2	30m53.035s
2	Tomas Scheckter (ZA)	Stewart Racing	Dallara F399-Mugen-Honda	1m12.421s	1	30m53.225s
3	Narain Karthikeyan (IND)	Stewart Racing	Dallara F399-Mugen-Honda	1m12.918s	6	30m56.419s
4	Matt Davies (GB)	Promatecme UK	Dallara F398-Renault Sodemo	1m12.810s	5	31m10.507s
5	Andy Priaulx (GB)	Promatecme UK	Dallara F398-Renault Sodemo	1m12.514s	3	31m13.112s
6	Milos Pavlovic (YU)	RC Motorstort	Dallara F300-Opel Spiess	1m13.570s	13	31m21.857s
7	Gianmaria Bruni (I)	Fortec Motorsport	Dallara F399-Mugen-Honda	1m13.515s	12	31m25.499s
8	Nicolas Kiesa (DK)	RC Motorstort	Dallara F300-Opel Spiess	1m13.320s	10	31m26.664s
9 (S)	Gary Paffett (GB)	Fred Goddard Racing	Dallara F398-Renault Sodemo	1m13.257s	9	31m29.845
10	Westley Barber (GB)	Alan Docking Racing	Dallara F399-Mugen-Honda	1m13.982s	15	31m37.743s
11	Tor Sriachavanon (T)	Alan Docking Racing	Dallara F399-Mugen-Honda	1m13.900s	14	31m38.140s
12	Juan Manuel Lopez (RA)	Manor Motorsport	Dallara F399-Mugen-Honda	1m13.383s	11	31m43.486s
13	Warren Carway (IRL)	Rowan Racing	Dallara F399-Mugen-Honda	1m15.752s	18	32m00.304s
14 (S)	Christian Colombo (I)	Rowan Racing	Dallara F398-Mugen-Honda	1m17.125s	23	-1 lap
15 (S)	Atsushi Katsumata (J)	Team Meritus	Dallara F398-Toyota	1m16.439s	22	-1 lap
16 (S)	Philip Hopkins (GB)	Philip Hopkins	Dallara F398-Opel Spiess	1m16.250s	21	-1 lap
R	Michael Bentwood (GB)	Fortec Motorsport	Dallara F399-Mugen-Honda	1m12.742s	4	22 laps
R (S)	Craig Fleming (GB)	ME Motorsport	Dallara F398-Mugen-Honda	1m15.311s	17	16 laps
R (S)	Mark Mayall (GB)	Diamond Racing	Dallara F398-Mugen-Honda	1m16.104s	20	11 laps
R	**Takuma Sato** (J)	Carlin Motorsport	Dallara F300-Mugen-Honda	1m12.986s	7	6 laps
R	Ben Collins (GB)	Carlin Motorsport	Dallara F399-Mugen-Honda	1m14.150s	16	4 laps
R (S)	Ryan Walker (USA)	Diamond Racing	Dallara F398-Mugen-Honda	1m15.979s	19	2 laps
R	Martin O'Conell (GB)	Rowan Racing	Dallara F300-Mugen-Honda	1m13.211s	8	0 laps

Fastest Lap : Scheckter 1m12.242s 117.41mph

British Formula 3 Chanmpionship Round 2 — Croft

24 laps - 51.048miles — April 9

Pos	Driver (Nationality)	Team	Chassis/Engine	Qual	Grid	Result
1	Antonio Pizzonia (BR)	Manor Motorsport	Dallara F399-Mugen-Honda	1m14.064s	2	30m02.796s
2	Tomas Scheckter (ZA)	Stewart Racing	Dallara F399-Mugen-Honda	1m14.376s	4	30m07.406s
3	Michael Bentwood (GB)	Fortec Motorsport	Dallara F399-Mugen-Honda	1m14.616s	7	30m17.955s
4	Gianmaria Bruni (I)	Fortec Motorsport	Dallara F399-Mugen-Honda	1m14.529s	6	30m20.276s
5	**Takuma Sato** (J)	Carlin Motorsport	Dallara F300-Mugen-Honda	1m14.365s	3	30m27.856s
6	Milos Pavlovic (YU)	RC Motorstort	Dallara F300-Opel Spiess	1m14.617s	8	30m29.952s
7	Westley Barber (GB)	Alan Docking Racing	Dallara F399-Mugen-Honda	1m14.670s	9	30m30.310s
8	Ben Collins (GB)	Carlin Motorsport	Dallara F399-Mugen-Honda	1m14.938s	12	30m30.526s
9	Andy Priaulx (GB)	Promatecme UK	Dallara F398-Renault Sodemo	1m14.734s	10	30m30.670s
10	Juan Manuel Lopez (RA)	Manor Motorsport	Dallara F399-Mugen-Honda	1m14.920s	11	30m37.020s
11 (S)	Gary Paffett (GB)	Fred Goddard Racing	Dallara F398-Renault Sodemo	1m15.312s	15	30m49.701s
12 (S)	Atsushi Katsumata (J)	Team Meritus	Dallara F398-Toyota	1m16.067s	18	31m16.067
13 (S)	Craig Fleming (GB)	ME Motorsport	Dallara F398-Mugen-Honda	1m16.630s	20	-1 lap
14 (S)	Philip Hopkins (GB)	Hopkins Motorsport	Dallara F398-Opel Spiess	1m16.919s	22	-1 lap
15 (S)	Ryan Walker (USA)	Diamond Racing	Dallara F398-Mugen-Honda	1m17.327s	24	-1 lap
16 (S)	Marcel Romanio (BR)	Team Meritus	Dallara F398-Toyota	1m16.311s	19	-1 lap
17 (S)	Mark Mayall (GB)	Diamond Racing	Dallara F399-Mugen-Honda	1m17.092s	23	-1 lap
18	Tor Sriachavanon (T)	Alan Docking Racing	Dallara F399-Mugen-Honda	1m15.447s	16	-1 lap
R (S)	Christian Colombo (I)	Rowan Racing	Dallara F399-Mugen-Honda	1m16.632s	21	22 laps
R	Martin O'Conell (GB)	Rowan Racing	Dallara F300-Mugen-Honda	1m14.961s	13	21 laps
R	Matt Davies (GB)	Promatecme UK	Dallara F399-Renault Sodemo	1m14.977s	14	17 laps
R	Narain Karthikeyan (IND)	Stewart Racing	Dallara F399-Mugen-Honda	1m14.525s	5	14 laps
R	Nicolas Kiesa (DK)	RC Motorstort	Dallara F300-Opel Spiess	1m13.953s	1	7 laps
R	Warren Carway (IRL)	Rowan Racing	Dallara F399-Mugen-Honda	1m16.056s	17	2 laps

Fastest Lap : Scheckter 1m14.313s 103.04mph

British Formula 3 Chanmpionship Round 3 — Oulton Park

18 laps - 49.95miles — May 1

Pos	Driver (Nationality)	Team	Chassis/Engine	Qual	Grid	Result
1	Tomas Scheckter (ZA)	Stewart Racing	Dallara F399-Mugen-Honda	1m30.277s	2	31m18.772s
2	Antonio Pizzonia (BR)	Manor Motorsport	Dallara F399-Mugen-Honda	1m30.185s	1	31m19.257s
3	Andy Priaulx (GB)	Promatecme UK	Dallara F399-Renault Sodemo	1m30.454s	3	31m20.998s
4	Matt Davies (GB)	Promatecme UK	Dallara F399-Renault Sodemo	1m30.729s	6	31m21.906s
5	Narain Karthikeyan (IND)	Stewart Racing	Dallara F399-Mugen-Honda	1m30.722s	5	31m22.498s
6	Gianmaria Bruni (I)	Fortec Motorsport	Dallara F399-Mugen-Honda	1m30.738s	7	31m26.926s
7	Michael Bentwood (GB)	Fortec Motorsport	Dallara F399-Mugen-Honda	1m30.957s	9	31m28.007s
8	Martin O'Conell (GB)	Rowan Racing	Dallara F300-Mugen-Honda	1m31.429s	13	31m28.661s
9	Milos Pavlovic (YU)	RC Motorstort	Dallara F300-Opel Spiess	1m31.044s	10	31m33.162s
10	Juan Manuel Lopez (RA)	Manor Motorsport	Dallara F399-Mugen-Honda	1m31.257s	12	31m35.983s
11 (S)	Gary Paffett (GB)	Fred Goddard Racing	Dallara F398-Renault Sodemo	1m31.835s	15	31m45.773s
12	Westley Barber (GB)	Alan Docking Racing	Dallara F399-Mugen-Honda	1m31.871s	16	31m47.096s
13 (S)	Marcel Romanio (BR)	Team Meritus	Dallara F398-Toyota	1m33.569s	19	31m51.354s
14	Tor Sriachavanon (T)	Alan Docking Racing	Dallara F399-Mugen-Honda	1m31.497s	14	31m56.581s
15 (S)	Ryan Walker (USA)	Diamond Racing	Dallara F398-Mugen-Honda	1m33.912s	21	32m00.125s
16 (S)	Mark Mayall (GB)	Diamond Racing	Dallara F399-Mugen-Honda	1m34.290s	22	32m00.961s
17	Warren Carway (IRL)	Rowan Racing	Dallara F399-Mugen-Honda	1m32.604	17	32m03.862s
18 (S)	Craig Fleming (GB)	ME Motorsport	Dallara F398-Mugen-Honda	1m34.317s	23	32m04.803
19 (S)	Christian Colombo (I)	Rowan Racing	Dallara F399-Mugen-Honda	1m33.794s	20	32m05.069s
20 (S)	Philip Hopkins (GB)	Hopkins Motorsport	Dallara F398-Opel Spiess	1m35.241s	24	32m45.439s
21	Ben Collins (GB)	Carlin Motorsport	Dallara F399-Mugen-Honda	1m30.698s	4	-2 laps
R	Nicolas Kiesa (DK)	RC Motorstort	Dallara F300-Opel Spiess	1m30.819s	8	6 laps
R	**Takuma Sato** (J)	Carlin Motorsport	Dallara F300-Mugen-Honda	1m31.094s	11	6 laps
R (S)	Atsushi Katsumata (J)	Team Meritus	Dallara F398-Toyota	1m33.135s	18	5 laps

Fastest lap : Pizzonia 1m30.478s 110.41mph

British Formula 3 Chanmpionship Round 4

Donington Park

Race 1 / 28 laps - 54.80miles

May 6

Pos	Driver (Nationality)	Team	Chassis/Engine	Qual	Grid	Result
1	Ben Collins (GB)	Carlin Motorsport	Dallara F399-Mugen-Honda	1m04.623s	5	30m54.264s
2	Narain Karthikeyan (IND)	Stewart Racing	Dallara F399-Mugen-Honda	1m04.776s	9	30m55.011s
3	Michael Bentwood (GB)	Fortec Motorsport	Dallara F399-Mugen-Honda	1m04.710s	6	30m57.047s
4 (S)	Gary Paffett (GB)	Fred Goddard Racing	Dallara F398-Renault Sodemo	1m05.082s	11	31m04.440s
5	Nicolas Kiesa (DK)	RC Motorstort	Dallara F300-Opel Spiess	1m05.412s	14	31m05.177s
6	Martin O'Conell (GB)	Rowan Racing	Dallara F300-Mugen-Honda	1m05.403s	13	31m06.642s
7	Gianmaria Bruni (I)	Fortec Motorsport	Dallara F399-Mugen-Honda	1m04.901s	10	31m11.505s
8	Andrew Kirkaldy (GB)	Team Avanti	Dallara F399-Opel Spiess	1m05.663s	16	31m13.825s
9	Andy Priaulx (GB)	Promatecme UK	Dallara F399-Renault Sodemo	1m04.520s	4	31m18.524s
10	Westley Barber (GB)	Alan Docking Racing	Dallara F399-Mugen-Honda	1m05.420s	15	31m23.307s
11	Antonio Pizzonia (BR)	Manor Motorsport	Dallara F399-Mugen-Honda	1m04.172s	2	31m31.405s
12	Warren Carway (IRL)	Rowan Racing	Dallara F399-Mugen-Honda	1m06.314s	18	31m48.973s
13 (S)	Marcel Romanio (BR)	Team Meritus	Dallara F398-Toyota	1m06.383s	19	31m50.367s
14 (S)	Philip Hopkins (GB)	Hopkins Motorsport	Dallara F398-Opel Spiess	1m06.830s	21	31m55.973s
15 (S)	Ryan Walker (USA)	Diamond Racing	Dallara F398-Mugen-Honda	1m06.848s	22	31m57.049s
16 (S)	Craig Fleming (GB)	ME Motorsport	Dallara F398-Mugen-Honda	1m06.954s	23	-1 lap
R (S)	Mark Mayall (GB)	Diamond Racing	Dallara F398-Mugen-Honda	1m06.479s	20	18 laps
R (S)	Atsushi Katsumata (J)	Team Meritus	Dallara F398-Toyota	1m07.098s	25	18 laps
R	Milos Pavlovic (YU)	RC Motorstort	Dallara F300-Opel Spiess	1m04.758s	8	15 laps
R	Matt Davies (GB)	Promatecme UK	Dallara F399-Renault Sodemo	1m04.719s	7	12laps
R	Tomas Scheckter (ZA)	Stewart Racing	Dallara F399-Mugen-Honda	1m04.285s	3	12laps
R	**Takuma Sato (J)**	Carlin Motorsport	Dallara F300-Mugen-Honda	1m04.116s	1	11 laps
R	Juan Manuel Lopez (RA)	Manor Motorsport	Dallara F399-Mugen-Honda	1m05.190s	12	2 laps
R	Tor Sriachavanon (T)	Alan Docking Racing	Dallara F399-Mugen-Honda	1m06.258s	17	0 laps
DSQ	Christian Colombo (I)	Rowan Racing	Dallara F399-Mugen-Honda	1m07.097s	24	

Fastest lap : Pizzonia 1m04.810s 108.72mph

Race 2 / 26laps - 50.89miles

May 7

Pos	Driver (Nationality)	Team	Chassis/Engine	Qual	Grid	Result
1	Tomas Scheckter (ZA)	Stewart Racing	Dallara F399-Mugen-Honda	1m04.516s	1	30m06.205s
2	Antonio Pizzonia (BR)	Manor Motorsport	Dallara F399-Mugen-Honda	1m04.592s	2	30m06.396s
3	Andy Priaulx (GB)	Promatecme UK	Dallara F399-Renault Sodemo	1m05.049s	6	30m21.846s
4	Matt Davies (GB)	Promatecme UK	Dallara F399-Renault Sodemo	1m04.831s	5	30m26.338s
5	Michael Bentwood (GB)	Fortec Motorsport	Dallara F399-Mugen-Honda	1m04.770s	3	30m32.828s
6	Martin O'Conell (GB)	Rowan Racing	Dallara F300-Mugen-Honda	1m05.591s	11	30m33.370s
7	Nicolas Kiesa (DK)	RC Motorstort	Dallara F300-Opel Spiess	1m05.566s	10	30m33.724s
8	Narain Karthikeyan (IND)	Stewart Racing	Dallara F399-Mugen-Honda	1m04.824s	4	30m34.010s
9	**Takuma Sato (J)**	Carlin Motorsport	Dallara F300-Mugen-Honda	-	25	30m36.230s
10	Gary Paffett (GB)	Fred Goddard Racing	Dallara F398-Renault Sodemo	1m05.805s	14	30m46.711s
11	Milos Pavlovic (YU)	RC Motorstort	Dallara F300-Opel Spiess	1m05.664s	13	30m56.062s
12	Westley Barber (GB)	Alan Docking Racing	Dallara F399-Mugen-Honda	1m05.605s	12	30m58.134s
13	Juan Manuel Lopez (RA)	Manor Motorsport	Dallara F399-Mugen-Honda	1m05.419s	9	-1 lap
14	Andrew Kirkaldy (GB)	Team Avanti	Dallara F399-Opel Spiess	1m06.076s	15	-1 lap
15	Ben Collins (GB)	Carlin Motorsport	Dallara F399-Mugen-Honda	1m05.164s	7	-1 lap
16	Christian Colombo (I)	Rowan Racing	Dallara F399-Mugen-Honda	1m06.832s	18	-1 lap
17	Warren Carway (IRL)	Rowan Racing	Dallara F399-Mugen-Honda	1m06.580s	17	-1 lap
18	Marcel Romanio (BR)	Team Meritus	Dallara F398-Toyota	1m06.475s	16	-1 lap
19	Craig Fleming (GB)	ME Motorsport	Dallara F398-Mugen-Honda	1m06.948s	21	-1 lap
20	Ryan Walker (USA)	Diamond Racing	Dallara F398-Mugen-Honda	1m07.261s	24	-1 lap
21	Philip Hopkins (GB)	Hopkins Motorsport	Dallara F398-Opel Spiess	1m06.986s	22	-1 lap
22	Mark Mayall (GB)	Diamond Racing	Dallara F398-Mugen-Honda	1m06.924s	20	-2 laps
23	Atsushi Katsumata (J)	Team Meritus	Dallara F398-Toyota	1m07.178s	23	-2 laps
R	Gianmaria Bruni (I)	Fortec Motorsport	Dallara F399-Mugen-Honda	1m05.726s	8	22 laps
R	Tor Sriachavanon (T)	Alan Docking Racing	Dallara F399-Mugen-Honda	1m06.857s	19	0 laps

Fastest lap : Pizzonia 1m04.722s 108.79mph

British Formula 3 Chanmpionship Round 5 — Silverstone

20 laps - 44.98 miles — May 21

Pos	Driver (Nationality)	Team	Chassis/Engine	Qual	Grid	Result
1	**Takuma Sato** (J)	Carlin Motorsport	Dallara F300-Mugen-Honda	1m15.573s	1	25m46.226s
2	Antonio Pizzonia (BR)	Manor Motorsport	Dallara F399-Mugen-Honda	1m16.040s	5	25m47.111s
3	Nicolas Kiesa (DK)	RC Motorsport	Dallara F300-Opel Spiess	1m15.865s	2	25m54.694s
4	Tomas Scheckter (ZA)	Stewart Racing	Dallara F399-Mugen-Honda	1m15.903s	3	25m56.198s
5	Gianmaria Bruni (I)	Fortec Motorsport	Dallara F399-Mugen-Honda	1m16.284s	9	25m58.672s
6	Narain Karthikeyan (IND)	Stewart Racing	Dallara F399-Mugen-Honda	1m16.183s	6	26m03.326s
7	Juan Manuel Lopez (RA)	Manor Motorsport	Dallara F399-Mugen-Honda	1m16.268s	8	26m10.381s
8	Ben Collins (GB)	Carlin Motorsport	Dallara F399-Mugen-Honda	1m16.532s	11	26m11.723s
9	Martin O'Conell (GB)	Rowan Racing	Dallara F300-Mugen-Honda	1m16.708s	13	26m13.780s
10 (S)	Gary Paffett (GB)	Fred Goddard Racing	Dallara F398-Renault Sodemo	1m17.426s	16	26m24.307s
11 (S)	Atsushi Katsumata (J)	Team Meritus	Dallara F398-Toyota	1m17.625s	19	26m38.948s
12 (S)	Christian Colombo (I)	Rowan Racing	Dallara F398-Mugen-Honda	1m17.831s	20	26m39.979s
13 (S)	Marcel Romanio (BR)	Team Meritus	Dallara F398-Toyota	1m18.090s	21	26m41.592s
14 (S)	Ryan Walker (USA)	Diamond Racing	Dallara F398-Mugen-Honda	1m18.241s	23	26m45.162s
15	Tor Sriachavanon (T)	Alan Docking Racing	Dallara F399-Mugen-Honda	1m17.453s	17	26m53.060s
16 (S)	Mark Mayall (GB)	Diamond Racing	Dallara F398-Mugen-Honda	1m18.187s	22	-1 lap
17 (S)	Philip Hopkins (GB)	Hopkins Motorsport	Dallara F398-Opel Spiess	1m18.565s	24	-1 lap
18	Warren Carway (IRL)	Rowan Racing	Dallara F399-Mugen-Honda	1m17.541s	18	-2 laps
19	Westley Barber (GB)	Alan Docking Racing	Dallara F399-Mugen-Honda	1m16.898s	15	-2 laps
R	Andrew Kirkaldy (GB)	Team Avanti	Dallara F399-Opel Spiess	1m16.195s	7	12 laps
R (S)	Andy Priaulx (GB)	Promatecme UK	Dallara F398-Renault Sodemo	1m16.477s	10	12 laps
R	Michael Bentwood (GB)	Fortec Motorsport	Dallara F399-Mugen-Honda	1m16.889s	14	9 laps
R	Milos Pavlovic (YU)	RC Motorsport	Dallara F300-Opel Spiess	1m15.932s	4	0 laps
R	Matt Davies (GB)	Promatecme UK	Dallara F398-Renault Sodemo	1m16.591s	12	0 laps
R	Craig Fleming (GB)	ME Motorsport	Dallara F398-Mugen-Honda	1m19.077s	25	0 laps

Fastest lap : Pizzonia 1m16.606s 105.68mph

British Formula 3 Chanmpionship Round 6 — Bramds Hatch

23 laps - 60.32miles — June 4

Pos	Driver (Nationality)	Team	Chassis/Engine	Qual	Grid	Result
1	Antonio Pizzonia (BR)	Manor Motorsport	Dallara F399-Mugen-Honda	1m19.035s	2	30m43.445s
2	**Takuma Sato** (J)	Carlin Motorsport	Dallara F300-Mugen-Honda	1m19.826s	4	30m54.910s
3	Narain Karthikeyan (IND)	Stewart Racing	Dallara F399-Mugen-Honda	1m19.610s	3	30m55.402s
4	Tomas Scheckter (ZA)	Stewart Racing	Dallara F399-Mugen-Honda	1m20.226s	9	31m02.031s
5	Michael Bentwood (GB)	Fortec Motorsport	Dallara F399-Mugen-Honda	1m20.050s	7	31m06.506s
6	Milos Pavlovic (YU)	RC Motorsport	Dallara F300-Opel spiess	1m20.001s	6	31m13.490s
7	Martin O'Conell (GB)	Rowan Racing	Dallara F300-Mugen-Honda	1m20.517s	11	31m16.455s
8	Gianmaria Bruni (I)	Fortec Motorsport	Dallara F399-Mugen-Honda	1m20.673s	13	31m16.938s
9	Matt Davies (GB)	Promatecme UK	Dallara F399-Renault Sodemo	1m20.545s	12	31m17.627s
10 (S)	Gary Paffett (GB)	Fred Goddard Racing	Dallara F398-Renault Sodemo	1m20.898s	15	31m18.675s
11	Westley Barber (GB)	Alan Docking Racing	Dallara F399-Mugen-Honda	1m20.682s	14	31m22.414s
12	Nicolas Kiesa (DK)	RC Motorsport	Dallara F300-Opel spiess	1m20.317s	10	31m23.954s
13	Tor Sriachavanon (T)	Alan Docking Racing	Dallara F399-Mugen-Honda	1m21.831s	18	31m59.439s
14	Warren Carway (IRL)	Rowan Racing	Dallara F399-Mugen-Honda	1m21.776s	17	32m13.898s
15 (S)	Craig Fleming (GB)	ME Motorsport	Dallara F398-Mugen-Honda	1m22.378s	19	-1 lap
16 (S)	Ryan Walker (USA)	Diamond Racing	Dallara F398-Mugen-Honda	1m23.000s	20	-1 lap
17 (S)	Mark Mayall (GB)	Diamond Racing	Dallara F398-Mugen-Honda	1m24.098s	23	-1 lap
18 (S)	Christian Colombo (I)	Rowan Racing	Dallara F398-Mugen-Honda	1m23.013s	21	-1 lap
R	Andrew Kirkaldy (GB)	Team Avanti	Dallara F399-Opel spiess	1m19.894s	5	22 laps
R (S)	Atsushi Katsumata (J)	Team Meritus	Dallara F398-Toyota	1m23.166s	22	15 laps
R	Ben Collins (GB)	Carlin Motorsport	Dallara F399-Mugen-Honda	1m18.891s	1	5 laps
R	Juan Manuel Lopez (RA)	Manor Motorsport	Dallara F399-Mugen-Honda	1m21.156s	16	1 lap
R	Andy Priaulx (GB)	Promatecme UK	Dallara F399-Renault Sodemo	1m20.117s	8	0 laps

Fastest lap : Pizzonia 1m18.822s 119.79mph

British Formula 3 Championship Round 7 — Donington Park

Race 1 / 20 laps - 50 miles — July 1

Pos	Driver (Nationality)	Team	Chassis/Engine	Qual	Grid	Result
1	Antonio Pizzonia (BR)	Manor Motorsport	Dallara F399-Mugen-Honda	1m28.698s	1	30m05.545s
2	Gianmaria Bruni (I)	Fortec Motorsport	Dallara F399-Mugen-Honda	1m28.860s	4	30m10.864s
3	Takuma Sato (J)	Carlin Motorsport	Dallara F300-Mugen-Honda	1m28.999s	7	30m12.640s
4	Narain Karthikeyan (IND)	Stewart Racing	Dallara F399-Mugen-Honda	1m28.778s	3	30m19.648s
5	Milos Pavlovic (YU)	RC Motorstort	Dallara F300-Opel Spiess	1m28.882s	5	30m22.262s
6	Nicolas Kiesa (DK)	RC Motorstort	Dallara F300-Opel Spiess	1m28.920s	6	30m23.105s
7	Michael Bentwood (GB)	Fortec Motorsport	Dallara F399-Mugen-Honda	1m29.208s	11	30m23.565s
8	Ben Collins (GB)	Carlin Motorsport	Dallara F399-Mugen-Honda	1m29.023s	8	30m24.280s
9	Andy Priaulx (GB)	Promatecme UK	Dallara F399-Renault	1m29.248s	12	30m29.235s
10	Martin O'Conell (GB)	Rowan Racing	Dallara F399-Mugen-Honda	1m29.078s	10	30m33.731s
11	Matt Davies (GB)	Promatecme UK	Dallara F399-Renault Sodemo	1m29.279s	13	30m35.172s
12 (S)	Gary Paffett (GB)	Fred Goddard Racing	Dallara F398-Renault Sodemo	1m29.752s	14	30m37.155s
13	Andrew Kirkaldy (GB)	Team Avanti	Dallara F399-Opel Spiess	1m28.738s	2	30m37.648s
14	Juan Manuel Lopez (RA)	Manor Motorsport	Dallara F399-Mugen-Honda	1m29.881s	15	30m45.023s
15	Warren Carway (IRL)	Rowan Racing	Dallara F399-Mugen-Honda	1m30.268s	16	30m53.281s
16	Tor Sriachavanon (T)	Alan Docking Racing	Dallara F399-Mugen-Honda	1m30.841s	18	30m56.745s
17 (S)	Christian Colombo (I)	Rowan Racing	Dallara F399-Mugen-Honda	1m30.976s	19	31m06.746s
18 (S)	Ryan Walker (USA)	Diamond Racing	Dallara F398-Mugen-Honda	1m30.997s	20	31m20.787s
19 (S)	Philip Hopkins (GB)	Hopkins Motorsport	Dallara F398-Opel Spiess	1m31.096s	21	31m26.226s
20 (S)	Craig Fleming (GB)	ME Motorsport	Dallara F398-Mugen-Honda	1m31.279s	22	31m27.088s
21 (S)	Atsushi Katsumata (J)	Team Meritus	Dallara F398-Toyota	1m30.456s	17	31m27.557s
22 (S)	Mark Mayall (GB)	Diamond Racing	Dallara F399-Mugen-Honda	1m31.665s	23	-1 lap
23	Tomas Scheckter (ZA)	Stewart Racing	Dallara F399-Mugen-Honda	1m29.053s	9	-1 lap

Fastest lap : Bruni 1m29.091s 101.02mph

Race 2 / 20 laps - 50 miles — July 2

Pos	Driver (Nationality)	Team	Chassis/Engine	Qual	Grid	Result
1	Nicolas Kiesa (DK)	RC Motorstort	Dallara F300-Opel Spiess	1m28.544s	1	30m14.449s
2	Andrew Kirkaldy (GB)	Team Avanti	Dallara F399-Opel Spiess	1m28.559s	2	30m19.291s
3	Antonio Pizzonia (BR)	Manor Motorsport	Dallara F399-Mugen-Honda	1m28.686s	3	30m20.360s
4	Gianmaria Bruni (I)	Fortec Motorsport	Dallara F399-Mugen-Honda	1m28.899s	6	30m25.228s
5	Milos Pavlovic (YU)	RC Motorstort	Dallara F300-Opel Spiess	1m28.786s	4	30m27.568s
6	Tomas Scheckter (ZA)	Stewart Racing	Dallara F399-Mugen-Honda	1m28.905s	7	30m28.802s
7	Michael Bentwood (GB)	Fortec Motorsport	Dallara F399-Mugen-Honda	1m29.009s	9	30m30.963s
8	Andy Priaulx (GB)	Promatecme UK	Dallara F398-Renault Sodemo	1m29.164s	12	30m33.011s
9	Takuma Sato (J)	Carlin Motorsport	Dallara F300-Mugen-Honda	1m28.804s	5	30m38.134s
10	Narain Karthikeyan (IND)	Stewart Racing	Dallara F399-Mugen-Honda	1m29.019s	10	30m39.744s
11	Gary Paffett (GB)	Fred Goddard Racing	Dallara F398-Renault Sodemo	1m29.633s	15	30m42.819s
12	Martin O'Conell (GB)	Rowan Racing	Dallara F300-Mugen-Honda	1m29.576s	14	30m44.606s
13	Warren Carway (IRL)	Rowan Racing	Dallara F399-Mugen-Honda	1m29.803s	16	30m59.767s
14	Tor Sriachavanon (T)	Alan Docking Racing	Dallara F399-Mugen-Honda	1m30.385s	17	31m10.281s
15	Christian Colombo (I)	Rowan Racing	Dallara F398-Mugen-Honda	1m31.143s	20	31m11.265s
16	Craig Fleming (GB)	ME Motorsport	Dallara F398-Mugen-Honda	1m30.884s	19	31m12.413s
17	Ryan Walker (USA)	Diamond Racing	Dallara F398-Mugen-Honda	1m31.253s	21	31m13.765s
18	Philip Hopkins (GB)	Hopkins Motorsport	Dallara F398-Opel Spiess	1m31.607s	22	31m23.913s
19	Matt Davies (GB)	Promatecme UK	Dallara F398-Renault Sodemo	1m29.106s	11	31m26.152s
20	Mark Mayall (GB)	Diamond Racing	Dallara F398-Mugen-Honda	1m31.850s	23	31m45.174s
R	Ben Collins (GB)	Carlin Motorsport	Dallara F399-Mugen-Honda	1m28.939s	8	14 laps
R	Atsushi Katsumata (J)	Team Meritus	Dallara F398-Toyota	1m30.860s	18	1 lap
R	Juan Manuel Lopez (RA)	Manor Motorsport	Dallara F399-Mugen-Honda	1m29.474s	13	0 laps

Fastest lap : Kiesa 1m29.945s 100.06mph

British Formula 3 Channmpionship Round 8 — Croft

25 laps - 53.18miles — July 23

Pos	Driver (Nationality)	Team	Chassis/Engine	Qual	Grid	Result
1	**Takuma Sato** (J)	Carlin Motorsport	Dallara F300-Mugen-Honda	1m13.773s	1	31m13.030s
2	Tomas Scheckter (ZA)	Stewart Racing	Dallara F300-Mugen-Honda	1m13.830s	2	31m21.114s
3	Nicolas Kiesa (DK)	RC Motorstort	Dallara F300-Opel Spiess	1m14.087s	3	31m24.635s
4	Ben Collins (GB)	Carlin Motorsport	Dallara F300-Mugen-Honda	1m14.131s	4	31m27.769s
5	Marcos Ambrose (AUS)	Alan Docking Racing	Dallara F300-Mugen-Honda	1m14.362s	6	31m37.861s
6	Andrew Kirkaldy (GB)	Team Avanti	Dallara F300-Opel Spiess	1m14.509s	10	31m42.521s
7	Milos Pavlovic (YU)	RC Motorsport	Dallara F300-Opel Spiess	1m14.455s	9	31m43.687s
8 (S)	Gary Paffett (GB)	Fred Goddard Racing	Dallara F398-Renault Sodemo	1m14.787s	15	31m47.827s
9	Michael Bentwood (GB)	Fortec Motorsport	Dallara F300-Mugen-Honda	1m14.627s	14	31m50.236s
10	Narain Karthikeyan (IND)	Stewart Racing	Dallara F300-Mugen-Honda	1m14.590s	13	31m50.855s
11	Matt Davies (GB)	Promatecme UK	Dallara F300-Renault Sodemo	1m14.532s	12	31m51.585s
12	Martin O'Conell (GB)	Rowan Racing	Dallara F300-Mugen-Honda	1m14.523s	11	31m58.906s
13 (S)	Christian Colombo (I)	Rowan Racing	Dallara F398-Mugen-Honda	1m16.365s	21	32m26.541s
14	Warren Carway (IRL)	Rowan Racing	Dallara F399-Mugen-Honda	1m15.537s	17	-1 lap
15 (S)	Ryan Walker (USA)	Diamond Racing	Dallara F398-Mugen-Honda	1m16.034s	19	-1 lap
16 (S)	Atsushi Katsumata (J)	Team Meritus	Dallara F398-Toyota	1m16.175s	20	-1 lap
17 (S)	Philip Hopkins (GB)	Hopkins Motorsport	Dallara F398-Opel Spiess	1m17.624s	24	-1 lap
18 (S)	Mark Mayall (GB)	Diamond Racing	Dallara F398-Mugen-Honda	1m17.202s	22	-1 lap
19	Gianmaria Bruni (I)	Fortec Motorsport	Dallara F300-Mugen-Honda	1m14.372s	7	-1 lap
20 (S)	Enzo Buscaglia (I)	Team Meritus	Dallara F398-Toyota	1m17.216s	23	-1 lap
21	Andy Priaulx (GB)	Promatecme UK	Dallara F300-Renault Sodemo	1m14.406s	8	-3 laps
R	Antonio Pizzonia (BR)	Manor Motorsport	Dallara F300-Mugen-Honda	1m14.341s	5	19 laps
R	Tor Sriachavanon (T)	Alan Docking Racing	Dallara F300-Mugen-Honda	1m15.422s	16	19 laps
R	Craig Fleming (GB)	ME Motorsport	Dallara F398-Mugen-Honda	1m15.576s	18	8 laps

Fastest lap : Sato 1m14.292s 103.06mph

British Formula 3 Channmpionship Round 9 — Silverstone

24 laps - 53.98 mile — August 20

Pos	Driver (Nationality)	Team	Chassis/Engine	Qual	Grid	Result
1	**Takuma Sato** (J)	Carlin Motorsport	Dallara F300-Mugen-Honda	1m15.827s	1	30m59.030s
2	Antonio Pizzonia (BR)	Manor Motorsport	Dallara F300-Mugen-Honda	1m16.023s	2	31m00.684s
3	Gianmaria Bruni (I)	Fortec Motorsport	Dallara F300-Mugen-Honda	1m06.049s	4	31m14.070s
4	Tomas Scheckter (ZA)	Stewart Racing	Dallara F300-Mugen-Honda	1m16.200s	6	31m14.755s
5	Narain Karthikeyan (IND)	Stewart Racing	Dallara F300-Mugen-Honda	1m16.043s	3	31m21.165s
6	Ben Collins (GB)	Carlin Motorsport	Dallara F300-Mugen-Honda	1m16.399s	10	31m22.137s
7	Matt Davies (GB)	Promatecme UK	Dallara F300-Renault Sodemo	1m16.218s	8	31m23.000s
8	Martin O'Conell (GB)	Rowan Racing	Dallara F300-Mugen-Honda	1m16.552s	13	31m27.245s
9	Marcos Ambrose (AUS)	Alan Docking Racing	Dallara F300-Mugen-Honda	1m16.527s	12	31m27.309s
10	Nicolas Kiesa (DK)	RC Motorstort	Dallara F300-Opel Spiess	1m16.102s	5	31m35.266s
11	Michael Bentwood (GB)	Fortec Motorsport	Dallara F300-Mugen-Honda	1m16.931s	15	31m38.314s
12	Andy Priaulx (GB)	Promatecme UK	Dallara F398-Renault Sodemo	1m16.509s	11	31m38.740s
13	Andrew Kirkaldy (GB)	Team Avanti	Dallara F399-Opel Spiess	1m16.725s	14	31m45.890s
14 (S)	Gary Paffett (GB)	Fred Goddard Racing	Dallara F398-Renault Sodemo	1m17.191s	18	31m48.644s
15	Tor Sriachavanon (T)	Alan Docking Racing	Dallara F300-Mugen-Honda	1m17.004s	16	31m56.464s
16 (S)	Mark Mayall (GB)	Diamond Racing	Dallara F398-Mugen-Honda	1m18.851s	22	-1 lap
17 (S)	Peter Nilsson (S)	Team Meritus	Dallara F398-Toyota	1m19.103s	23	-1 lap
18	Westley Barber (GB)	Manor Motorsport	Dallara F300-Mugen-Honda	1m16.351s	9	-1 lap
19 (S)	Enzo Buscaglia (I)	Hopkins Motorsport	Dallara F398-Opel Spiess	1m20.014s	24	-2 laps
R	Milos Pavlovic (YU)	RC Motorstort	Dallara F300-Opel Spiess	1m16.208s	7	14 laps
R	Christian Colombo (I)	Rowan Racing	Dallara F300-Mugen-Honda	1m17.445s	19	1 lap
R (S)	Warren Carway (IRL)	Rowan Racing	Dallara F398-Mugen-Honda	1m18.661s	21	0 laps
R (S)	Atsushi Katsumata (J)	Team Meritus	Dallara F398-Toyota	1m17.128s	17	0 laps
R (S)	Ryan Walker (USA)	Diamond Racing	Dallara F398-Mugen-Honda	1m18.608s	20	0 laps

Fastest lap : Sato 1m16.453s 105.90mph

British Formula 3 Channmpionship Round 10

Snetterton

29 laps - 56.61 miles

September 3

Pos	Driver (Nationality)	Team	Chassis/Engine	Qual	Grid	Result
1	Antonio Pizzonia (BR)	Manor Motorsport	Dallara F300-Mugen-Honda	1m01.809s	1	30m03.594s
2	Tomas Scheckter (ZA)	Stewart Racing	Dallara F300-Mugen-Honda	1m01.896s	2	30m04.851s
3	Ben Collins (GB)	Carlin Motorsport	Dallara F300-Mugen-Honda	1m02.076s	5	30m19.478s
4	Michael Bentwood (GB)	Fortec Motorsport	Dallara F300-Mugen-Honda	1m02.356s	10	30m20.294s
5	Narain Karthikeyan (IND)	Stewart Racing	Dallara F300-Mugen-Honda	1m02.329s	9	30m20.862s
6	**Takuma Sato** (J)	Carlin Motorsport	Dallara F300-Mugen-Honda	1m02.140s	6	30m22.416s
7	Matt Davies (GB)	Promatecme UK	Dallara F300-Renault Sodemo	1m02.225s	8	30m22.937s
8	Andy Priaulx (GB)	Promatecme UK	Dallara F300-Renault Sodemo	1m02.509s	13	30m27.791s
9	Marcos Ambrose (AUS)	Alan Docking Racing	Dallara F300-Mugen-Honda	1m02.725s	15	30m31.370s
10	Westley Barber (GB)	Manor Motorsport	Dallara F300-Mugen-Honda	1m02.529s	14	30m38.954s
11	Martin O'Conell (GB)	Rowan Racing	Dallara F300-Mugen-Honda	1m02.429s	12	30m43.891s
12	Warren Carway (IRL)	Rowan Racing	Dallara F300-Mugen-Honda	1m02.991s	17	30m58.436s
13 (S)	Atsushi Katsumata (J)	Team Meritus	Dallara F398-Toyota	1m03.086s	19	30m58.929s
14 (S)	Gary Paffett (GB)	Fred Goddard Racing	Dallara F398-Renault Sodemo	1m02.868s	16	30m59.853s
15	Tor Sriachavanon (T)	Alan Docking Racing	Dallara F399-Mugen-Honda	1m03.039s	18	31m01.102s
16 (S)	Christian Colombo (I)	Rowan Racing	Dallara F398-Mugen-Honda	1m03.501s	21	31m06.871s
17 (S)	Ryan Walker (USA)	Diamond Racing	Dallara F398-Mugen-Honda	1m04.278s	22	-1 lap
18 (S)	Mark Mayall (GB)	Diamond Racing	Dallara F398-Mugen-Honda	1m04.358s	23	-1 lap
19 (S)	Peter Nilsson (S)	Team Meritus	Dallara F398-Toyota	1m04.807s	24	-1 lap
R	Milos Pavlovic (YU)	RC Motorsport	Dallara F300-Opel Spiess	1m02.397s	11	24 laps
R	Nicolas Kiesa (DK)	RC Motorsport	Dallara F300-Opel Spiess	1m02.153s	7	15 laps
R	Gianmaria Bruni (I)	Fortec Motorsport	Dallara F399-Mugen-Honda	1m01.999s	4	5 laps
R	Rob Austin (GB)	ME Motorsport	Dallara F398-Mugen-Honda	1m03.374s	20	0 laps
R	Andrew Kirkaldy (GB)	Team Avanti	Dallara F399-Opel Spiess	1m01.980s	3	0 laps

Fastest lap : Scheckter 1m01.706s 113.88mph

British Formula 3 Channmpionship Round 11

Spa-Francorchamps

13 laps - 56.27 miles

Sptember 24

Pos	Driver (Nationality)	Team	Chassis/Engine	Qual	Grid	Result
1	Tiago Monteiro (P)	ASM	Dallara F300-Renault	2m15.852s	2	30m04.938s
2	Antonio Pizzonia (BR)	Manor Motorsport	Dallara F300-Mugen-Honda	2m15.925s	3	30m06.508s
3	Narain Karthikeyan (IND)	Stewart Racing	Dallara F300-Mugen-Honda	2m16.004s	5	30m07.944s
4	Gianmaria Bruni (I)	Fortec Motorsport	Dallara F300-Mugen-Honda	2m16.375s	8	30m08.027s
5	Tomas Scheckter (ZA)	Stewart Racing	Dallara F300-Mugen-Honda	2m16.564s	9	30m09.439s
6	Nicolas Kiesa (DK)	RC Motorsport	Dallara F300-Opel Spiess	2m15.972s	4	30m15.056s
7	Matt Davies (GB)	Promatecme UK	Dallara F300-Renault Sodemo	2m16.568s	10	30m19.275s
8	Andy Priaulx (GB)	Promatecme UK	Dallara F300-Renault Sodemo	2m16.643s	11	30m19.867s
9	Andrew Kirkaldy (GB)	Team Avanti	Dallara F300-Opel Spiess	2m16.944s	15	30m25.894s
10	Martin O'Conell (GB)	Rowan Racing	Dallara F300-Mugen-Honda	2m17.476s	19	30m26.901s
11	Westley Barber (GB)	Manor Motorsport	Dallara F300-Mugen-Honda	2m16.816s	13	30m28.629s
12	Tristan Gosedy (F)	ASM	Dallara F300-Renault Sodemo	2m16.871s	14	30m32.158s
13	Warren Carway (IRL)	Rowan Racing	Dallara F300-Mugen-Honda	2m18.235s	21	30m41.906s
14 (S)	Atsushi Katsumata (J)	Team Meritus	Dallara F398-Toyota	2m18.932s	23	30m43.813s
15	Milos Pavlovic (YU)	RC Motorsport	Dallara F300-Opel Spiess	2m16.053s	7	30m59.911s
16	Michael Bentwood (GB)	Fortec Motorsport	Dallara F399-Mugen-Honda	2m17.025s	16	31m06.709s
17 (S)	Mark Mayall (GB)	Diamond Racing	Dallara F398-Mugen-Honda	2m20.866s	26	31m23.729s
18 (S)	Julian Westwood (GB)	Team Parker F3	Dallara F397-Mugen-Honda	2m22.170s	28	31m28.365s
19 (S)	Ryan Walker (USA)	Diamond Racing	Dallara F398-Mugen-Honda	2m21.956s	27	31m29.680s
20 (S)	Enzo Buscaglia (I)	Hopkins Motorsport	Dallara F398-Mugen-Honda	2m23.545s	30	-1 lap
21	**Takuma Sato** (J)	Carlin Motorsport	Dallara F300-Mugen-Honda	2m15.019s	1	-1 lap
R	Ben Collins (GB)	Carlin Motorsport	Dallara F300-Mugen-Honda	2m16.050s	6	12 laps
R (S)	Peter Nilsson (S)	Team Meritus	Dallara F398-Toyota	2m22.798s	29	10 laps
R	Val Hillebrand (B)	JB Motorsport	Dallara F300-Opel Spiess	2m16.782s	12	10 laps
R (S)	Christian Colombo (I)	Rowan Racing	Dallara F398-Mugen-Honda	2m19.377s	25	4 laps
R	Rob Austin (GB)	Carlin Motorsport	Dallara F300-Mugen-Honda	2m18.330s	22	3 laps
R	Tor Sriachavanon (T)	Alan Docking Racing	Dallara F300-Mugen-Honda	2m19.091s	24	3 laps
R	Marcos Ambrose (AUS)	Alan Docking Racing	Dallara F300-Mugen-Honda	2m17.771s	20	2 laps
R	Nicolas Stelandre (B)	JB Motorsport	Dallara F300-Opel Spiess	2m17.094s	18	0 laps
R (S)	Gary Paffett (GB)	Fred Goddard Racing	Dallara F398-Renault Sodemo	2m17.074s	17	0 laps

Fastest lap : Sato 2m17.589s 113.621mph

British Formula 3 Chanmpionship Round 12　　　　　　　　　　　　　　　　　　　　　　　　　Silverstone
18 laps - 57.492miles　　　　　　　　　　　　　　　　　　　　　　　　　　　　　　　　　　October 8

Pos	Driver (Nationality)	Team	Chassis/Engine	Qual	Grid	Result
1	**Takuma Sato (J)**	Carlin Motorsport	Dallara F300-Mugen-Honda	2m00.866s	2	31m11.567s
2	Andy Priaulx (GB)	Promatecme UK	Dallara F300-Renault Sodemo	2m00.804s	1	31m22.345s
3	Tomas Scheckter (ZA)	Stewart Racing	Dallara F300-Mugen-Honda	2m03.240s	9	31m22.771s
4	Ben Collins (GB)	Carlin Motorsport	Dallara F300-Mugen-Honda	2m03.855s	13	31m31.744s
5	Gianmaria Bruni (I)	Fortec Motorsport	Dallara F300-Mugen-Honda	2m03.361s	11	31m32.757s
6	Westley Barber (GB)	Manor Motorsport	Dallara F300-Mugen-Honda	2m02.564s	6	31m40.017s
7	Michael Bentwood (GB)	Fortec Motorsport	Dallara F300-Mugen-Honda	2m04.770s	15	31m40.616s
8	Martin O'Conell (GB)	Rowan Racing	Dallara F300-Mugen-Honda	2m04.618s	14	31m42.717s
9	Antonio Pizzonia (BR)	Manor Motorsport	Dallara F300-Mugen-Honda	2m01.810s	5	31m43.300s
10	Marcos Ambrose (AUS)	Alan Docking Racing	Dallara F300-Mugen-Honda	2m03.120s	8	31m46.800s
11	Nicolas Kiesa (DK)	RC Motorstort	Dallara F300-Opel Spiess	2m03.311s	10	31m49.041s
12 (S)	Gary Paffett (GB)	Fred Goddard Racing	Dallara F398-Renault Sodemo	2m03.594s	12	32m04.326s
13	Warren Carway (IRL)	Rowan Racing	Dallara F300-Mugen-Honda	2m08.860s	18	32m17.276s
14	Tor Sriachavanon (T)	Alan Docking Racing	Dallara F300-Mugen-Honda	2m10.081s	20	32m29.296s
15 (S)	Christian Colombo (I)	Rowan Racing	Dallara F398-Mugen-Honda	2m10.212s	21	32m32.472s
16 (S)	Peter Nilsson (S)	Team Meritus	Dallara F398-Toyota	2m12.410s	22	32m38.754s
17 (S)	Ryan Walker (USA)	Diamond Racing	Dallara F398-Mugen-Honda	2m13.812s	24	32m51.582s
18 (S)	Julian Westwood (GB)	Team Parker F3	Dallara F397-Mugen-Honda	2m08.238s	17	33m33.993s
19 (S)	Atsushi Katsumata (J)	Team Meritus	Dallara F398-Toyota	2m10.066s	19	-1 lap
20 (S)	Philip Hopkins (GB)	Team Meritus	Dallara F398-Opel Spiess	2m16.843s	25	-1 lap
21 (S)	Matthew Gilmore (GB)	ME Motorsuport	Dallara F398-Mugen-Honda	2m20.463s	26	-1 lap
R (S)	Mark Mayall (GB)	Diamond Racing	Dallara F398-Mugen-Honda	2m13.243s	23	13 laps
R	Andrew Kirkaldy (GB)	Team Avanti	Dallara F300-Opel Spiess	2m03.078s	7	10 laps
R	Matt Davies (GB)	Promatecme UK	Dallara F300-Renault Sodemo	2m01.583s	3	2 laps
R	Narain Karthikeyan (IND)	Stewart Racing	Dallara F300-Mugen-Honda	2m01.695s	4	2 laps
R	Milos Pavlovic (YU)	RC Motorstort	Dallara F300-Opel Spiess	2m04.980s	16	0 laps

Fastest lap : Sato 1m43.012s 111.62mph

2000 British F3 Championship Point Table

Pos	Driver	Natinality	Team	Chassis/Engin	Point
1	Antonio Pizzonia	BR	Manor Motorsport	Dallara F399-Mugen-Honda	200
2	Tomas Scheckter	ZA	Stewart Racing	Dallara F399-Mugen-Honda	161
3	**Takuma Sato**	J	Carlin Motorsport	Dallara F300-Mugen-Honda	129
4	Narain Karthikeyan	IND	Stewart Racing	Dallara F399-Mugen-Honda	100
5	Gianmaria Bruni	I	Fortec Motorsport	Dallara F399-Mugen-Honda	95
6	Nicolas Kiesa	DK	RC Motorstort	Dallara F300-Opel Spiess	77
7	Michael Bentwood	GB	Fortec Motorsport	Dallara F399-Mugen-Honda	69
8	Ben Collins	GB	Carlin Motorsport	Dallara F399-Mugen-Honda	67
9	Andy Priaulx	GB	Promatecme UK	Dallara F398-Renault Sodemo	64
10	Matt Davies	GB	Promatecme UK	Dallara F398-Renault Sodemo	47
11	Milos Pavlovic	YU	RC Motorstort	Dallara F300-Opel Spiess	41
12	Martin O'Connell	GB	Rowan Racing	Dallara F399-Mugen-Honda	32
13	Andrew Kirkaldy	GB	Team Avanti	Dallara F399-Opel Spiess	28
14	Westley Barber	GB	Alan Docking Racing/Manor Motorsport	Dallara F300-Mugen-Honda	17
15	Marcos Ambrose	AUS	Alan Docking Racing	Dallara F399-Mugen-Honda/Dallara F300-Mugen-Honda	13
16	Juan Manuel Lopez	RA	Manor Motorsport	Dallara F399-Mugen-Honda	6
17	Tor Sriachavanon	T	Alan Docking Racing	Dallara F399-Mugen-Honda	2

Point system 20-15-12-10-8-6-4-3-2-1, fastest lap=1point

FIA Formula 3 European Cup

Pau

36laps - 61.75miles

June 12

Pos	Driver (Nationality)	Team	Chassis/Engine	Qual	Grid	Result
1	Jonathan Cochet (F)	Signature Elf	Dallara F399-Renault Sodemo	1m11.096s	1	43m40.088s
2	Tiago Monteiro (BR)	ASM Elf	Dallara F399-Renault Sodemo	1m11.487s	3	43m43.072s
3	Patrick Friesacher (A)	Opel spiess Team BSR	Dallara F300-Opel Spiess	1m11.508s	5	43m43.500s
4	Ryo Fukuda (J)	LO Autosport	Dallara F399-Renault Sodemo	1m11.672s	6	43m49.093s
5	Nicolas Kiesa (DK)	RC Morotrsport	Dallara F300-Opel Spiess	1m11.854s	7	43m51.544s
6	Mathieu Zangarelli (F)	Signature ELF	Dallara F399-Renault Sodemo	1m11.276s	2	44m02.330s
7	Milos Pavlovic (YU)	RC Motorstort	Dallara F300-Opel Spiess	1m11.844s	8	44m04.846s
8	Andre Lotterer (D)	Opel spiess Team BSR	Dallara F300-Opel Spiess	1m12.095s	12	44m06.252s
9	Paulo Montin (I)	Target Racing	Dallara F399-Opel Spiess	1m12.079s	13	44m17.346s
10	Juan Manuel Lopez (RA)	Manor Motorsport	Dallara F300-Mugen-Honda	1m12.044s	9	44m21.877s
11	Lucus Lasserre (F)	LO Autosport	Dallara F399-Renault Sodemo	1m12.073s	11	44m21.910s
12	Adam Jones (GB)	La Filier	Martini Mk73-Opel Spiess	1m12.209s	15	44m33.175s
13	Ben Collins (GB)	Carlin Motorsport	Dallara F300-Mugen-Honda	1m12.592s	21	44m34.070s
14	Philip Giebler (USA)	La Filier	Martini Mk73-Opel Spiess	1m12.355s	14	44m47.207s
15	James Andanson (F)	La Filier	Martini Mk79-Opel Spiess	1m12.809s	20	44m47.542s
16	Marcos Ambrose (AUS)	Mygale	Martini Mk79-Renault Sodemo	1m13.034s	25	44m50.160
17	Romain Dumas (F)	La Filier	Martini Mk79-Opel Spiess	1m12.548s	19	-1 lap
18	Julian Piquet (F)	Mygale	Dallara F300-Opel Spiess	1m14.673s	26	-1 lap
19	Frederic Makowiecki (F)	Griffith's	Dallara F398-Fiat	1m16.102s	27	-3 laps
20	Antonio Pizzonia (BR)	Manor Motorsport	Dallara F300-Mugen-Honda	1m11.598s	4	-4 laps
21	Warren Carway (IRL)	Rowan Racing	Dallara F300-Mugen-Honda	1m14.814s	28	-4 laps
R	Yannick Schroeder (F)	Promatecme	Dallara F399-Renault Sodemo	1m12.374s	16	29 laps
R	Martin O'Conell (GB)	Rowan Racing	Dallara F300-Mugen-Honda	1m12.297s	17	19 laps
R	Davide Uboldi (I)	Uboldi Corse	Dallara F398-Fiat	1m12.789s	18	15 laps
R	Tristan Gommendy (F)	ASM Elf	Dallara F399-Renault Sodemo	1m12.843s	22	10 laps
R	Julian Baltoise (F)	ASM Elf	Dallara F399-Renault Sodemo	1m11.991s	10	9 laps
R	**Takuma Sato** (J)	Carlin Motorsport	Dallara F300-Mugen-Honda	1m12.883s	24	0 laps

Fastest lap : Cochet 1m11.930s 85.83mph

France F3 championship round 5 — Spa-Francorchamps

Race 1 / 10laps - 69.680km — July 8

Pos	Driver (Nationality)	Team	Chassis/Engine	Qual	Grid	Result
1	**Takuma Sato** (J)	Carlin Motorsport	Dallara F300-Mugen-Honda	2m14.981s	8	22m45.106s
2	Martin O'Conell (GB)	Rowan Racing	Dallara F300-Mugen-Honda	2m14.812s	5	22m50.457s
3	Jonathan Cochet (F)	Signature Elf	Dallara F399-Renault Sodemo	2m14.798s	4	22m56.850s
4	Julian Baltoise (F)	ASM Elf	Dallara F399-Renault Sodemo	2m15.341s	9	22m57.230s
5	Adam Jones (GB)	La Filier	Martini Mk73-Opel Spiess	2m16.023s	15	23m07.711s
6	Romain Dumas (F)	La Filier	Martini Mk79-Opel Spiess	2m16.124s	17	23m09.196s
7	James Andanson (F)	La Filier	Martini Mk79-Opel Spiess	2m16.032s	16	23m10.814s
8	Ryo Fukuda (J)	LD Autosport	Dallara F399-Renault Sodemo	2m14.791s	3	23m11.579s
9	Tristan Gommendy (F)	ASM Elf	Dallara F399-Renault Sodemo	2m16.193s	18	23m12.026s
10	Lucus Lasserre (F)	LD Autosport	Dallara F399-Renault Sodemo	2m15.351s	10	23m13.523s
11	Yannick Schroeder (F)	Promatecme	Dallara F399-Renault Sodemo	2m15.507s	12	23m14.994s
12	Andy Priaulx (GB)	Promatecme UK	Dallara F399-Renault Sodemo	2m15.858s	14	23m15.559s
13	Mathieu Zangarelli (F)	Signature ELF	Dallara F399-Renault Sodemo	2m14.897s	7	23m24.712s
14	Philip Giebler (USA)	La Filier	Martini Mk73-Opel Spiess	2m16.261s	19	23m25.018s
15	Warren Carway (IRL)	Rowan Racing	Dallara F300-Mugen-Honda	2m17.827s	22	23m28.575s
16	Ying Kin Lee (CHN)	La Filier	Martini Mk79-Opel Spiess	2m16.373s	20	23m29.123s
17	Christian Colombo (I)	Rowan Racing	Dallara F398-Mugen-Honda	2m20.225s	24	23m30.595s
18	Rob Austin (GB)	Carlin Motorsport	Dallara F300-Mugen-Honda	2m17.263s	21	23m36.779s
19	Frederic Makowiecki (F)	Griffith's	Dallara F396-Fiat	2m21.185s	25	23m37.739s
20	Julian Piguet (F)	Mygale	Dallara F396-Opel Spiess	2m19.872s	23	23m46.602s
21	Philippe Hottinguer (F)	Pelikan Sport	Dallara F397-Fiat	2m26.368s	27	24m33.077s
22	Tiago Monteiro (BR)	ASM Elf	Dallara F399-Renault Sodemo	2m14.403s	1	24m36.024s
23	Sebastien Carcone (F)	DPR Racing	Dallara F396	2m26.118s	26	24m41.536s
24	Didier Sirgue (F)	DPR Racing	Dallara F396-Fiat	2m30.164s	28	24m42.036s
25	Jacques Hulbert (F)	JH Racing	Dallara F395-Opel Spiess	2m37.898s	31	-1 lap
26	Sylvain Jot (F)	ASA Ardennaise	Dallara F398	2m32.507s	29	-1 lap
R	Matt Davies (GB)	Promatecme UK	Dallara F399-Renault Sodemo	2m15.362s	11	5 laps
R	Pierre Gilbert (F)	Griffith's	Dallara F396-Fiat	2m34.418s	30	3 laps
R	Ben Collins (GB)	Carlin Motorsport	Dallara F300-Mugen-Honda	2m15.726s	13	1 lap
R	David Moretti (F)	Griffith's	Dallara F396-Fiat	DNQ		1 lap
R	Tomas Scheckter (ZA)	Stewart Racing	Dallara F300-Mugen-Honda	2m14.542s	2	0 laps
R	Narain Karthikeyan (IND)	Stewart Racing	Dallara F300-Mugen-Honda	2m14.838s	6	0 laps

Fastest lap : Sato 2m15.424s 185.231km/h

Race 2 / 3laps - 29.904km — July 8

Pos	Driver (Nationality)	Team	Chassis/Engine	Qual	Grid	Result
1	Narain Karthikeyan (IND)	Stewart Racing	Dallara F300-Mugen-Honda	2m14.991s	3	8m12.313s
2	Jonathan Cochet (F)	Signature Elf	Dallara F399-Renault Sodemo	2m14.258s	1	8m26.020s
3	Mathieu Zangarelli (F)	Signature Elf	Dallara F399-Renault Sodemo	2m15.200s	4	8m26.915s
4	Martin O'Conell (GB)	Rowan Racing	Dallara F300-Mugen-Honda	2m15.235s	5	8m30.562s
5	Andy Priaulx (GB)	Promatecme UK	Dallara F399-Renault Sodemo	2m15.282s	7	8m31.722s
6	Tomas Scheckter (ZA)	Stewart Racing	Dallara F300-Mugen-Honda	2m15.456s	9	8m32.075s
7	Matt Davies (GB)	Promatecme UK	Dallara F399-Renault Sodemo	2m15.766s	14	8m36.252s
8	Tiago Monteiro (BR)	ASM Elf	Dallara F399-Renault Sodemo	2m15.546s	11	8m49.311s
9	Ryo Fukuda (J)	LD Autosport	Dallara F399-Renault Sodemo	2m15.256s	6	8m50.334s
10	Tristan Gommendy (F)	ASM Elf	Dallara F399-Renault Sodemo	2m15.986s	16	8m53.875s
11	Lucus Lasserre (F)	LD Autosport	Dallara F399-Renault Sodemo	2m15.471s	10	8m59.099s
12	James Andanson (F)	La Filier	Martini Mk79-Opel Spiess	2m16.242s	20	9m01.262s
13	Ying Kin Lee (CHN)	La Filier	Martini Mk79-Opel Spiess	2m16.389s	21	9m10.194s
14	Adam Jones (GB)	La Filier	Martini Mk73-Opel Spiess	2m16.189s	19	9m17.243s
15	Warren Carway (IRL)	Rowan Racing	Dallara F300-Mugen-Honda	2m18.266s	22	9m27.019s
16	Frederic Makowiecki (F)	Griffith's	Dallara F396-Fiat	2m19.284s	24	9m33.566s
17	Christian Colombo (I)	Rowan Racing	Dallara F398-Mugen-Honda	2m21.276s	25	9m46.603s
18	David Moretti (F)	Griffith's	Dallara F396-Fiat	2m22.347s	26	9m52.717s
19	Sebastien Carcone (F)	DPR Racing	Dallara F396	2m23.824s	27	10m26.802s
20	Philippe Hottinguer (F)	Pelikan Sport	Dallara F397-Fiat	2m26.003s	28	10m43.871s
21	Jacques Hulbert (F)	JH Racing	Dallara F395-Opel Spiess	2m28.288s	29	10m44.219s
22	Wolfgang Payr (F)	DPR Racing	Dallara F396	2m32.662s	31	10m46.606s
23	Sylvain Jot (F)	ASA Ardennaise	Dallara F398	2m28.815s	30	11m39.477s
24	Rob Austin (GB)	Carlin Motorsport	Dallara F300-Mugen-Honda	2m16.103s	18	-1 lap
25	Yannick Schroeder (F)	Promatecme	Dallara F399-Renault Sodemo	2m15.910s	15	-1 lap
26	Ben Collins (GB)	Carlin Motorsport	Dallara F300-Mugen-Honda	2m15.702s	13	-1 lap
R	Takuma Sato (J)	Carlin Motorsport	Dallara F300-Mugen-Honda	2m14.918s	2	1 lap
R	Julian Baltoise (F)	ASM Elf	Dallara F399-Renault Sodemo	2m15.590s	12	1 laps
R	Julian Piguet (F)	Mygale	Dallara F300-Opel Spiess	2m18.915s	23	1 lap
DNS	Romain Dumas (F)	La Filier	Martini Mk79-Opel Spiess	2m15.333s	8	0 laps
DNS	Philip Giebler (USA)	La Filier	Martini Mk73-Opel Spiess	2m16.006s	17	0 laps

Fastest lap : Sato 2m37.107s 159.566km/h

Marlboro Masters — Zandvoort

19 laps - 81.700 km
August 6

Pos	Driver (Nationality)	Team	Chassis/Engine	Qual	Grid	Result
1	Jonathan Cochet (F)	Signature Elf	Dallara F399-Renault Sodemo	1m33.192s	1b	33m09.939s
2	Ben Collins (GB)	Carlin Motorsport	Dallara F300-Mugen-Honda	1m34.248s	4a	33m13.368s
3	Tomas Scheckter (ZA)	Stewart Racing	Dallara F300-Mugen-Honda	1m33.927s	5b	33m13.740s
4	Benoit Treluyer (F)	Signature Elf	Dallara F399-Renault Sodemo	1m33.953s	3a	33m17.916s
5	Toshihiro Kaneishi (J)	GM Motorsport	Dallara F399-Opel Spiess	1m33.498s	4b	33m18.455s
6	Tom van Bavel (B)	Van Amersfoort Racing	Dallara F399-Opel Spiess	1m33.998s	6b	33m19.134s
7	Jeroen Bleekemolen (HOL)	Van Amersfoort Racing	Dallara F399-Opel Spiess	1m34.281s	5a	33m20.454s
8	Andrew Kirkaldy (GB)	Team Avanti	Dallara F399-Opel Spiess	1m34.282s	6a	33m21.186s
9	Nicolas Kiesa (DK)	RC Motorstort	Dallara F300-Opel Spiess	1m34.140s	7b	33m22.539s
10	Matteo Grassoto (I)	Target Racing	Dallara F399-Opel Spiess	1m34.210s	9b	33m24.391s
11	Tiago Monteiro (BR)	ASM Elf	Dallara F399-Renault Sodemo	1m34.157s	8b	33m25.383s
12	Milos Pavlovic (YU)	RC Motorstort	Dallara F300-Opel Spiess	1m34.437s	10a	33m25.506s
13	Julian Baltoise (F)	ASM Elf	Dallara F399-Renault Sodemo	1m34.328s	8a	33m32.368s
14	Martin O'Conell (GB)	Rowan Racing	Dallara F300-Mugen-Honda	1m34.633s	11b	33m33.532s
15	Zsolt Baumgartner (HU)	GM Motorsport	Dallara F399-Opel Spiess	1m34.399s	9a	33m34.739s
16	Armin Pornbacher (I)	Swiss Racing Team	Dallara F399-Opel Spiess	1m34.571s	12a	33m37.536s
17	Tony Schmidt (D)	GM Motorsport	Dallara F399-Opel Spiess	1m34.583s	13a	33m38.442s
18	Marco Du Pau (HOL)	Alan Docking Racing	Dallara F300-Mugen-Honda	1m34.863s	15a	33m44.662s
19	Narain Karthikeyan (IND)	Stewart Racing	Dallara F300-Mugen-Honda	1m33.771s	2a	33m54.387s
20	Toby Scheckter (ZA)	Manor Motorsport	Dallara F399-Opel Spiess	1m34.922s	13b	33m54.668s
21	Nicolas Stelandre (B)	JB Motorsport	Dallara F399-Opel Spiess	1m35.449s	16b	33m58.233s
22	Ryo Fukuda (J)	LD Autosport	Dallara F399-Renault Sodemo	1m34.308s	7a	33m59.145s
23	Giorgio Mecattaf (SUI)	Swiss Racing Team	Dallara F399-Opel Spiess	1m35.760s	18b	34m01.238s
24	Omar Galeffi (I)	Alan Docking Racing	Dallara F300-Mugen-Honda	1m35.257s	15b	34m01.450s
25	Adam Jones (GB)	La Filier	Martini Mk79-Opel Spiess	1m36.067s	19b	34m02.005s
26	James Andanson (F)	La Filier	Martini Mk79-Opel Spiess	1m35.731s	14a	34m02.006s
27	Warren Carway (IRL)	Rowan Racing	Dallara F300-Mugen-Honda	1m35.614s	19a	34m48.097s
28	**Takuma Sato** (J)	Carlin Motorsport	Dallara F300-Mugen-Honda	1m33.214s	2b	-1 lap
29	Tristan Gommendy (F)	ASM Elf	Dallara F399-Renault Sodemo	1m35.147s	14b	-2 laps
30	Philip Cloostermans (B)	Prema Power	Dallara F300-Opel Spiess	1m34.641s	12b	-2 lap
R	Michael Bentwood (GB)	Fortec Motorsport	Dallara F300-Mugen-Honda	1m35.175s	16a	16 laps
R	Elran Nijenhuis (HOL)	Team Kolles	Dallara F399-Mugen-Honda	1m35.408s	17a	15 Laps
R	Val Hillebrand (B)	JB Motorsport	Dallara F399-Opel Spiess	1m35.464s	18a	14 laps
R	Antonio Pizzonia (BR)	Manor Motorsport	Dallara F399-Mugen-Honda	1m34.441s	11a	13 Laps
R	Gianmaria Bruni (I)	Fortec Motorsport	Dallara F300-Mugen-Honda	1m33.431s	3b	12 Laps
R	Peter Sundberg (SE)	Team Kolles	Dallara F399-Mugen-Honda	1m34.224s	10b	0 laps
R	Yannick Schroeder (F)	Promatecme	Dallara F399-Renault Sodemo	1m33.565s	1a	0 laps
DNS	Romain Dumas (F)	La Filier	Martini Mk79-Opel Spiess	1m35.548s	17b	
DNS	Luca Iannaccone (I)	Uboldi Corse	Dallara F399-Fiat	1m41.557s	20a	

Fastest lap : Cochet 1m35.553s 162.004km/h

Macau Grand Prix   Circuito Da Guia

30laps - 183.600km   November 19

Pos	Driver (Nationality)	Team	Chassis/Engine	Qual	Grid	Result
1	Andre Couto (MAC)	Opel Team BSR	Dallara F399-Opel Spiess	2m13.914s	6	30laps
2	Paulo Montin (I)	Target Racing	Dallara F399-Opel Spiess	2m14.057s	9	30laps
3	Ryo Fukuda (J)	LD Autosport	Dallara F399-Renault Sodemo	2m13.262s	3	30laps
4	Pierre Kaffer (GER)	Team HMS	Dallara F399-Opel Spiess	2m13.428s	4	30laps
5	Enrico Taccacelo (I)	Prema Power	Dallara F300-Opel Spiess	2m14.056s	8	30laps
6	Tomas Scheckter (ZA)	Swiss Racing Team	Dallara F399-Opel Spiess	2m14.505s	14	30laps
7	Ben Collins (GB)	RC Motorstort	Dallara F300-Opel Spiess	2m14.731s	16	30laps
8	Andy Priaulx (GB)	Lucozade Motorsport Team	Dallara F300-Mugen-Honda	2m14.487s	13	30laps
9	Tiago Monteiro (BR)	ASM Elf	Dallara F399-Renault Sodemo	2m14.475s	12	30laps
10	Patrick Friesacher (A)	Opel Team BSR	Dallara F399-Opel Spiess	2m14.624s	7	30laps
11	Jonathan Cochet (F)	Signature Elf	Dallara F399-Renault Sodemo	2m14.379s	11	30laps
12	Peter Sundberg (SE)	Prema Power	Dallara F300-Opel Spiess	2m14.566s	15	30laps
13	Lee Ying Kin (CHN)	Fortec Motorsport	Dallara F300-Mugen-Honda	2m19.934s	27	30laps
14	Zsolt Baumgartner (HU)	GM Motorsport	Dallara F399-Opel Spiess	2m16.688s	26	30laps
15	Shinichi Takagi (J)	Inging	Dallara F399-Toyota TOM's	2m15.212s	21	30laps
16	Lei Kit Meng (MAC)	Lucozade Motorsport Team	Dallara F300-Mugen-Honda	2m22.318s	28	29laps
17	Seiji Ara (J)	Toda Racing	Dallara F300-Mugen-Honda	2m14.839s	18	29laps
18	Jo Merszei (MAC)	Team HMS	Dallara F399-Opel Spiess	2m23.836s	29	29laps
19	Mathieu Zangarelli (F)	Signature ELF	Dallara F399-Renault Sodemo	2m13.655s	5	29laps
20	Toshihiro Kaneishi (J)	GM Motorsport	Dallara F399-Opel Spiess	2m15.668s	22	29laps
R	Robert Lechner (A)	TOMs	Dallara F399-Toyota TOM's	2m15.982s	23	26laps
R	Haruki Kurosawa	TOMs	Dallara F399-Toyota TOM's	2m14.846s	19	23laps
R	Yuji Ide (J)	Skill Speed	Dallara F300-Mugen-Honda	2m16.098s	25	23laps
R	Alex Yoong (MAS)	Swiss Racing Team	Dallara F399-Opel Spiess	2m14.816s	17	21laps
R	Milos Pavlovic (YU)	RC Motorstort	Dallara F300-Opel Spiess	2m16.041s	24	20laps
R	Sebastien Philippe (F)	Signature Elf	Dallara F399-Renault Sodemo	2m15.172s	20	19laps
R	Gianmaria Bruni (I)	Fortec Motorsport	Dallara F300-Mugen-Honda	2m14.276s	10	16laps
R	Narain Karthikeyan (IND)	Carlin Motorsport	Dallara F300-Mugen-Honda	2m12.887s	1	15laps
R	**Takuma Sato** (J)	Carlin Motorsport	Dallara F300-Mugen-Honda	2m13.146s	2	15laps

Fastest lap : Karthikeyan 2m13.253s 165.340km/h

Korean Super Prix   Changwon Circuit

25laps - 47.2800miles   November 26

Pos	Driver (Nationality)	Team	Chassis/Engine	Qual	Grid	Result
1	Narain Karthikeyan (IND)	Carlin Motorsport	Dallara F300-Mugen-Honda	1m10.491s	1a	30m05.899s
2	Tiago Monteiro (BR)	ASM Elf	Dallara F300-Renault Sodemo	1m10.497s	1b	30m08.795s
3	Gianmaria Bruni (I)	Fortec Motorsport	Dallara F300-Mugen-Honda	1m10.782s	3a	30m17.682s
4	Patrick Friesacher (A)	Opel Team BSR	Dallara F399-Opel Spiess	1m10.974s	6a	30m22.117s
5	Peter Sundberg (SE)	Prema Power	Dallara F300-Opel Spiess	1m10.818s	4b	30m25.749s
6	Andre Couto (MAC)	Opel Team BSR	Dallara F399-Opel Spiess	1m11.768s	9b	30m29.393s
7	Tomas Scheckter (ZA)	Swiss Racing Team	Dallara F399-Opel Spiess	1m11.347s	6b	30m30.092s
8	**Takuma Sato** (J)	Carlin Motorsport	Dallara F300-Mugen-Honda	1m10.624s	3b	30m30.644s
9	Sebastien Philippe (F)	Signature Elf	Dallara F399-Renault Sodemo	1m10.664s	2a	30m32.729s
10	Enrico Taccacelo (I)	Prema Power	Dallara F300-Opel Spiess	1m11.505s	11a	30m32.909s
11	Shinichi Takagi (J)	Inging	Dallara F399-Toyota TOM's	1m11.984s	11b	30m41.190s
12	Yuji Ide (J)	Skill Speed	Dallara F399-Mugen-Honda	1m11.759s	13a	30m52.239s
13	Pierre Kaffer (D)	Team HMS	Dallara F300-Opel Spiess	1m11.608s	12a	30m52.619s
14	Haruki Kurosawa (J)	TOMs	Dallara F300-Toyota TOM's	1m12.201s	12b	30m54.985s
15	Andy Priaulx (GB)	Lucozade Motorsport Team	Dallara F300-Mugen-Honda	1m11.153s	5b	30m55.715s
16	Paulo Montin (I)	Target Racing	Dallara F300-Opel Spiess	1m10.815s	5a	30m56.402s
17	Mathieu Zangarelli (F)	Signature Elf	Dallara F399-Renault Sodemo	1m11.104s	7a	30m56.727s
18	Lee Ying Kin (CHN)	Fortec Motorsport	Dallara F300-Mugen-Honda	1m12.707s	14b	31m01.025s
19	Jeroen Bleekemolen (HOL)	GM Motorsport	Dallara F300-Opel Spiess	1m12.976s	15b	31m01.660s
20	Alex Yoong (MAS)	Swiss Racing Team	Dallara F399-Opel Spiess	1m11.475s	10a	31m01.952s
21	Ryo Fukuda (J)	Ryo Fukuda	Dallara F399-Renault Sodemo	1m10.808s	4a	-1 lap
R	Toshihiro Kaneishi (J)	GM Motorsport	Dallara F399-Opel Spiess	1m11.677s	8b	22 laps
R	Jonathan Cochet (F)	Signature Elf	Dallara F399-Renault Sodemo	1m10.598s	2b	7 laps
R	Ben Collins (GB)	RC Motorstort	Dallara F300-Opel Spiess	1m11.117s	8a	1 lap
R	Seiji Ara (J)	Toda Racing	Dallara F300-Mugen-Honda	1m11.903s	10b	0 laps

Fastest lap : Bruni 1m11.277s 95.53mph

2001 Results

British Formula 3 Chanmpionship Round 1 Silverstone

Race 1 / 16 laps - 35.984 miles April 1

Pos	Driver (Nationality)	Team	Chassis/Engine	Qual	Grid	Result
1	James Courtney (AUS)	Jaguar Racing F3	Dallara F301 Mugen-Honda	1m26.926s	2	20m38.613s
2	Andy Priaulx (GB)	Alan Docking Racing	Dallara F301 Mugen-Honda	1m27.044s	5	20m43.223s
3	Derek Hayes (GB)	Manor Motorsport	Dallara F301 Mugen-Honda	1m27.525s	9	20m45.052s
4	Paul Edwards (USA)	Alan Docking Racing	Dallara F301 Mugen-Honda	1m27.027s	4	20m51.212s
5	Gianmaria Bruni (I)	Fortec Renault	Dallara F301 Renault Sodemo	1m27.951s	11	20m51.592s
6	Matt Davies (GB)	Team Avanti	Dallara F301 Opel Spiess	1m28.090s	13	20m52.216s
7	Anthony Davidson (GB)	Carlin Motorsport	Dallara F301 Mugen-Honda	1m27.197s	7	20m53.171s
8	Nicolas Kiesa (DEN)	RC Motorsport Prost	Dallara F301 Opel Spiess	1m27.999s	12	20m57.385s
9	Martin O'Connell (GB)	Team Avanti	Dallara F301 Opel Spiess	1m28.362s	15	21m01.789s
10	Atsushi Katsumata (J)	Promatecme UK	Dallara F301 Mugen-Honda	1m28.831s	17	21m02.338s
11	Jeffrey Jones (USA)	Manor Motorsport	Dallara F301 Mugen-Honda	1m27.113s	6	21m07.132s
12	**Takuma Sato (J)**	Carlin Motorsport	Dallara F301 Mugen-Honda	1m26.932s	3	21m07.652s
13	Rob Austin (GB)	Alain Menu Motorsport	Dallara F301 Renault Sodemo	1m28.292s	14	21m08.619s
14	Mark Taylor (GB)	Manor Motorsport	Dallara F301 Mugen-Honda	1m27.287s	8	21m08.929s
15 (S)	Matthew Gilmore (GB)	Performance Racing	Dallara F398 Opel Spiess	1m29.535s	21	21m17.049s
16	Alex Gurney (USA)	Fortec Renault	Dallara F301 Renault Sodemo	1m28.960s	18	21m17.494s
17 (S)	Michael Keohane (IRL)	Meritus Racing	Dallara F398 Toyota	1m30.715s	28	21m21.591s
18 (S)	Mark Mayall (GB)	Diamond Racing	Dallara F398 Mugen-Honda	1m29.886s	23	21m22.906s
19 (S)	Ernani Judice (BRA)	Rerker F3	Dallara F398 Mugen-Honda	1m29.758s	22	21m25.685s
20	Tim Spouge (GB)	Alain Menu Motorsport	Dallara F301 Renault Sodemo	1m30.797s	29	21m26.054s
21 (S)	Robert Doornbos (NL)	Fred Goddard Racing	Dallara F398 Renault Sodemo	1m30.175s	25	21m26.893s
22 (S)	Kazuki Hoshino (J)	Carlin Motorsport	Dallara F398 Mugen-Honda	1m29.985s	24	21m28.309s
23 (S)	Stuart King (GBR)	Shift Motorsport	Dallara F398 Opel Spiess	1m30.360s	26	21m32.662s
R	Bruce Jouanny (F)	Promatecme UK	Dallara F301 Mugen-Honda	1m28.536s	16	7 laps
R	Ryan Dalziel (GB)	RC Motorsport Prost	Dallara F301 Opel Spiess	1m28.362s	15	6 laps
R	Andre Lotterer (D)	Jaguar Racing F3	Dallara F301 Mugen-Honda	1m27.664s	10	5 laps
R	Jamie Spence (GB)	Duma Racing	Dallara F301 Mugen-Honda	1m26.530s	1	2 laps
R (S)	Stuart Turvey (GB)	Gatellie International	Dallara F398 Opel Spiess	1m31.802s	33	1 lap

Fastest Lap : Courtney 1m15.937s 106.62mph

スペースの都合により、24位～33位の結果(全てスカラシップクラス)を割愛した

Race 2 / 16 laps - 35.984 miles April 1

Pos	Driver (Nationality)	Team	Chassis/Engine	Qual	Grid	Result
1	Matt Davies (GB)	Team Avanti	Dallara F301 Opel Spiess	1m15.860s	1	20m44.467
2	Gianmaria Bruni (I)	Fortec Renault	Dallara F301 Renault Sodemo	1m15.991s	2	20m44.613
3	Derek Hayes (GB)	Manor Motorsport	Dallara F301 Mugen-Honda	1m16.020s	3	20m46.264
4	**Takuma Sato (J)**	Carlin Motorsport	Dallara F301 Mugen-Honda	1m16.066s	4	20m50.931
5	Andy Priaulx (GB)	Alan Docking Racing	Dallara F301 Mugen-Honda	1m16.404s	7	20m51.910s
6	Martin O'Connell (GB)	Team Avanti	Dallara F301 Opel Spiess	1m16.833s	11	20m55.315s
7	Nicolas Kiesa (DK)	RC Motorsport Prost	Dallara F301 Opel Spiess	1m16.284s	6	20m55.594s
8	James Courtney (AUS)	Jaguar Racing F3	Dallara F301 Mugen-Honda	1m16.082s	5	20m55.908s
9	Andre Lotterer (D)	Jaguar Racing F3	Dallara F301 Mugen-Honda	1m17.080s	13	20m56.578s
10	Mark Taylor (GB)	Manor Motorsport	Dallara F301 Mugen-Honda	1m16.446s	8	20m57.244s
11	Anthony Davidson (GB)	Carlin Motorsport	Dallara F301 Mugen-Honda	1m17.192s	16	20m59.473s
12	Jeffrey Jones (USA)	Manor Motorsport	Dallara F301 Mugen-Honda	1m17.527s	21	21m02.285s
13	Ryan Dalziel (GB)	RC Motorsport Prost	Dallara F301 Opel Spiess	1m16.764s	10	21m05.746s
14	Atsushi Katsumata (J)	Promatecme UK	Dallara F301 Mugen-Honda	1m17.151s	14	21m06.578s
15	Bruce Jouanny (F)	Promatecme UK	Dallara F301 Mugen-Honda	1m16.668s	9	21m08.976s
16	Tim Spouge (GB)	Alain Menu Motorsport	Dallara F301 Renault Sodemo	1m17.408s	19	21m14.834s
17	Rob Austin (GB)	Alain Menu Motorsport	Dallara F301 Mugen-Honda	1m17.159s	15	21m16.555s
18 (S)	Matthew Gilmore (GB)	Performance Racing	Dallara F398 Spiess Opel	1m17.514s	20	21m22.775s
19 (S)	Mark Mayall (GB)	Diamond Racing	Dallara F398 Mugen-Honda	1m18.168s	26	21m24.225s
20 (S)	Adam Blair (GB)	Performance Racing	Dallara F398 Spiess Opel	1m17.972s	24	21m29.536s
R	Alex Gurney (USA)	Fortec Renault	Dallara F301 Renault Sodemo	1m17.193s	17	14 laps
R (S)	Rowland Kinch (GB)	Team Park Motorsport	Dallara F398 Opel Spiess	1m23.446s	38	14 laps
R	Paul Edwards (USA)	Alan Docking Racing	Dallara F301 Mugen-Honda	1m16.886s	12	12 laps
R (S)	Michael Keohane (IRL)	Meritus Racing	Dallara F398 Toyota	1m17.993s	25	5 laps
R (S)	Aaron Scott (GB)	Powan Racing	Dallara F398 Toyota	1m21.014s	37	5 laps
R (S)	Stuart Turvey (GB)	Gatellie International	Dallara F398 Opel Spiess	1m19.424s	32	3 laps
R (S)	Kazuki Hoshino (J)	Carlin Motorsport	Dallara F398 Mugen-Honda	1m17.951s	23	3 laps
R	Jamie Spence (GB)	Duma Racing	Dallara F301 Mugen-Honda	1m17.275s	18	2 laps

Fastest Lap : Bruni 1m16.885s 105.30mph

スペースの都合により、21位～30位の結果(全てスカラシップクラス)を割愛した

British Formula 3 Chanmpionship Round 2

Snetterton

Race 1 / 16 laps - 31.232 miles
April 15

Pos	Driver (Nationality)	Team	Chassis/Engine	Qual	Grid	Result
1	Matt Davies (GB)	Team Avanti	Dallara F301 Opel Spiess	1m02.247s	1	20m01.785s
2	Derek Hayes (GB)	Manor Motorsport	Dallara F301 Mugen-Honda	1m02.281s	2	20m02.052s
3	Gianmaria Bruni (I)	Fortec Renault	Dallara F301 Renault Sodemo	1m02.384s	5	20m03.497s
4	Ryan Dalziel (GB)	RC Motorsport Prost	Dallara F301 Opel Spiess	1m02.667s	7	20m04.830s
5	Nicolas Kiesa (DK)	RC Motorsport Prost	Dallara F301 Opel Spiess	1m02.293s	3	20m05.495s
6	James Courtney (AUS)	Jaguar Racing F3	Dallara F301 Mugen-Honda	1m02.696s	8	20m06.873s
7	Andre Lotterer (D)	Jaguar Racing F3	Dallara F301 Mugen-Honda	1m02.536s	6	20m10.005s
8	Anthony Davidson (GB)	Carlin Motorsport	Dallara F301 Mugen-Honda	1m02.734s	9	20m11.311s
9	Milos Pavlovic (YU)	Team Avanti	Dallara F301 Opel Spiess	1m03.047s	13	20m13.430s
10	Mark Taylor (GB)	Manor Motorsport	Dallara F301 Mugen-Honda	1m02.841s	11	20m13.981s
11	Andy Priaulx (GB)	Alan Docking Racing	Dallara F301 Mugen-Honda	1m02.953s	12	20m14.629s
12	Paul Edwards (USA)	Alan Docking Racing	Dallara F301 Mugen-Honda	1m02.750s	10	20m15.639s
13	Jamie Spence (GB)	Duma Racing	Dallara F301 Mugen-Honda	1m03.390s	17	20m19.600s
14	Jeffrey Jones (USA)	Manor Motorsport	Dallara F301 Mugen-Honda	1m03.122s	14	20m19.965s
15	Alex Gurney (USA)	Fortec Renault	Dallara F301 Renault Sodemo	1m03.286s	16	20m24.023s
16	Rob Austin (GB)	Alain Menu Motorsport	Dallara F301 Renault Sodemo	1m03.241s	15	20m28.122s
17	Atsushi Katsumata (J)	Promatecme UK	Dallara F301 Mugen-Honda	1m03.462s	18	20m29.906s
18	Tim Spouge (GB)	Alain Menu Motorsport	Dallara F301 Renault Sodemo	1m03.802s	21	20m31.832s
19 (S)	Robert Doornbos (NL)	Fred Goddard Racing	Dallara F398 Renault Sodemo	1m04.205s	24	20m39.195s
20 (S)	Matthew Gilmore (GB)	Performance Racing	Dallara F398 Opel Spiess	1m04.117s	23	20m39.611s
21 (S)	Justin Shewood (GB)	Performance Racing	Dallara F398 Opel Spiess	1m04.430s	26	20m40.617s
22 (S)	Stuart King (GB)	Shift Motorsport	Dallara F398 Opel Spiess	1m04.664s	27	20m41.051s
23 (S)	Parthiva Sureshwaren (IND)	ME Motorseport	Dallara F398 Mugen-Honda	1m04.055s	22	20m43.884s
24 (S)	Adam Blair (GB)	Performance Racing	Dallara F398 Opel Spiess	1m04.890s	28	20m44.151s
25 (S)	Peter Nilson (GB)	Meritus Racing	Dallara F398 Toyota	1m05.226s	29	20m50.397s
26 (S)	Shinsuke Yamazaki (J)	Diamond Racing	Dallara F398 Mugen-Honda	1m05.395s	30	-1 lap
27 (S)	Michael Keohane (IRL)	Meritus Racing	Dallara F398 Toyota	1m03.795s	20	-2 laps
R	**Takuma Sato** (J)	Carlin Motorsport	Dallara F301 Mugen-Honda	1m02.340s	4	9 laps
R (S)	Ernani Judice (BRA)	Paker F3	Dallara F398 Mugen-Honda	1m04.214s	25	1 lap
R (S)	Robbie Kerr (GB)	Fred Goddard Racing	Dallara F398 Renault Sodemo	1m03.683s	19	0 laps

Fastest Lap: Dalziel 1m02.720s 112.04mph

Race 2 / 17 laps - 33.184 miles
April 15

Pos	Driver (Nationality)	Team	Chassis/Engine	Qual	Grid	Result
1	Andy Priaulx (GB)	Alan Docking Racing	Dallara F301 Mugen-Honda	1m12.487s	2	20m35.129s
2	**Takuma Sato** (J)	Carlin Motorsport	Dallara F301 Mugen-Honda	1m12.684s	3	20m35.667s
3	Paul Edwards (USA)	Alan Docking Racing	Dallara F301 Mugen-Honda	1m12.415s	1	20m49.342s
4	Derek Hayes (GB)	Manor Motorsport	Dallara F301 Mugen-Honda	1m12.690s	4	20m50.556s
5	Nicolas Kiesa (DK)	RC Motorsport Prost	Dallara F301 Opel Spiess	1m12.861s	5	20m52.502s
6	James Courtney (AUS)	Jaguar Racing F3	Dallara F301 Mugen-Honda	1m12.991s	8	20m52.535s
7	Ryan Dalziel (GB)	RC Motorsport Prost	Dallara F301 Opel Spiess	1m13.071s	11	20m57.692s
8	Matt Davies (GB)	Team Avanti	Dallara F301 Opel Spiess	1m13.424s	14	21m02.159s
9	Andre Lotterer (D)	Jaguar Racing F3	Dallara F301 Mugen-Honda	1m13.598s	16	21m02.651s
10	Gianmaria Bruni (I)	Fortec Renault	Dallara F301 Renault Sodemo	1m13.041s	10	21m04.748s
11	Milos Pavlovic (YU)	Team Avanti	Dallara F301 Opel Spiess	1m12.870s	6	21m12.162s
12	Alex Gurney (USA)	Fortec Renault	Dallara F301 Renault Sodemo	1m12.956s	7	21m12.960s
13	Anthony Davidson (GB)	Carlin Motorsport	Dallara F301 Mugen-Honda	1m13.180s	12	21m13.073s
14	Bruce Jouanny (F)	Promatecme UK	Dallara F301 Mugen-Honda	1m13.917s	19	21m20.040s
15 (S)	Robbie Kerr (GB)	Fred Goddard Racing	Dallara F398 Renault Sodemo	1m13.393s	13	21m21.397s
16	Jeffrey Jones (USA)	Manor Motorsport	Dallara F301 Mugen-Honda	1m13.907s	18	21m22.545s
17	Atsushi Katsumata (J)	Promatecme UK	Dallara F301 Mugen-Honda	1m13.522s	15	21m22.727s
18	Jamie Spence (GB)	Duma Racing	Dallara F301 Mugen-Honda	1m13.746s	17	21m24.113s
19	Rob Austin (GB)	Alain Menu Motorsport	Dallara F301 Renault Sodemo	1m14.372s	22	21m31.999s
20 (S)	Adam Blair (GB)	Performance Racing	Dallara F398 Opel Spiess	1m14.542s	23	21m40.141s
21 (S)	Matthew Gilmore (GB)	Performance Racing	Dallara F398 Opel Spiess	1m15.083s	25	21m40.504s
22 (S)	Kazuki Hoshino (J)	Carlin Motorsport	Dallara F398 Mugen-Honda	1m15.450s	26	21m41.335s
23 (S)	Mark Mayall (GB)	Diamond Racing	Dallara F398 Mugen-Honda	1m15.630s	28	21m41.624s
24 (S)	Michael Keohane (IRL)	Meritus Racing	Dallara F398 Toyota	1m14.217s	20	21m43.602s
25 (S)	Ernani Judice (BRA)	Paker F3	Dallara F398 Mugen-Honda	1m14.740s	24	-1 lap
26 (S)	Justin Shewood (GB)	Performance Racing	Dallara F398 Opel Spiess	1m15.791s	29	-1 lap
R (S)	Stuart King (GB)	Shift Motorsport	Dallara F398 Opel Spiess	1m16.168s	31	10 laps
R	Mark Taylor (GB)	Manor Motorsport	Dallara F301 Mugen-Honda	1m13.012s	9	3 laps
R (S)	Robert Doornbos (NL)	Fred Goddard Racing	Dallara F398 Renault Sodemo	1m15.492s	27	2 laps
R (S)	Parthiva Sureshwaren (IND)	ME Motorseport	Dallara F398 Mugen-Honda	1m14.308s	21	0 laps

Fastest Lap : Sato 1m11.232s 98.65mph

British Formula 3 Chanmpionship Round 3 — Donigton Park

Race 1 / 13 laps - 32.500 miles — April 29

Pos	Driver (Nationality)	Team	Chassis/Engine	Qual	Grid	Result
1	**Takuma Sato (J)**	Carlin Motorsport	Dallara F301 Mugen-Honda	1m29.076s	2	20m12.152s
2	Andre Lotterer (D)	Jaguar Racing F3	Dallara F301 Mugen-Honda	1m28.853s	1	20m13.556s
3	Gianmaria Bruni (I)	Fortec Renault	Dallara F301 Renault Sodemo	1m29.279s	4	20m17.088s
4	Derek Hayes (GB)	Manor Motorsport	Dallara F301 Mugen-Honda	1m29.180s	3	20m20.632s
5	Paul Edwards (USA)	Alan Docking Racing	Dallara F301 Mugen-Honda	1m29.395s	6	20m21.585s
6	Jeffrey Jones (USA)	Manor Motorsport	Dallara F301 Mugen-Honda	1m29.428s	8	20m23.321s
7	James Courtney (AUS)	Jaguar Racing F3	Dallara F301 Mugen-Honda	1m29.594s	11	20m24.635s
8	Anthony Davidson (GB)	Carlin Motorsport	Dallara F301 Mugen-Honda	1m29.422s	7	20m25.896s
9	Jamie Spence (GB)	Duma Racing	Dallara F301 Mugen-Honda	1m29.317s	5	20m25.974s
10	Ryan Dalziel (GB)	RC Motorsport Prost	Dallara F301 Opel Spiess	1m29.528s	9	20m27.928s
11	Andy Priaulx (GB)	Alan Docking Racing	Dallara F301 Mugen-Honda	1m29.887s	14	20m28.467s
12	Matt Davies (GB)	Team Avanti	Dallara F301 Opel Spiess	1m29.571s	10	20m30.978s
13	Mark Taylor (GB)	Manor Motorsport	Dallara F301 Mugen-Honda	1m29.903s	15	20m31.166s
14	Milos Pavlovic (YU)	Team Avanti	Dallara F301 Opel Spiess	1m29.847s	13	20m32.609s
15	Rob Austin (GB)	Alan Menu Motorsport	Dallara F301 Renault Sodemo	1m30.283s	17	20m36.274s
16	Nicolas Kiesa (DK)	RC Motorsport Prost	Dallara F301 Opel Spiess	1m29.743s	12	20m36.403s
17	Alex Gurney (USA)	Fortec Renault	Dallara F301 Renault Sodemo	1m30.380s	18	20m40.478s
18	Atsushi Katsumata (J)	Promatecme UK	Dallara F301 Mugen-Honda	1m31.130s	20	20m42.922s
19(S)	Michael Keohane (IRL)	Meritus Racing	Dallara F398 Toyota	1m31.666s	24	20m46.371s
20(S)	Mark Mayall (GB)	Diamond Racing	Dallara F398 Mugen-Honda	1m31.925s	26	20m55.147s
21(S)	Justin Sherwood (GB)	Performance Racing	Dallara F398 Opel Spiess	1m32.103s	28	20m58.145s
22(S)	Peter Nilson (GB)	Meritus Racing	Dallara F398 Toyota	1m32.470s	31	20m59.167s
23(S)	Matthew Gilmore (GB)	Performance Racing	Dallara F398 Opel Spiess	1m32.362s	30	20m59.465s
24(S)	Kazuki Hoshino (J)	Carlin Motorsport	Dallara F398 Mugen-Honda	1m32.695s	33	21m01.885s
25(S)	Shinsuke Yamazaki (J)	Diamond Racing	Dallara F398 Mugen-Honda	1m33.367s	34	21m15.180s
R(S)	Robbie Kerr (GB)	Fred Goddard Racing	Dallara F398 Renault Sodemo	1m31.389s	22	11 laps
R(S)	Adam Blair (GB)	Performance Racing	Dallara F398 Opel Spiess	1m32.149s	29	1 laps
R(S)	Stuart King (GB)	Shift Motorseport	Dallara F398 Opel Spiess	1m31.921s	25	0 laps
R(S)	Ernani Judice (BRA)	Paker F3	Dallara F398 Mugen-Honda	1m30.936s	19	0 laps
R(S)	Parthiva Sureshwaren (IND)	ME Motorseport	Dallara F398 Mugen-Honda	1m32.014s	27	0 laps
R(S)	Robert Doornbos (NL)	Fred Goddard Racing	Dallara F398 Renault Sodemo	1m31.322s	21	0 laps

Fastest Lap : Lotterer 1m28.553s 101.63mph

Race 2 / 14 laps - 35.000 miles — April 29

Pos	Driver (Nationality)	Team	Chassis/Engine	Qual	Grid	Result
1	Andre Lotterer (D)	Jaguar Racing F3	Dallara F301 Mugen-Honda	1m28.460s	1	20m52.182s
2	James Courtney (AUS)	Jaguar Racing F3	Dallara F301 Mugen-Honda	1m29.003s	6	20m56.702s
3	Derek Hayes (GB)	Manor Motorsport	Dallara F301 Mugen-Honda	1m28.805s	4	20m58.330s
4	Andy Priaulx (GB)	Alan Docking Racing	Dallara F301 Mugen-Honda	1m29.074s	9	21m01.822s
5	Ryan Dalziel (GB)	RC Motorsport Prost	Dallara F301 Opel Spiess	1m29.053s	7	21m06.650s
6	Gianmaria Bruni (I)	Fortec Renault	Dallara F301 Renault Sodemo	1m29.159s	10	21m07.176s
7	Jeffrey Jones (USA)	Manor Motorsport	Dallara F301 Mugen-Honda	1m29.242s	12	21m08.462s
8	Rob Austin (GB)	Alain Menu Motorsport	Dallara F301 Renault Sodemo	1m29.865s	18	21m17.773s
9	Alex Gurney (USA)	Fortec Renault	Dallara F301 Renault Sodemo	1m29.439s	17	21m19.143s
10	Tim Spouge (GB)	Alain Menu Motorsport	Dallara F301 Renault Sodemo	1m30.238s	20	21m29.653s
11	Paul Edwards (USA)	Alan Docking Racing	Dallara F301 Mugen-Honda	1m29.324s	15	21m30.463s
12 (S)	Robbie Kerr (GB)	Fred Goddard Racing	Dallara F398 Renault Sodemo	1m30.275s	22	21m34.269s
13 (S)	Michael Keohane (IRL)	Meritus Racing	Dallara F398 Toyota	1m30.340s	23	21m36.936s
14 (S)	Matthew Gilmore (GB)	Performance Racing	Dallara F398 Opel Spiess	1m30.207s	19	21m37.326s
15	Bruce Journy (F)	Promatecme UK	Dallara F301 Mugen-Honda	1m29.244s	13	21m37.985s
16 (S)	Adam Blair (GB)	Performance Racing	Dallara F398 Opel Spiess	1m31.221s	28	21m45.479s
17 (S)	Justin Sherwood (GB)	Performance Racing	Dallara F398 Opel Spiess	1m30.712s	24	21m47.257s
18 (S)	Robert Doornbos (NL)	Fred Goddard Racing	Dallara F398 Renault Sodemo	1m30.928s	25	21m48.158s
19 (S)	Mark Mayall (GB)	Diamond Racing	Dallara F398 Mugen-Honda	1m31.008s	26	21m51.748s
20 (S)	Parthiva Sureshwaren (IND)	ME Motorseport	Dallara F398 Mugen-Honda	1m31.210s	27	21m53.448s
21 (S)	Stuart King (GB)	Shift Motorseport	Dallara F398 Opel Spiess	1m31.468s	29	21m53.563s
22	Atsushi Katsumata (J)	Promatecme UK	Dallara F301 Mugen-Honda	1m30.247s	21	21m53.830s
23 (S)	Aaron Scott (GB)	Powan Racing	Dallara F398 Toyota	1m31.953s	30	22m01.252s
24 (S)	Peter Nilsson (GB)	Meritus Racing	Dallara F398 Toyota	1m32.375s	31	22m03.506s
25 (S)	Shinsuke Yamazaki (J)	Diamond Racing	Dallara F398 Mugen-Honda	1m32.610s	32	22m03.906s
R	Milos Pavlovic (YU)	Team Avanti	Dallara F301 Opel Spiess	1m29.295s	14	12 laps
R	Mark Taylor (GB)	Manor Motorsport	Dallara F301 Mugen-Honda	1m29.179s	11	11 laps
R	Nicolas Kiesa (DK)	RC Motorsport Prost	Dallara F301 Opel Spiess	1m29.070s	8	3 laps
R	Jamie Spence (GB)	Duma Racing	Dallara F301 Mugen-Honda	1m29.426s	16	3 laps
R	**Takuma Sato (J)**	Carlin Motorsport	Dallara F301 Mugen-Honda	1m28.642s	3	1 lap
R	Matt Davies (GB)	Team Avanti	Dallara F301 Opel Spiess	1m28.636s	2	1 lap
R	Anthony Davidson (GB)	Carlin Motorsport	Dallara F301 Mugen-Honda	1m28.864s	5	0 laps

Fastest Lap : Taylor 1m28.816s 101.33mph

British Formula 3 Chanmpionship Round 4 — Oulton Park

Race 1 / 12 laps - 33.300 miles
May 7

Pos	Driver (Nationality)	Team	Chassis/Engine	Qual	Grid	Result
1	**Takuma Sato** (J)	Carlin Motorsport	Dallara F301 Mugen-Honda	1m29.681s	1	18m18.690s
2	Gianmaria Bruni (I)	Fortec Renault	Dallara F301 Renault Sodemo	1m30.229s	6	18m21.079s
3	Anthony Davidson (GB)	Carlin Motorsport	Dallara F301 Mugen-Honda	1m29.697s	2	18m21.494s
4	Matt Davies (GB)	Team Avanti	Dallara F301 Opel Spiess	1m30.108s	5	18m22.566s
5	Bruce Jouanny (F)	Promatecme UK	Dallara F301 Mugen-Honda	1m30.452s	8	18m24.344s
6	Andy Priaulx (GB)	Alan Docking Racing	Dallara F301 Mugen-Honda	1m30.477s	9	18m26.361s
7	James Courtney (AUS)	Jaguar Racing F3	Dallara F301 Mugen-Honda	1m30.786s	15	18m26.942s
8	Derek Hayes (GB)	Manor Motorsport	Dallara F301 Mugen-Honda	1m29.751s	3	18m27.188s
9	Mark Taylor (GB)	Manor Motorsport	Dallara F301 Mugen-Honda	1m30.543s	10	18m28.121s
10	Milos Pavlovic (YU)	Team Avanti	Dallara F301 Opel Spiess	1m30.556s	11	18m29.217s
11	Jamie Spence (GB)	Duma Racing	Dallara F301 Mugen-Honda	1m30.738s	14	18m29.862s
12	Ryan Dalziel (GB)	RC Motorsport Prost	Dallara F301 Opel Spiess	1m30.666s	13	18m30.498s
13	Nicolas Kiesa (DK)	RC Motorsport Prost	Dallara F301 Opel Spiess	1m30.236s	7	18m35.180s
14	Alex Gurney (USA)	Fortec Renault	Dallara F301 Renault Sodemo	1m31.140s	17	18m38.123s
15	Rob Austin (GB)	Alain Menu Motorsport	Dallara F301 Renault Sodemo	1m31.288s	19	18m44.950s
16 (S)	Robbie Kerr (GB)	Fred Goddard Racing	Dallara F398 Mugen-Honda	1m31.860s	20	18m49.666s
17	Tim Spouge (GB)	Alain Menu Motorsport	Dallara F301 Renault Sodemo	1m32.012s	22	18m50.098s
18 (S)	Kazuki Hoshino (J)	Carlin Motorsport	Dallara F398 Mugen-Honda	1m31.895s	21	18m56.509s
19 (S)	Robert Doornbos (NL)	Fred Goddard Racing	Dallara F398 Mugen-Honda	1m32.760s	26	18m59.377s
20 (S)	Matthew Gilmore (GB)	Performance Racing	Dallara F398 Opel Spiess	1m32.927s	28	19m07.303s
21 (S)	Mark Mayall (GB)	Diamond Racing	Dallara F398 Mugen-Honda	1m32.290s	24	19m12.834s
22 (S)	Aaron Scott (GB)	Powan Racing	Dallara F398 Toyota	1m34.233s	32	19m13.547s
23 (S)	Parthiva Sureshwaren (IND)	ME Motorseport	Dallara F398 Mugen-Honda	1m32.804s	27	19m17.135s
24 (S)	Michael Keohane (IRL)	Meritus Racing	Dallara F398 Toyota	1m32.134s	23	-2 laps
R	Atsushi Katsumata (J)	Promatecme UK	Dallara F301 Mugen-Honda	1m31.185s	18	7 laps
R (S)	Justin Sherwood (GB)	Performance Racing	Dallara F398 Opel Spiess	1m33.580s	30	7 laps
R	Jeffrey Jones (USA)	Manor Motorsport	Dallara F301 Mugen-Honda	1m31.023s	16	1 lap
R	Andre Lotterer (D)	Jaguar Racing F3	Dallara F301 Mugen-Honda	1m30.085s	4	0 laps

Fastest Lap : Sato 1m30.707s 110.13mph

Race 2 / 15 laps - 41.625 miles
May 7

Pos	Driver (Nationality)	Team	Chassis/Engine	Qual	Grid	Result
1	**Takuma Sato** (J)	Carlin Motorsport	Dallara F301 Mugen-Honda	1m29.899s	4	25m34.365s
2	Matt Davies (GB)	Team Avanti	Dallara F301 Opel Spiess	1m29.692s	2	25m37.766s
3	Anthony Davidson (GB)	Carlin Motorsport	Dallara F301 Mugen-Honda	1m29.580s	1	25m38.108s
4	Derek Hayes (GBR)	Manor Motorsport	Dallara F301 Mugen-Honda	1m29.736s	3	25m38.771s
5	Jamie Spence (GB)	Duma Racing	Dallara F301 Mugen-Honda	1m29.925s	5	25m39.985s
6	Andy Priaulx (GB)	Alan Docking Racing	Dallara F301 Mugen-Honda	1m30.253s	10	25m43.415s
7	Milos Pavlovic (YU)	Team Avanti	Dallara F301 Opel Spiess	1m30.020s	7	25m44.108s
8	Nicolas Kiesa (DK)	RC Motorsport Prost	Dallara F301 Opel Spiess	1m30.006s	6	25m44.405s
9	Gianmaria Bruni (I)	Fortec Motorsport	Dallara F301 Renault Sodemo	1m30.281s	11	25m46.808s
10	Mark Taylor (GB)	Manor Motorsport	Dallara F301 Mugen-Honda	1m30.186s	9	25m47.473s
11	Paul Edwards (USA)	Alan Docking Racing	Dallara F301 Mugen-Honda	1m30.400s	13	25m48.254s
12	Ryan Dalziel (GB)	RC Motorsport Prost	Dallara F301 Opel Spiess	1m30.427s	14	25m50.079s
13	Alex Gurney (USA)	Fortec Renault	Dallara F301 Renault Sodemo	1m30.885s	19	26m00.352s
14	Jeffrey Jones (USA)	Manor Motorsport	Dallara F301 Mugen-Honda	1m30.611s	15	26m00.759s
15	Atsushi Katsumata (J)	Promatecme UK	Dallara F301 Mugen-Honda	1m30.806s	18	26m06.421s
16	Andre Lotterer (D)	Jaguar Racing F3	Dallara F301 Mugen-Honda	1m30.075s	8	26m06.638s
17 (S)	Michael Keohane (IRL)	Meritus Racing	Dallara F398 Toyota	1m31.925s	22	26m09.183s
18 (S)	Kazuki Hoshino (J)	Carlin Motorsport	Dallara F398 Mugen-Honda	1m32.212s	24	26m14.719s
19 (S)	Mark Mayall (GB)	Diamond Racing	Dallara F398 Mugen-Honda	1m32.239s	26	26m16.774s
20 (S)	Matthew Gilmore (GB)	Performance Racing	Dallara F398 Opel Spiess	1m32.221s	25	26m18.017s
21	Rob Austin (GB)	Alain Menu Motorsport	Dallara F301 Renault Sodemo	1m30.688s	16	26m21.453s
22 (S)	Robert Doornbos (NL)	Fred Goddard Racing	Dallara F398 Renault Sodemo	1m32.303s	27	26m22.296s
23 (S)	Parthiva Sureshwaren (IND)	ME Motorseport	Dallara F398 Mugen-Honda	1m32.402s	28	26m26.331s
24 (S)	Justin Sherwood (GB)	Performance Racing	Dallara F398 Opel Spiess	1m33.295s	30	26m26.929s
25 (S)	Ernani Judice (BRA)	Paker F3	Dallara F398 Mugen-Honda	1m32.059s	23	26m27.270s
26 (S)	Harold Primat (F)	Diamond Racing	Dallara F398 Mugen-Honda	1m33.570s	31	26m46.602s
27 (S)	Peter Nilsson (GB)	Meritus Racing	Dallara F398 Toyota	1m34.843s	33	26m49.609s
28 (S)	Aaron Scott (GB)	Powan Racing	Dallara F398 Toyota	1m33.838s	32	-1 lap
R	James Courtney (AUS)	Jaguar Racing F3	Dallara F301 Mugen-Honda	1m30.764s	17	6 laps
R	Bruce Jouanny (F)	Promatecme UK	Dallara F301 Mugen-Honda	1m30.359s	12	4 laps
R	Tim Spouge (GB)	Alain Menu Motorsport	Dallara F301 Renault Sodemo	1m31.211s	20	0 laps

Fastest Lap : Sato 1m30.157s 110.80mph

British Formula 3 Channmpionship Round 5 — Croft

Race 1 / 18 laps - 38.286 miles — May 28

Pos	Driver (Nationality)	Team	Chassis/Engine	Qual	Grid	Result
1	Anthony Davidson (GB)	Carlin Motorsport	Dallara F301 Mugen-Honda	1m14.712s	3	24m39.475s
2	Andy Priaulx (GB)	Alan Docking Racing	Dallara F301 Mugen-Honda	1m14.787s	4	24m43.346s
3	James Courtney (AUS)	Jaguar Racing F3	Dallara F301 Mugen-Honda	1m14.828s	5	24m45.716s
4	Nicolas Kiesa (DK)	RC Motorsport Prost	Dallara F301 Opel Spiess	1m15.198s	10	24m46.907s
5	Jeffrey Jones (USA)	Manor Motorsport	Dallara F301 Mugen-Honda	1m15.035s	7	24m48.884s
6	Andre Lotterer (D)	Jaguar Racing F3	Dallara F301 Mugen-Honda	1m15.211s	12	24m49.529s
7	Paul Edwards (USA)	Alan Docking Racing	Dallara F301 Mugen-Honda	1m15.794s	17	24m51.426s
8	Matt Davies (GB)	Team Avanti	Dallara F301 Opel Spiess	1m15.201s	11	24m51.779s
9	Alex Gurney (USA)	Fortec Renault	Dallara F301 Renault Sodemo	1m15.455s	16	24m52.754s
10	Ryan Dalziel (GB)	RC Motorsport Prost	Dallara F301 Opel Spiess	1m15.388s	14	24m58.310s
11	Milos Pavlovic (YU)	Team Avanti	Dallara F301 Opel Spiess	1m15.258s	13	25m04.317s
12 (S)	Mark Mayall (GB)	Diamond Racing	Dallara F398 Mugen-Honda	1m16.695s	24	25m06.874s
13 (S)	Adam Blair (GB)	Performance Racing	Dallara F398 Opel Spiess	1m16.679s	23	25m13.260s
14 (S)	Matthew Gilmore (GB)	Performance Racing	Dallara F398 Opel Spiess	1m16.476s	21	25m13.750s
15 (S)	Justin Sherwood (GB)	Performance Racing	Dallara F398 Opel Spiess	1m16.948s	27	25m15.348s
16 (S)	Michael Keohane (IRL)	Meritus Racing	Dallara F398 Toyota	1m16.620s	22	25m15.692s
17 (S)	Ernani Judice (BRA)	Paker F3	Dallara F398 Mugen-Honda	1m17.448s	30	25m16.136s
18 (S)	Robbie Kerr (GB)	Fred Goddard Racing	Dallara F398 Renault Sodemo	1m16.139s	20	25m16.410s
19 (S)	Parthiva Sureshwaren (IND)	ME Motorseport	Dallara F398 Mugen-Honda	1m17.037s	28	25m28.054s
20 (S)	Aaron Scott (GB)	Powan Racing	Dallara F398 Toyota	1m17.352s	29	25m28.286s
21 (S)	Kazuki Hoshino (J)	Carlin Motorsport	Dallara F398 Mugen-Honda	1m16.784s	25	25m28.892s
R	Bruce Jouanny (F)	Promatecme UK	Dallara F301 Mugen-Honda	1m15.129s	8	17 laps
R	Jamie Spence (GB)	Duma Racing	Dallara F301 Mugen-Honda	1m15.023s	6	15 laps
R (S)	Robert Doornbos (NL)	Fred Goddard Racing	Dallara F398 Renault Sodemo	1m16.874s	26	9 laps
R	Gianmaria Bruni (I)	Fortec Renault	Dallara F301 Renault Sodemo	1m15.137s	9	2 laps
R	Mark Taylor (GB)	Manor Motorsport	Dallara F301 Mugen-Honda	1m15.405s	15	1 lap

Fastest Lap : Davidson 1m15.105s 101.95mph

Race 2 / 12 laps - 25.524 miles — May 28

Pos	Driver (Nationality)	Team	Chassis/Engine	Qual	Grid	Result
1	**Takuma Sato** (J)	Carlin Motorsport	Dallara F301 Mugen-Honda	1m14.402s	3	15m13.885s
2	Jamie Spence (GB)	Duma Racing	Dallara F301 Mugen-Honda	1m14.613s	5	15m18.092s
3	Derek Hayes (GB)	Manor Motorsport	Dallara F301 Mugen-Honda	1m14.258s	1	15m19.087s
4	Nicolas Kiesa (Dk)	RC Motorsport Prost	Dallara F301 Opel Spiess	1m14.646s	6	15m21.546s
5	Gianmaria Bruni (I)	Fortec Renault	Dallara F301 Renault Sodemo	1m14.733s	8	15m22.130s
6	Bruce Jouanny (F)	Promatecme UK	Dallara F301 Mugen-Honda	1m14.721s	7	15m22.716s
7	Andre Lotterer (D)	Jaguar Racing F3	Dallara F301 Mugen-Honda	1m14.977s	15	15m24.677s
8	Matt Davies (GB)	Team Avanti	Dallara F301 Opel Spiess	1m14.941s	13	15m25.598s
9	James Courtney (AUS)	Jaguar Racing F3	Dallara F301 Mugen-Honda	1m14.880s	11	15m26.267s
10	Paul Edwards (USA)	Alan Docking Racing	Dallara F301 Mugen-Honda	1m14.956s	14	15m27.099s
11	Ryan Dalziel (GB)	RC Motorsport Prost	Dallara F301 Opel Spiess	1m15.118s	16	15m30.760s
12	Anthony Davidson (GB)	Carlin Motorsport	Dallara F301 Mugen-Honda	1m14.386s	2	15m31.244s
13	Rob Austin (GB)	Alain Menu Motorsport	Dallara F301 Renault Sodemo	1m15.428s	17	15m35.333s
14 (S)	Robbie Kerr (GB)	Fred Goddard Racing	Dallara F398 Renault Sodemo	1m15.943s	19	15m39.155s
15 (S)	Michael Keohane (IRL)	Meritus Racing	Dallara F398 Toyota	1m16.217s	22	15m40.675s
16 (S)	Ernani Judice (BRA)	Paker F3	Dallara F398 Mugen-Honda	1m16.239s	23	15m42.780s
17 (S)	Robert Doornbos (NL)	Fred Goddard Racing	Dallara F398 Renault Sodemo	1m16.543s	25	15m45.621s
18 (S)	Mark Mayall (GB)	Diamond Racing	Dallara F398 Mugen-Honda	1m16.423s	24	15m46.322s
19 (S)	Parthiva Sureshwaren (IND)	ME Motorsport	Dallara F398 Mugen-Honda	1m16.740s	26	15m58.657s
20 (S)	Justin Sherwood (GB)	Performance Racing	Dallara F398 Opel Spiess	1m16.807s	28	15m58.782s
21 (S)	Aaron Scott (GB)	Powan Racing	Dallara F398 Toyota	1m17.107s	29	16m00.630s
22 (S)	Peter Nilsson (GB)	Meritus Racing	Dallara F398 Toyota	1m17.171s	30	16m11.806s
23 (S)	Matthew Gilmore (GB)	Performance Racing	Dallara F398 Opel Spiess	1m15.965s	21	-2 laps
R (S)	Kazuki Hoshino (J)	Carlin Motorsport	Dallara F398 Mugen-Honda	1m16.787s	27	8 laps
R	Jeffrey Jones (USA)	Manor Motorsport	Dallara F301 Mugen-Honda	1m14.840s	9	3 laps
R	Mark Taylor (GB)	Manor Motorsport	Dallara F301 Mugen-Honda	1m14.890s	12	3 laps
R	Milos Pavlovic (YU)	Team Avanti	Dallara F301 Opel Spiess	1m14.540s	4	0 laps
R	Andy Priaulx (GB)	Alan Docking Racing	Dallara F301 Mugen-Honda	1m14.851s	10	0 laps

Fastest Lap : Sato 1m15.136s 101.91mph

British Formula 3 Chanmpionship Round 6   Rockingham

Race 3 / 13 laps - 33.280 miles   June 10

Pos	Driver (Nationality)	Team	Chassis/Engine	Qual	Grid	Result
1	**Takuma Sato** (J)	Carlin Motorsport	Dallara F301 Mugen-Honda	1m34.110s	2	20m55.935s
2	Andy Priaulx (GB)	Alan Docking Racing	Dallara F301 Mugen-Honda	1m34.766s	6	20m58.926s
3	Derek Hayes (GB)	Manor Motorsport	Dallara F301 Mugen-Honda	1m33.896s	1	20m59.891s
4	Anthony Davidson (GB)	Carlin Motorsport	Dallara F301 Mugen-Honda	1m34.242s	3	21m00.577s
5	Andre Lotterer (D)	Jaguar Racing F3	Dallara F301 Mugen-Honda	1m34.919s	10	21m01.442s
6	James Courtney (AUS)	Jaguar Racing F3	Dallara F301 Mugen-Honda	1m34.766s	7	21m07.850s
7	Bruce Jouanny (F)	Promatecme UK	Dallara F301 Mugen-Honda	1m35.438s	12	21m20.893s
8	Ben Collins (GB)	Alain Menu Motorsport	Dallara F301 Renault Sodemo	1m35.513s	13	21m22.329s
9	Jamie Spence (GB)	Duma Racing	Dallara F301 Mugen-Honda	1m35.540s	15	21m30.398s
10	Matt Davies (GB)	Team Avanti	Dallara F301 Opel Spiess	1m35.004s	11	21m31.117s
11	Paul Edwards (USA)	Alan Docking Racing	Dallara F301 Mugen-Honda	1m34.909s	9	21m31.430s
12	Rob Austin (GB)	Alain Menu Motorsport	Dallara F301 Renault Sodemo	1m35.515s	14	21m32.704s
13 (S)	Robbie Kerr (GB)	Fred Goddard Racing	Dallara F398 Renault Sodemo	1m36.457s	20	21m33.576s
14 (S)	Adam Blair (GB)	Performance Racing	Dallara F398 Opel Spiess	1m37.307s	22	21m34.538s
15 (S)	Michael Keohane (IRL)	Meritus Racing	Dallara F398 Toyota	1m36.706s	21	21m36.253s
16	Atsushi Katsumata (J)	Promatecme UK	Dallara F301 Mugen-Honda	1m37.451s	24	21m42.628s
17	Alex Gurney (USA)	Fortec Renault	Dallara F301 Mugen-Honda	1m36.286s	19	21m46.503s
18 (S)	Ernani Judice (BRA)	Paker F3	Dallara F398 Mugen-Honda	1m35.704s	16	21m50.660s
19 (S)	Robert Doornbos (NL)	Fred Goddard Racing	Dallara F398 Renault Sodemo	1m35.997s	17	21m51.037s
20 (S)	Kazuki Hoshino (J)	Carlin Motorsport	Dallara F398 Mugen-Honda	1m40.467s	29	21m53.752s
21 (S)	Justin Sherwood (GB)	Performance Racing	Dallara F398 Opel Spiess	1m38.698s	27	21m55.143s
22 (S)	Matthew Gilmore (GB)	Performance Racing	Dallara F398 Opel Spiess	1m36.130s	18	21m56.245s
23 (S)	Mark Mayall (GB)	Diamond Racing	Dallara F398 Mugen-Honda	1m37.414s	23	22m00.475s
24 (S)	Aaron Scott (GB)	Powan Racing	Dallara F398 Toyota	1m38.247s	26	22m05.553s
25 (S)	Parthiva Sureshwaren (IND)	ME Motorseport	Dallara F398 Mugen-Honda	1m37.950s	25	22m05.636s
26 (S)	Harold Primat (F)	Diamond Racing	Dallara F398 Mugen-Honda	1m47.808s	31	22m06.318s
27 (S)	Peter Nilsson (GB)	Meritus Racing	Dallara F398 Toyota	1m40.158s	28	22m13.575s
28	Jeffrey Jones (USA)	Manor Motorsport	Dallara F301 Mugen-Honda	1m34.808s	8	-1 lap
R	Mark Taylor (GB)	Manor Motorsport	Dallara F301 Mugen-Honda	1m34.532s	4	7 laps
R	Milos Pavlovic (YU)	Team Avanti	Dallara F301 Opel Spiess	1m34.671s	5	2 laps

Fastest Lap : Sato 1m34.147s 97.88mph

Race 2 / 14 laps - 35.840 miles   June 10

Pos	Driver (Nationality)	Team	Chassis/Engine	Qual	Grid	Result
1	**Takuma Sato** (J)	Carlin Motorsport	Dallara F301 Mugen-Honda	1m33.835s	2	25m31.204s
2	Anthony Davidson (GB)	Carlin Motorsport	Dallara F301 Mugen-Honda	1m33.524s	1	25m32.427s
3	Andre Lotterer (D)	Jaguar Racing F3	Dallara F301 Mugen-Honda	1m33.997s	3	25m33.865s
4	James Courtney (AUS)	Jaguar Racing F3	Dallara F301 Mugen-Honda	1m34.378s	5	25m36.736s
5	Milos Pavlovic (YU)	Team Avanti	Dallara F301 Opel Spiess	1m34.377s	4	25m42.541s
6	Jeffrey Jones (USA)	Manor Motorsport	Dallara F301 Mugen-Honda	1m34.502s	7	25m42.879s
7	Derek Hayes (GB)	Manor Motorsport	Dallara F301 Mugen-Honda	1m34.504s	8	25m43.770s
8	Matt Davies (GB)	Team Avanti	Dallara F301 Opel Spiess	1m34.520s	9	25m45.917s
9	Bruce Jouanny (F)	Promatecme UK	Dallara F301 Mugen-Honda	1m34.784s	13	25m46.673s
10	Andy Priaulx (GB)	Alan Docking Racing	Dallara F301 Mugen-Honda	1m34.856s	14	25m47.591s
11 (S)	Robbie Kerr (GB)	Fred Goddard Racing	Dallara F398 Renault Sodemo	1m35.210s	17	25m56.986s
12 (S)	Michael Keohane (IRL)	Meritus Racing	Dallara F398 Toyota	1m36.269s	24	25m59.932s
13 (S)	Adam Blair (GB)	Performance Racing	Dallara F398 Opel Spiess	1m36.803s	26	26m05.977s
14 (S)	Matthew Gilmore (GB)	Performance Racing	Dallara F398 Opel Spiess	1m36.102s	20	26m07.953s
15 (S)	Ernani Judice (BRA)	Paker F3	Dallara F398 Mugen-Honda	1m35.968s	19	26m08.764s
16	Ben Collins (GB)	Alain Menu Motorsport	Dallara F301 Renault Sodemo	1m35.204s	16	26m08.850s
17 (S)	Robert Doornbos (NL)	Fred Goddard Racing	Dallara F398 Renault Sodemo	1m36.238s	23	26m12.050s
18 (S)	Mark Mayall (GB)	Diamond Racing	Dallara F398 Mugen-Honda	1m36.122s	21	26m18.302s
19 (S)	Parthiva Sureshwaren (IND)	ME Motorseport	Dallara F398 Mugen-Honda	1m36.826s	27	26m21.265s
20 (S)	Justin Sherwood (GB)	Performance Racing	Dallara F398 Opel Spiess	1m36.328s	25	26m21.740s
21 (S)	Aaron Scott (GB)	Powan Racing	Dallara F398 Toyota	1m37.252s	30	26m22.406s
22 (S)	Harold Primat (F)	Diamond Racing	Dallara F398 Mugen-Honda	1m37.656s	31	26m28.694s
23	Rob Austin (GBR)	Alain Menu Motorsport	Dallara F301 Renault Sodemo	1m36.176s	22	-1 lap
R	Atsushi Katsumata (J)	Promatecme UK	Dallara F301 Mugen-Honda	1m35.019s	15	10 laps
R	Gianmaria Bruni (I)	Fortec Renault	Dallara F301 Mugen-Honda	1m34.577s	10	10 laps
R	Nicolas Kiesa (DK)	RC Motorsport Prost	Dallara F301 Opel Spiess	1m34.475s	6	9 laps
R	Paul Edwards (USA)	Alan Docking Racing	Dallara F301 Mugen-Honda	1m34.693s	12	6 laps
R	Mark Taylor (GB)	Manor Motorsport	Dallara F301 Mugen-Honda	1m34.682s	11	5 laps
R (S)	Kazuki Hoshino (J)	Carlin Motorsport	Dallara F398 Mugen-Honda	1m37.151s	29	0 laps
R	Jamie Spence (GB)	Duma Racing	Dallara F301 Mugen-Honda	1m35.275s	18	0 laps

Fastest Lap : Sato 1m33.203s 98.88mph

British Formula 3 Channmpionship Round 7   Castle Combe

Race 1 / 20 laps - 37.000 miles — June 24

Pos	Driver (Nationality)	Team	Chassis/Engine	Qual	Grid	Result
1	Anthony Davidson (GB)	Carlin Motorsport	Dallara F301 Mugen-Honda	59.837s	2	20m22.690s
2	**Takuma Sato** (J)	Carlin Motorsport	Dallara F301 Mugen-Honda	59.587s	1	20m24.555s
3	James Courtney (AUS)	Jaguar Racing F3	Dallara F301 Mugen-Honda	59.964s	4	20m30.314s
4	Derek Hayes (GBR)	Manor Motorsport	Dallara F301 Mugen-Honda	1m00.018s	6	20m33.674s
5	Bruce Jouanny (F)	Promatecme UK	Dallara F301 Mugen-Honda	1m00.122s	7	20m34.623s
6	Andre Lotterer (D)	Jaguar Racing F3	Dallara F301 Mugen-Honda	59.885s	3	20m34.909s
7	Ryan Dalziel (GB)	Dume Racing	Dallara F301 Mugen-Honda	59.998s	5	20m35.626s
8	Gianmaria Bruni (I)	Fortec Renault	Dallara F301 Renault Sodemo	1m00.155s	9	20m36.103s
9	Matt Davies (GB)	Team Avanti	Dallara F301 Opel Spiess	1m00.239s	12	20m38.181s
10	Jamie Spence (GB)	Duma Racing	Dallara F301 Mugen-Honda	1m00.186s	11	20m38.944s
11	Andy Priaulx (GB)	Alan Docking Racing	Dallara F301 Mugen-Honda	1m00.544s	13	20m44.271s
12	Jeffrey Jones (USA)	Manor Motorsport	Dallara F301 Mugen-Honda	1m00.718s	16	20m45.052s
13	Paul Edwards (USA)	Alan Docking Racing	Dallara F301 Mugen-Honda	1m00.560s	14	20m49.048s
14	Rob Austin (GB)	Alain Menu Motorsport	Dallara F301 Renault Sodemo	1m00.608s	15	20m49.571s
15 (S)	Robbie Kerr (GB)	Fred Goddard Racing	Dallara F398 Renault Sodemo	1m01.281s	21	20m54.157s
16	Alex Gurney (USA)	Fortec Renault	Dallara F301 Renault Sodemo	1m00.796s	18	20m54.354s
17	Atsushi Katsumata (J)	Promatecme UK	Dallara F301 Mugen-Honda	1m00.154s	8	20m54.677s
18 (S)	Matthew Gilmore (GB)	Performance Racing	Dallara F398 Opel Spiess	1m01.219s	20	20m57.990s
19 (S)	Robert Doornbos (NL)	Fred Goddard Racing	Dallara F398 Renault Sodemo	1m01.212s	19	20m58.231s
20 (S)	Mark Mayall (GB)	Diamond Racing	Dallara F398 Mugen-Honda	1m01.556s	24	21m16.406s
21 (S)	Kazuki Hoshino (J)	Carlin Motorsport	Dallara F398 Mugen-Honda	1m01.754s	26	21m16.905s
22 (S)	Parthiva Sureshwaren (IND)	ME Motorseport	Dallara F398 Mugen-Honda	1m01.494s	23	21m17.229s
23 (S)	Aaron Scott (GBR)	Powan Racing	Dallara F398 Toyota	1m01.978s	28	21m17.845s
24 (S)	Justin Sherwood (GB)	Performance Racing	Dallara F398 Opel Spiess	1m01.814s	27	21m19.642s
25 (S)	Ernani Judice (BRA)	Paker F3	Dallara F398 Mugen-Honda	1m01.344s	22	-3 laps
R	Mark Taylor (GB)	Manor Motorsport	Dallara F301 Mugen-Honda	1m00.170s	10	16 laps
R (S)	Adam Blair (GB)	Performance Racing	Dallara F398 Opel Spiess	1m02.127s	29	13 laps
R (S)	Michael Keohane (IRL)	Meritus Racing	Dallara F398 Toyota	1m01.616s	25	0 lap

Fastest Lap : Sato 1m00.040s 110.92mph

Race 2 / 23 laps - 42.550 miles — June 24

Pos	Driver (Nationality)	Team	Chassis/Engine	Qual	Grid	Result
1	Anthony Davidson (GB)	Carlin Motorsport	Dallara F301 Mugen-Honda	59.708s	1	25m19.128s
2	**Takuma Sato** (J)	Carlin Motorsport	Dallara F301 Mugen-Honda	59.924s	4	25m21.623s
3	James Courtney (AUS)	Jaguar Racing F3	Dallara F301 Mugen-Honda	59.951s	5	25m27.192s
4	Jamie Spence (GB)	Duma Racing	Dallara F301 Mugen-Honda	59.818s	2	25m32.390s
5	Derek Hayes (GB)	Manor Motorsport	Dallara F301 Mugen-Honda	59.849s	3	25m33.611s
6	Andre Lotterer (D)	Jaguar Racing F3	Dallara F301 Mugen-Honda	59.986s	7	25m34.184s
7	Ryan Dalziel (GB)	Dume Racing	Dallara F301 Mugen-Honda	59.966s	6	25m36.368s
8	Mark Taylor (GB)	Manor Motorsport	Dallara F301 Mugen-Honda	1m00.050s	8	25m38.398s
9	Matt Davies (GB)	Team Avanti	Dallara F301 Opel Spiess	1m00.145s	9	25m40.323s
10	Bruce Jouanny (F)	Promatecme UK	Dallara F301 Mugen-Honda	1m00.347s	10	25m41.016s
11	Gianmaria Bruni (I)	Fortec Renault	Dallara F301 Renault Sodemo	1m00439s	12	25m41.502s
12	Jeffrey Jones (USA)	Manor Motorsport	Dallara F301 Mugen-Honda	1m00.437s	11	25m43.248s
13	Atsushi Katsumata (J)	Promatecme UK	Dallara F301 Mugen-Honda	1m00.597s	13	25m43.577s
14	Andy Priaulx (GB)	Alan Docking Racing	Dallara F301 Mugen-Honda	1m00.604s	14	25m50.319s
15	Rob Austin (GB)	Alain Menu Motorsport	Dallara F301 Renault Sodemo	1m00.804s	17	25m52.563s
16 (S)	Matthew Gilmore (GB)	Performance Racing	Dallara F398 Opel Spiess	1m01.494s	22	25m55.944s
17	Paul Edwards (USA)	Alan Docking Racing	Dallara F301 Mugen-Honda	1m00.610s	15	25m56.386s
18	Alex Gurney (USA)	Fortec Renault	Dallara F301 Renault Sodemo	1m00.931s	18	25m56.607s
19 (S)	Robbie Kerr (GB)	Fred Goddard Racing	Dallara F398 Renault Sodemo	1m00.997s	19	26m00.120s
20 (S)	Justin Sherwood (GB)	Performance Racing	Dallara F398 Opel Spiess	1m01.709s	24	26m06.982s
21 (S)	Mark Mayall (GB)	Diamond Racing	Dallara F398 Mugen-Honda	1m02.159s	29	26m09.698s
22 (S)	Kazuki Hoshino (J)	Carlin Motorsport	Dallara F398 Mugen-Honda	1m01.887s	27	26m10.504s
23 (S)	Parthiva Sureshwaren (IND)	ME Motorseport	Dallara F398 Mugen-Honda	1m01.746s	25	26m13.469s
R (S)	Aaron Scott (GB)	Powan Racing	Dallara F398 Toyota	1m01.782s	26	22 laps
R (S)	Adam Blair (GB)	Performance Racing	Dallara F398 Opel Spiess	1m02.036s	28	10 laps
R (S)	Robert Doornbos (NL)	Fred Goddard Racing	Dallara F398 Renault Sodemo	1m01.501s	23	5 laps
R (S)	Michael Keohane (IRL)	Meritus Racing	Dallara F398 Toyota	1m01.452s	21	1 lap
R (S)	Ernani Judice (BRA)	Paker F3	Dallara F398 Mugen-Honda	1m01.372s	20	1 lap

Fastest Lap : Davidson 59.765s 111.43mph

British Formula 3 Chanmpionship Round 8

Brands Hatch

Race 1 / 18 laps - 47.2104 miles

July 8

Pos	Driver (Nationality)	Team	Chassis/Engine	Qual	Grid	Result
1	Derek Hayes (GB)	Manor Motorsport	Dallara F301 Mugen-Honda	1m18.702s	2	27m53.071s
2	James Courtney (AUS)	Jaguar Racing F3	Dallara F301 Mugen-Honda	1m18.921s	3	27m53.727s
3	Andre Lotterer (D)	Jaguar Racing F3	Dallara F301 Mugen-Honda	1m18.967s	4	27m54.155s
4	Paul Edwards (USA)	Alan Docking Racing	Dallara F301 Mugen-Honda	1m19.066s	5	27m58.985s
5	Anthony Davidson (GB)	Carlin Motorsport	Dallara F301 Mugen-Honda	1m19.193s	9	27m59.615s
6	Mark Taylor (GB)	Manor Motorsport	Dallara F301 Mugen-Honda	1m19.141s	7	28m02.651s
7	Jamie Spence (GB)	Duma Racing	Dallara F301 Mugen-Honda	1m19.108s	6	28m04.356s
8	Gianmaria Bruni (I)	Fortec Renault	Dallara F301 Renault Sodemo	1m19.767s	12	28m04.892s
9	**Takuma Sato** (J)	Carlin Motorsport	Dallara F301 Mugen-Honda	1m18.634s	1	28m05.212s
10	Andy Priaulx (GB)	Alan Docking Racing	Dallara F301 Mugen-Honda	1m19.363s	11	28m06.870s
11 (S)	Robbie Kerr (GB)	Fred Goddard Racing	Dallara F398 Renault Sodemo	1m20.519s	16	28m11.797s
12	Alex Gurney (USA)	Fortec Renault	Dallara F301 Renault Sodemo	1m20.285s	15	28m14.183s
13	Bruce Jouranny (F)	Promatecme UK	Dallara F301 Mugen-Honda	1m19.336s	10	28m14.373s
14	Jeffrey Jones (USA)	Manor Motorsport	Dallara F301 Mugen-Honda	1m19.156s	8	28m19.719s
15 (S)	Matthew Gilmore (GB)	Performance Racing	Dallara F398 Opel Spiess	1m21.088s	18	28m25.838s
16 (S)	Ernani Judice (BRA)	Paker F3	Dallara F398 Mugen-Honda	1m21.689s	20	28m32.831s
17 (S)	Robert Doornbos (NL)	Fred Goddard Racing	Dallara F398 Renault Sodemo	1m21.763s	22	28m36.933s
18 (S)	Michael Keohane (IRL)	Meritus Racing	Dallara F398 Toyota			28m43.094s
19 (S)	Peter Nilsson (GB)	Meritus Racing	Dallara F398 Toyota	1m22.693s	26	28m50.437s
20 (S)	Aaron Scott (GB)	Powan Racing	Dallara F398 Toyota	1m23.069s	27	28m50.651s
R	Tom Sisley (GB)	Alain Menu Motorsport	Dallara F301 Renault Sodemo	1m20.158s	13	15 laps
R (S)	Adam Blair (GB)	Performance Racing	Dallara F398 Opel Spiess	1m22.128s	23	8 laps
R (S)	Kazuki Hoshino (J)	Carlin Motorsport	Dallara F398 Mugen-Honda	1m21.611s	19	5 laps
R	Atsushi Katsumata (J)	Promatecme UK	Dallara F301 Mugen-Honda	1m20.168s	14	0 laps
R	Rob Austin (GB)	Alain Menu Motorsportt	Dallara F301 Renault Sodemo	1m20.941s	17	0 laps
R (S)	Parthiva Sureshwaren (IND)	ME Motorsport	Dallara F398 Mugen-Honda	1m21.733s	21	0 laps
R (S)	Justin Sherwood (GB)	Performance Racing	Dallara F398 Opel Spiess	1m22.192s	25	0 laps
R (S)	Harold Primat (F)	Diamond Racing	Dallara F398 Mugen-Honda	1m23.503s	28	0 laps
R (S)	Mark Mayall (GB)	Diamond Racing	Dallara F398 Mugen-Honda	1m22.172s	24	0 laps

Fastest Lap : Sato 1m18.754s 119.89mph

Race 2 / 15 laps - 39.3420 miles

July 8

Pos	Driver (Nationality)	Team	Chassis/Engine	Qual	Grid	Result
1	**Takuma Sato** (J)	Carlin Motorsport	Dallara F301 Mugen-Honda	1m18.995s	4	19m48.659s
2	James Courtney (AUS)	Jaguar Racing F3	Dallara F301 Mugen-Honda	1m18.674s	1	19m53.224s
3	Mark Taylor (GB)	Manor Motorsport	Dallara F301 Mugen-Honda	1m18.972s	3	20m02.218s
4	Paul Edwards (USA)	Alan Docking Racing	Dallara F301 Mugen-Honda	1m19.038s	5	20m06.521s
5	Bruce Jouanny (F)	Promatecme UK	Dallara F301 Mugen-Honda	1m19.746s	9	20m09.074s
6	Derek Hayes (GB)	Manor Motorsport	Dallara F301 Mugen-Honda	1m19.314s	7	20m09.451s
7	Andre Lotterer (D)	Jaguar Racing F3	Dallara F301 Mugen-Honda	1m19.133s	6	20m10.307s
8	Andy Priaulx (GB)	Alan Docking Racing	Dallara F301 Mugen-Honda	1m19.457s	8	20m10.625s
9	Jeffrey Jones (USA)	Manor Motorsport	Dallara F301 Mugen-Honda	1m20.495s	12	20m13.633s
10	Gianmaria Bruni (I)	Fortec Renault	Dallara F301 Renault Sodemo	1m20.495s	13	20m17.149s
11 (S)	Robbie Kerr (GB)	Fred Goddard Racing	Dallara F398 Renault Sodemo	1m20.401s	11	20m28.184s
12	Rob Austin (GB)	Alain Menu Motorsport	Dallara F301 Renault Sodemo	1m20.706s	15	20m28.764s
13 (S)	Michael Keohane (IRL)	Meritus Racing	Dallara F398 Toyota	1m21.102s	16	20m35.383s
14 (S)	Ernani Judice (BRA)	Paker F3	Dallara F398 Mugen-Honda	1m21.602s	18	20m36.567s
15	Alex Gurney (USA)	Fortec Renault	Dallara F301 Renault Sodemo	1m22.089s	22	20m36.715s
16 (S)	Matthew Gilmore (GB)	Performance Racing	Dallara F398 Opel Spiess	1m21.490s	17	20m37.549s
17	Atsushi Katsumata (J)	Promatecme UK	Dallara F301 Mugen-Honda	1m21.606s	19	20m38.148s
18 (S)	Robert Doornbos (NL)	Fred Goddard Racing	Dallara F398 Renault Sodemo	1m21.607s	20	20m38.579s
19	Anthony Davidson (GB)	Carlin Motorsport	Dallara F301 Mugen-Honda	1m18.882s	2	20m46.995s
20 (S)	Justin Sherwood (GB)	Performance Racing	Dallara F398 Opel Spiess	1m22.153s	23	21m01.679s
21 (S)	Kazuki Hoshino (J)	Carlin Motorsport	Dallara F398 Mugen-Honda	1m22.452s	26	21m02.413s
22 (S)	Parthiva Sureshwaren (IND)	ME Motorsport	Dallara F398 Mugen-Honda	1m21.913s	21	21m06.927s
23 (S)	Adam Blair (GB)	Performance Racing	Dallara F398 Opel Spiess	1m22.207s	24	21m10.094s
24 (S)	Peter Nilsson (GB)	Meritus Racing	Dallara F398 Toyota	1m24.589s	29	-1 lap
25 (S)	Mark Mayall (GB)	Diamond Racing	Dallara F398 Mugen-Honda	1m22.214s	25	-2 laps
R	Jamie Spence (GB)	Duma Racing	Dallara F301 Mugen-Honda	1m20.353s	10	0 laps
R (S)	Aaron Scott (GB)	Powan Racing	Dallara F398 Toyota	1m23.443s	28	0 laps

Fastest Lap : Sato 1m18.372s 120.47mph

British Formula 3 Chanmpionship Round 9 — Donington Park

Race 1 / 15 laps - 37.500 miles — July 22

Pos	Driver (Nationality)	Team	Chassis/Engine	Qual	Grid	Result
1	Gianmaria Bruni (I)	Fortec Renault	Dallara F301 Renault Sodemo	1m28.992s	5	22m43.500s
2	Andre Lotterer (D)	Jaguar Racing F3	Dallara F301 Mugen-Honda	1m29.059s	7	22m44.943s
3	Derek Hayes (GB)	Manor Motorsport	Dallara F301 Mugen-Honda	1m28.657s	3	22m45.823s
4	Jeffrey Jones (USA)	Manor Motorsport	Dallara F301 Mugen-Honda	1m28.798s	4	22m47.348s
5	Mark Taylor (GB)	Manor Motorsport	Dallara F301 Mugen-Honda	1m29.307s	13	22m49.374s
6	Jamie Spence (GB)	Duma Racing	Dallara F301 Mugen-Honda	1m29.467s	15	22m51.149s
7	Ryan Dalziel (GB)	Dume Racing	Dallara F301 Mugen-Honda	1m29.189s	10	22m52.132s
8	Andy Priaulx (GB)	Alan Docking Racing	Dallara F301 Mugen-Honda	1m29.213s	11	22m52.682s
9	Paul Edwards (USA)	Alan Docking Racing	Dallara F301 Mugen-Honda	1m29.251s	12	22m53.219s
10	Atsushi Katsumata (J)	Promatecme UK	Dallara F301 Mugen-Honda	1m29.620s	16	22m54.132s
11	Bruce Jouanny (F)	Promatecme UK	Dallara F301 Mugen-Honda	1m29.082s	8	22m58.417s
12	**Takuma Sato** (J)	Carlin Motorsport	Dallara F301 Mugen-Honda	1m28.262s	1	23m01.920s
13 (S)	Michael Keohane (IRL)	Meritus Racing	Dallara F398 Toyota	1m30.556s	21	23m05.659s
14 (S)	Robbie Kerr (GB)	Fred Goddard Racing	Dallara F398 Renault Sodemo	1m30.532s	20	23m05.932s
15 (S)	Matthew Gilmore (GB)	Performance Racing	Dallara F398 Opel Spiess	1m29.748s	17	23m09.824s
16	Alex Gurney (USA)	Fortec Renault	Dallara F301 Renault Sodemo	1m29.437s	14	23m10.184s
17	Rob Austin (GB)	Alain Menu Motorsport	Dallara F301 Renault Sodemo	1m29.948s	18	23m13.042s
18 (S)	Mark Mayall (GB)	Diamond Racing	Dallara F398 Mugen-Honda	1m31.165s	26	23m22.434s
19 (S)	Harold Primat (F)	Diamond Racing	Dallara F398 Mugen-Honda	1m32.543s	29	23m42.608s
20 (S)	Ernani Judice (BRA)	Paker F3	Dallara F398 Mugen-Honda	1m30.760s	23	-1 lap
21 (S)	Aaron Scott (GB)	Powan Racing	Dallara F398 Toyota	1m31.810s	27	-3 laps
R	Anthony Davidson (GB)	Carlin Motorsport	Dallara F301 Mugen-Honda	1m28.496s	2	7 laps
R (S)	Justin Sherwood (GB)	Performance Racing	Dallara F398 Opel Spiess	1m30.440s	19	1 lap
R (S)	Parthiva Sureshwaren (IND)	ME Motorseport	Dallara F398 Mugen-Honda	1m31.053s	25	0 laps
R (S)	Kazuki Hoshino (J)	Carlin Motorsport	Dallara F398 Mugen-Honda	1m31.019s	24	0 laps
R (S)	Robert Doornbos (NL)	Fred Goddard Racing	Dallara F398 Renault Sodemo	1m30.4714s	22	0 laps
R	Matt Davies (GB)	Team Avanti	Dallara F301 Opel Spiess	1m29.003s	6	0 laps
R	James Courtney (AUS)	Jaguar Racing F3	Dallara F301 Mugen-Honda	1m29.160s	9	0 laps

Fastest Lap : Davidson 1m29.661s 100.37mph

Race 2 / 15 laps - 37.500 miles — July 22

Pos	Driver (Nationality)	Team	Chassis/Engine	Qual	Grid	Result
1	**Takuma Sato** (J)	Carlin Motorsport	Dallara F301 Mugen-Honda	1m28.427s	1	22m22.570s
2	Matt Davies (GB)	Team Avanti	Dallara F301 Opel Spiess	1m29.006s	4	22m33.171s
3	Bruce Jouanny (F)	Promatecme UK	Dallara F301 Mugen-Honda	1m29.115s	7	22m34.419s
4	Andre Lotterer (D)	Jaguar Racing F3	Dallara F301 Mugen-Honda	1m28.880s	2	22m35.351s
5	Anthony Davidson (GB)	Carlin Motorsport	Dallara F301 Mugen-Honda	1m28.933s	3	22m38.248s
6	Derek Hayes (GB)	Manor Motorsport	Dallara F301 Mugen-Honda	1m29.111s	6	22m41.774s
7	Gianmaria Bruni (I)	Fortec Motorsport	Dallara F301 Renault Sodemo	1m29.167s	8	22m42.672s
8	James Courtney (AUS)	Jaguar Racing F3	Dallara F301 Mugen-Honda	1m29.346s	9	22m46.311s
9	Jeffrey Jones (USA)	Manor Motorsport	Dallara F301 Mugen-Honda	1m29.501s	11	22m48.486s
10	Alex Gurney (USA)	Fortec Renault	Dallara F301 Renault Sodemo	1m29.575s	12	22m49.072s
11	Ryan Dalziel (GB)	Dume Racing	Dallara F301 Mugen-Honda	1m29.631s	13	22m50.016s
12	Paul Edwards (USA)	Alan Docking Racing	Dallara F301 Mugen-Honda	1m29.761s	16	22m50.698s
13	Mark Taylor (GB)	Manor Motorsport	Dallara F301 Mugen-Honda	1m29.082s	5	22m51.120s
14	Jamie Spence (GB)	Duma Racing	Dallara F301 Mugen-Honda	1m29.737s	15	22m52.515s
15 (S)	Robbie Kerr (GB)	Fred Goddard Racing	Dallara F398 Renault Sodemo	1m30.352s	18	22m56.595s
16 (S)	Michael Keohane (IRL)	Meritus Racing	Dallara F398 Toyota	1m31.081s	23	23m02.296s
17 (S)	Ernani Judice (BRA)	Paker F3	Dallara F398 Mugen-Honda	1m30.952s	21	23m07.835s
18 (S)	Matthew Gilmore (GB)	Performance Racing	Dallara F398 Opel Spiess	1m30.690s	19	23m08.811s
19 (S)	Robert Doornbos (NL)	Fred Goddard Racing	Dallara F398 Renault Sodemo	1m31.196s	24	23m09.187s
20	Andy Priaulx (GB)	Alan Docking Racing	Dallara F301 Mugen-Honda	1m29.383s	10	23m09.477s
21	Rob Austin (GB)	Alain Menu Motorsport	Dallara F301 Renault Sodemo	1m30.325s	17	23m14.776s
22 (S)	Mark Mayall (GB)	Diamond Racing	Dallara F398 Mugen-Honda	1m30.992s	22	23m15.515s
23 (S)	Justin Sherwood (GB)	Performance Racing	Dallara F398 Opel Spiess	1m30.779s	20	23m15.951s
24 (S)	Kazuki Hoshino (J)	Carlin Motorsport	Dallara F398 Mugen-Honda	1m31.515s	26	23m24.664s
25	Atsushi Katsumata (J)	Promatecme UK	Dallara F301 Mugen-Honda	1m29.675s	14	23m28.479s
26 (S)	Peter Nilsson (GB)	Meritus Racing	Dallara F398 Toyota	1m32.580s	28	23m34.407s
27 (S)	Harold Primat (F)	Diamond Racing	Dallara F398 Mugen-Honda	1m33.024s	29	23m45.789s
28 (S)	Aaron Scott (GB)	Powan Racing	Dallara F398 Toyota	1m32.142s	27	-3 laps

Fastest Lap : Sato 1m29.047s 101.07mph

British Formula 3 Chanmpionship Round 10 — Knockhill

Race 1 / 22 laps - 28.5692 miles — August 19

Pos	Driver (Nationality)	Team	Chassis/Engine	Qual	Grid	Result
1	**Takuma Sato** (J)	Carlin Motorsport	Dallara F301 Mugen-Honda	47.148s	2	22m13.781s
2	Anthony Davidson (GB)	Carlin Motorsport	Dallara F301 Mugen-Honda	47.310s	4	22m15.646s
3	James Courtney (AUS)	Jaguar Racing F3	Dallara F301 Mugen-Honda	47.194s	3	22m17.557s
4	Mark Taylor (GB)	Manor Motorsport	Dallara F301 Mugen-Honda	47.411s	6	22m26.229s
5	Derek Hayes (GB)	Manor Motorsport	Dallara F301 Mugen-Honda	47.524s	8	22m30.098s
6	Gianmaria Bruni (I)	Fortec Renault	Dallara F301 Renault Sodemo	47.681s	11	22m31.683s
7	Bruce Jouanny (F)	Promatecme UK	Dallara F301 Mugen-Honda	47.552s	9	22m32.927s
8	Alex Gurney (USA)	Fortec Renault	Dallara F301 Renault Sodemo	47.968s	15	22m33.776s
9	Ryan Dalziel (GB)	Duma Racing	Dallara F301 Mugen-Honda	47.808s	13	22m34.563s
10	Andy Priaulx (GB)	Alan Docking Racing	Dallara F301 Mugen-Honda	47.069s	1	22m36.383s
11	Jeffrey Jones (USA)	Manor Motorsport	Dallara F301 Mugen-Honda	47.670s	10	22m43.176s
12	Hideaki Nakao (J)	Alan Docking Racing	Dallara F301 Mugen-Honda	48.728s	17	22m54.707s
13	Rob Austin (GB)	Alain Menu Motorsport	Dallara F301 Renault Sodemo	47.813s	14	23m11.272s
R	Matt Davies (GB)	Team Avanti	Dallara F301 Opel Spiess	47.379s	5	19 laps
R	Andre Lotterer (D)	Jaguar Racing F3	Dallara F301 Mugen-Honda	47.504s	7	17 laps
R	Atsushi Katsumata (J)	Promatecme UK	Dallara F301 Mugen-Honda	48.186s	16	5 laps
R	Jamie Spence (GB)	Duma Racing	Dallara F301 Mugen-Honda	47.755s	12	4 laps

Fastest Lap : Sato 55.707s 83.92mph

Race 2 / 15 laps - 35.340 miles — September 1

Pos	Driver (Nationality)	Team	Chassis/Engine	Qual	Grid	Result
1	**Takuma Sato** (J)	Carlin Motorsport	Dallara F301 Mugen-Honda	47.606s	3a	16m57.075s
2	Anthony Davidson (GB)	Carlin Motorsport	Dallara F301 Mugen-Honda	47.429s	1a	16m57.598s
3	Andy Priaulx (GB)	Alan Docking Racing	Dallara F301 Mugen-Honda	47.489s	2a	17m00.998s
4	James Courtney (AUS)	Jaguar Racing F3	Dallara F301 Mugen-Honda	47.707s	4a	17m02.528s
5	Derek Hayes (GB)	Manor Motorsport	Dallara F301 Mugen-Honda	47.895s	8a	17m03.327s
6	Bruce Jouanny (F)	Promatecme UK	Dallara F301 Mugen-Honda	48.009s	10a	17m03.646s
7	Mark Taylor (GB)	Manor Motorsport	Dallara F301 Mugen-Honda	48.039s	11a	17m07.507s
8	Andre Lotterer (D)	Jaguar Racing F3	Dallara F301 Mugen-Honda	47.922s	9a	17m09.376s
9	Alex Gurney (USA)	Fortec Renault	Dallara F301 Renault Sodemo	48.361s	14a	17m09.812s
10	Matt Davies (GB)	Team Avanti	Dallara F301 Opel Spiess	47.826s	6a	17m11.366s
11	Ryan Dalziel (GB)	Dume Racing	Dallara F301 Mugen-Honda	48.577s	15a	17m11.829s
12	Rob Austin (GB)	Alain Menu Motorsport	Dallara F301 Renault Sodemo	48.171s	13a	17m13.829s
13	Jamie Spence (GB)	Duma Racing	Dallara F301 Mugen-Honda	49.026s	17a	17m18.214s
14 (S)	Robert Doornbos (NL)	Fred Goddard Racing	Dallara F398 Renault Sodemo	48.339s	2b	17m22.476s
15 (S)	Matthew Gilmore (GB)	Performance Racing	Dallara F398 Opel Spiess	48.465s	4b	17m26.830s
16	Jeffrey Jones (USA)	Manor Motorsport	Dallara F301 Mugen-Honda	47.767s	5a	17m29.531s
17 (S)	Mark Mayall (GB)	Diamond Racing	Dallara F398 Mugen-Honda			17m30.551s
18 (S)	Michael Keohane (IRL)	Meritus Racing	Dallara F398 Toyota	48.656s	5b	17m31.345s
19 (S)	Robbie Kerr (GB)	Fred Goddard Racing	Dallara F398 Renault Sodemo	48.419s	3b	17m32.037s
20 (S)	Kazuki Hoshino (J)	Carlin Motorsport	Dallara F398 Mugen-Honda	48.946s	7b	17m36.155s
21 (S)	Justin Sherwood (GB)	Performance Racing	Dallara F398 Opel Spiessl	48.845s	6b	17m36.829s
22 (S)	Aaron Scott (GB)	Powan Racing	Dallara F398 Toyota	49.422s	8b	17m38.777s
23	Hideaki Nakao (J)	Alan Docking Racing	Dallara F301 Mugen-Honda	48.878s	16a	17m40.969s
24 (S)	Harold Primat (F)	Diamond Racing	Dallara F398 Mugen-Honda	49.940s	9b	17m41.302s
25 (S)	Ernani Judice (BRA)	Paker F3	Dallara F398 Mugen-Honda	48.284s	1b	17m47.217s
26	Atsushi Katsumata (J)	Promatecme UK	Dallara F301 Mugen-Honda	48.086s	12a	17m49.073s
27	Gianmaria Bruni (I)	Fortec Renault	Dallara F301 Renault Sodemo	47.886s	7a	9 laps

Fastest Lap : Sato 1m07.028s 126.53mph

British Formula 3 Channmpionship Round 11   Thruxton

Race 1 / 21 laps - 49.476 miles   September 2

Pos	Driver (Nationality)	Team	Chassis/Engine	Qual	Grid	Result
1	Anthony Davidson (GB)	Carlin Motorsport	Dallara F301 Mugen-Honda	1m06.460s	1	27m39.683s
2	**Takuma Sato (J)**	Carlin Motorsport	Dallara F301 Mugen-Honda	1m06.523s	2	27m41.480s
3	Gianmaria Bruni (I)	Fortec Renault	Dallara F301 Renault Sodemo	1m06.869s	7	27m48.535s
4	Mark Taylor (GB)	Manor Motorsport	Dallara F301 Mugen-Honda	1m06.949s	10	27m51.953s
5	James Courtney (AUS)	Jaguar Racing F3	Dallara F301 Mugen-Honda	1m06.833s	4	27m54.661s
6	Derek Hayes (GB)	Manor Motorsport	Dallara F301 Mugen-Honda	1m06.891s	8	27m55.128s
7	Jamie Spence (GB)	Duma Racing	Dallara F301 Mugen-Honda	1m07.109s	13	27m57.385s
8	Ryan Dalziel (GB)	Dume Racing	Dallara F301 Mugen-Honda	1m06.942s	9	27m57.834s
9	Andy Priaulx (GB)	Alan Docking Racing	Dallara F301 Mugen-Honda	1m07.007s	12	27m59.200s
10	Matt Davies (GB)	Team Avanti	Dallara F301 Opel Spiess	1m06.976s	11	27m59.830s
11	Jeffrey Jones (USA)	Manor Motorsport	Dallara F301 Mugen-Honda	1m07.420s	16	28m02.069s
12	Atsushi Katsumata (J)	Promatecme UK	Dallara F301 Mugen-Honda	1m07.294s	14	28m02.372s
13	Andre Lotterer (D)	Jaguar Racing F3	Dallara F301 Mugen-Honda	1m06.869s	6	28m04.710s
14	Rob Austin (GBR)	Alan Docking Racing	Dallara F301 Renault Sodemo	1m07.328s	15	28m08.766s
15	Alex Gurney (USA)	Fortec Renault	Dallara F301 Renault Sodemo	1m06.840s	5	28m11.818s
16 (S)	Mark Mayall (GB)	Diamond Racing	Dallara F398 Mugen-Honda	1m07.862s	18	28m14.525s
17 (S)	Robbie Kerr (GB)	Fred Goddard Racing	Dallara F398 Renault Sodemo	1m07.707s	17	28m16.409s
18 (S)	Kazuki Hoshino (J)	Carlin Motorsport	Dallara F398 Mugen-Honda	1m08.333s	20	28m18.303s
19 (S)	Matthew Gilmore (GB)	Performance Racing	Dallara F398 Opel Spiess	1m08.362s	22	28m18.695s
20 (S)	Michael Keohane (IRL)	Meritus Racing	Dallara F398 Toyota	1m08.821s	25	28m22.195s
21 (S)	Ernani Judice (BRA)	Paker F3	Dallara F398 Mugen-Honda	1m08.274s	19	28m28.740s
22 (S)	Harold Primat (F)	Diamond Racing	Dallara F398 Mugen-Honda	1m09.059s	28	28m29.336s
23 (S)	Rowland Kinch (GB)	Park Motorsport	Dallara F398 Opel Spiess	1m10.380s	29	-1 lap
24	Hideaki Nakao (J)	Alan Docking Racing	Dallara F301 Mugen-Honda	1m08.345s	21	-2 laps
R (S)	Aaron Scott (GB)	Powan Racing	Dallara F398 Toyota	1m08.887s	26	19 laps
R (S)	Robert Doornbos (NL)	Fred Goddard Racing	Dallara F398 Renault Sodemo	1m08.757s	23	0 laps
R (S)	Peter Nilsson (GB)	Meritus Racing	Dallara F398 Toyota	1m08.811s	24	0 laps
R (S)	Justin Sherwood (GB)	Performance Racing	Dallara F398 Opel Spiess	1m08.949s	27	0 laps

Fastest Lap : Davidson 1m07.308s 126.01mph

Race 2 / 17 laps - 40.052 miles   September 2

Pos	Driver (Nationality)	Team	Chassis/Engine	Qual	Grid	Result
1	Anthony Davidson (GB)	Carlin Motorsport	Dallara F301 Mugen-Honda	1m06.779s	1	20m52.884s
2	James Courtney (AUS)	Jaguar Racing F3	Dallara F301 Mugen-Honda	1m07.041s	4	20m53.136s
3	Derek Hayes (GB)	Manor Motorsport	Dallara F301 Mugen-Honda	1m07.296s	8	20m55.704s
4	Mark Taylor (GB)	Manor Motorsport	Dallara F301 Mugen-Honda	1m07.548s	14	20m56.901s
5	Matt Davies (GB)	Team Avanti	Dallara F301 Opel Spiess	1m07.416s	10	20m57.285s
6	Andy Priaulx (GB)	Alan Docking Racing	Dallara F301 Mugen-Honda	1m07.236s	7	20m57.891s
7	Andre Lotterer (D)	Jaguar Racing F3	Dallara F301 Mugen-Honda	1m07.525s	13	20m58.591s
8	**Takuma Sato (J)**	Carlin Motorsport	Dallara F301 Mugen-Honda	1m07.029s	3	20m59.689s
9	Ryan Dalziel (GB)	Dume Racing	Dallara F301 Mugen-Honda	1m07.368s	9	21m00.197s
10	Atsushi Katsumata (J)	Promatecme UK	Dallara F301 Mugen-Honda	1m07.751s	15	21m04.830s
11	Gianmaria Bruni (I)	Fortec Renault	Dallara F301 Renault Sodemo	1m07.202s	6	21m05.248s
12	Jeffrey Jones (USA)	Manor Motorsport	Dallara F301 Mugen-Honda	1m07.525s	12	21m06.883s
13	Jamie Spence (GB)	Duma Racing	Dallara F301 Mugen-Honda	1m07.524s	11	21m15.614s
14 (S)	Michael Keohane (IRL)	Meritus Racing	Dallara F398 Toyota	1m08.819s	23	21m16.162s
15 (S)	Robbie Kerr (GB)	Fred Goddard Racing	Dallara F398 Renault Sodemo	1m08.113s	17	21m16.874s
16	Hideaki Nakao(J)	Alan Docking Racing	Dallara F301 Mugen-Honda	1m08.850s	24	21m17.431s
17 (S)	Mark Mayall (GB)	Diamond Racing	Dallara F398 Mugen-Honda	1m08.421s	19	21m18.092s
18 (S)	Matthew Gilmore (GB)	Performance Racing	Dallara F398 Opel Spiess	1m08.467s	20	21m18.820s
19 (S)	Robert Doornbos (NL)	Fred Goddard Racing	Dallara F398 Renault Sodemo	1m08.634s	21	21m20.464s
20 (S)	Ernani Judice (BRA)	Paker F3	Dallara F398 Mugen-Honda	1m08.349s	18	21m21.937s
21 (S)	Kazuki Hoshino (J)	Carlin Motorsport	Dallara F398 Mugen-Honda	1m08.684s	22	21m22.407s
22 (S)	Justin Sherwood (GB)	Performance Racing	Dallara F398 Opel Spiess	1m08.968s	25	21m30.084s
23 (S)	Peter Nilsson (GB)	Meritus Racing	Dallara F398 Toyota	1m09.009s	26	21m47.970s
24 (S)	Rowland Kinch (GB)	Park Motorsport	Dallara F398 Opel Spiess	1m11.625s	29	21m05.098s
R	Alex Gurney (USA)	Fortec Renault	Dallara F301 Renault Sodemo	1m07.105s	5	11 laps
R	Harold Primat (F)	Diamond Racing	Dallara F398 Mugen-Honda	1m09.273s	27	4 laps
R (S)	Aaron Scott (GB)	Powan Racing	Dallara F398 Toyota	1m09.283s	28	4 laps
R	Rob Austin (GB)	Alain Menu Motorsport	Dallara F301 Renault Sodemo	1m07.826s	16	0 laps

Fastest Lap : Davidson 1m07.367s 125.90mph

British Formula 3 Chanmpionship Round 12 — Brands Hatch

Race 1 / 26 laps - 31.8812 miles — September 16

Pos	Driver (Nationality)	Team	Chassis/Engine	Qual	Grid	Result
1	Anthony Davidson (GB)	Carlin Motorsport	Dallara F301 Mugen-Honda	42.085s	1	18m32.835s
2	**Takuma Sato** (J)	Carlin Motorsport	Dallara F301 Mugen-Honda	42.174s	2	18m33.659s
3	Derek Hayes (GB)	Manor Motorsport	Dallara F301 Mugen-Honda	42.239s	4	18m46.105s
4	Jamie Spence (GB)	Duma Racing	Dallara F301 Mugen-Honda	42.390s	7	18m48.957s
5	Matt Davies (GB)	Team Avanti	Dallara F301 Opel Spiess	42.424s	8	18m49.873s
6	Ryan Dalziel (GB)	Dume Racing	Dallara F301 Mugen-Honda	42.503s	10	18m52.069s
7	Gianmaria Bruni (I)	Fortec Renault	Dallara F301 Renault Sodemo	42.424s	9	18m52.946s
8	Alex Gurney (USA)	Fortec Renault	Dallara F301 Renault Sodemo	42.523s	12	18m53.755s
9	Andy Priaulx (GB)	Alan Docking Racing	Dallara F301 Mugen-Honda	42.546s	13	18m56.047s
10	James Courtney (AUS)	Jaguar Racing F3	Dallara F301 Mugen-Honda	42.339s	5	18m56.576s
11	Jeffrey Jones (USA)	Manor Motorsport	Dallara F301 Mugen-Honda	42.594s	14	18m57.568s
12	Bruce Jouanny (F)	Promatecme UK	Dallara F301 Mugen-Honda	42.512s	11	18m59.496s
13	Rob Austin (GB)	Alain Menu Motorsport	Dallara F301 Renault Sodemo	42.643s	15	18m58.211s
R	Sakon Yamamoto (J)	Team Avanti	Dallara F301 Opel Spiess	43.507s	17	8 laps
R	Atsushi Katsumata (J)	Promatecme UK	Dallara F301 Mugen-Honda	42.786s	16	8 laps
R	Mark Taylor (GB)	Manor Motorsport	Dallara F301 Mugen-Honda	42.217s	3	1 lap

Fastest Lap : Davidson 42.244s 104.49mph

Race 2 / 26 laps - 31.8812 miles — September 16

Pos	Driver (Nationality)	Team	Chassis/Engine	Qual	Grid	Result
1	**Takuma Sato** (J)	Carlin Motorsport	Dallara F301 Mugen-Honda	42.068s	2	18m32.534s
2	James Courtney (AUS)	Jaguar Racing F3	Dallara F301 Mugen-Honda	42.033s	1	18m38.803s
3	Anthony Davidson (GB)	Carlin Motorsport	Dallara F301 Mugen-Honda	42.123s	3	18m39.548s
4	Mark Taylor (GB)	Manor Motorsport	Dallara F301 Mugen-Honda	42.178s	5	18m46.324s
5	Derek Hayes (GB)	Manor Motorsport	Dallara F301 Mugen-Honda	42.169s	4	18m47.398s
6	Andre Lotterer (D)	Jaguar Racing F3	Dallara F301 Mugen-Honda	42.181s	6	18m47.845s
7	Matt Davies (GB)	Team Avanti	Dallara F301 Opel Spiess	42.343s	9	18m49.257s
8	Gianmaria Bruni (I)	Fortec Renault	Dallara F301 Renault Sodemo	42.395s	11	18m50.693s
9	Alex Gurney (USA)	Fortec Renault	Dallara F301 Renault Sodemo	42.376s	10	18m52.130s
10	Jamie Spence (GB)	Duma Racing	Dallara F301 Mugen-Honda	42.409s	13	18m53.825s
11	Rob Austin (GB)	Alain Menu Motorsport	Dallara F301 Renault Sodemo	42.407s	12	18m54.586s
12	Atsushi Katsumata (J)	Promatecme UK	Dallara F301 Mugen-Honda	42.461s	14	18m55.772s
13	Ryan Dalziel (GB)	Dume Racing	Dallara F301 Mugen-Honda	42.529s	15	18m58.826s
14	Jeffrey Jones (USA)	Manor Motorsport	Dallara F301 Mugen-Honda	42.610s	16	18m58.992s
15	Sakon Yamamoto (J)	Team Avanti	Dallara F301 Opel Spiess	43.248s	17	19m09.763s
R	Bruce Jouanny (F)	Promatecme UK	Dallara F301 Mugen-Honda	42.242s	7	9 laps
R	Andy Priaulx (GB)	Alan Docking Racing	Dallara F301 Mugen-Honda	42.259s	8	0 laps

Fastest Lap : Sato 42.323s 104.30mph

British Formula 3 Chanmpionship Round 13 — Silverstone

Race 1 / 18 laps - 40.482 miles — September 29

Pos	Driver (Nationality)	Team	Chassis/Engine	Qual	Grid	Result
1	Andy Priaulx (GB)	Alan Docking Racing	Dallara F301 Mugen-Honda	1m15.826s	6	30m23.771s
2	Anthony Davidson (GB)	Carlin Motorsport	Dallara F301 Mugen-Honda	1m15.763s	5	30m25.393s
3	Mark Taylor (GB)	Manor Motorsport	Dallara F301 Mugen-Honda	1m15.901s	7	30m30.610s
4	James Courtney (AUS)	Jaguar Racing F3	Dallara F301 Mugen-Honda	1m15.595s	2	30m32.319s
5	Gianmaria Bruni (I)	Fortec Renault	Dallara F301 Renault Sodemo	1m15.978s	9	30m33.131s
6	Bruce Jouanny (F)	Promatecme UK	Dallara F301 Mugen-Honda	1m15.939s	8	30m34.454s
7	Ryan Dalziel (GB)	Dume Racing	Dallara F301 Mugen-Honda	1m16.638s	16	30m35.324s
8	Matt Davies (GB)	Team Avanti	Dallara F301 Opel Spiess	1m16.184s	11	30m36.716s
9	Philip Giebler (USA)	Dume Racing	Dallara F301 Mugen-Honda	1m16.178s	10	30m37.129s
10	Rob Austin (GB)	Alain Menu Motorsport	Dallara F301 Renault Sodemo	1m16.549s	14	30m40.512s
11 (S)	Michael Keohane (IRL)	Meritus Racing	Dallara F398 Toyota	1m17.613s	21	30m44.383s
12	Jeffrey Jones (USA)	Manor Motorsport	Dallara F301 Mugen-Honda	1m16.554s	15	30m44.861s
13	Alex Gurney (USA)	Fortec Renault	Dallara F301 Renault Sodemo	1m16.475s	12	30m45.381s
14	Atsushi Katsumata (J)	Promatecme UK	Dallara F301 Mugen-Honda	1m16.481s	13	30m50.974s
15 (S)	Justin Sherwood (GB)	Performance Racing	Dallara F398 Opel Spiess	1m17.993s	26	30m56.501s
16 (S)	Kazuki Hoshino (J)	Carlin Motorsport	Dallara F398 Mugen-Honda	1m17.620s	22	31m02.759s
17 (S)	Harold Primat (F)	Diamond Racing	Dallara F301 Mugen-Honda	1m18.610s	28	31m05.860s
18	**Takuma Sato** (J)	Carlin Motorsport	Dallara F301 Mugen-Honda	1m15.687s	3	31m09.514s
19 (S)	Rowland Kinch (GB)	Park Motorsport	Dallara F398 Opel Spiess	1m21.875s	29	-1 lap
20	Andre Lotterer (D)	Jaguar Racing F3	Dallara F301 Mugen-Honda	1m15.556s	1	-2 laps
21 (S)	Aaron Scott (GB)	Powan Racing	Dallara F398 Toyota	1m18.521s	27	-4 laps
R (S)	Mark Mayall (GB)	Diamond Racing	Dallara F398 Mugen-Honda	1m17.839s	25	7 laps
R	Hideaki Nakao (J)	Alan Docking Racing	Dallara F301 Mugen-Honda	1m17.802s	24	7 laps
R (S)	Ernani Judice (BRA)	Paker F3	Dallara F398 Mugen-Honda	1m17.443s	20	5 laps
R (S)	Robert Doornbos (NL)	Fred Goddard Racing	Dallara F398 Renault Sodemo	1m17.314s	19	5 laps
R (S)	Robbie Kerr (GB)	Fred Goddard Racing	Dallara F398 Renault Sodemo	1m17.692s	23	4 laps
R (S)	Matthew Gilmore (GB)	Performance Racing	Dallara F398 SOpel Spiess	1m17.251s	18	4 laps
R	Sakon Yamamoto (J)	Team Avanti	Dallara F301 Opel Spiess	1m16.907s	17	0 laps
R	Derek Hayes (GB)	Manor Motorsport	Dallara F301 Mugen-Honda	1m15.754s	4	0 laps

Fastest Lap : Sato 1m28.627s 91.35mph

Race 2 / 20 laps - 44.980 miles — September 29

Pos	Driver (Nationality)	Team	Chassis/Engine	Qual	Grid	Result
1	**Takuma Sato** (J)	Carlin Motorsport	Dallara F301 Mugen-Honda	1m27.858s	1	25m34.541s
2	Anthony Davidson (GB)	Carlin Motorsport	Dallara F301 Mugen-Honda	1m28.254s	3	25m40.072s
3	Gianmaria Bruni (I)	Fortec Renault	Dallara F301 Renault SodemoS	1m27.860s	2	25m40.727s
4	James Courtney (AUS)	Jaguar Racing F3	Dallara F301 Mugen-Honda	1m28.295s	4	25m47.644s
5	Matt Davies (GB)	Team Avanti	Dallara F301 Opel Spiess	1m28.510s	7	25m52.353s
6	Derek Hayes (GB)	Manor Motorsport	Dallara F301 Mugen-Honda	1m28.477s	6	25m53.500s
7	Rob Austin (GB)	Alain Menu Motorsport	Dallara F301 Renault Sodemo	1m29.310s	9	25m55.722s
8	Andre Lotterer (D)	Jaguar Racing F3	Dallara F301 Mugen-Honda	1m28.682s	8	25m57.270s
9	Alex Gurney (USA)	Fortec Renault	Dallara F301 Renault Sodemo	1m29.392s	11	25m57.596s
10	Ryan Dalziel (GB)	Dume Racing	Dallara F301 Mugen-Honda	1m29.513s	14	26m02.686s
11	Bruce Jouanny (F)	Promatecme UK	Dallara F301 Mugen-Honda	1m29.408s	12	26m03.247s
12	Jeffrey Jones (USA)	Manor Motorsport	Dallara F301 Mugen-Honda	1m29.771s	16	26m05.019s
13	Atsushi Katsumata (J)	Promatecme UK	Dallara F301 Mugen-Honda	1m29.540s	15	26m11.160s
14 (S)	Matthew Gilmore (GB)	Performance Racing	Dallara F398 Opel Spiess	1m29.995s	17	26m21.941s
15 (S)	Ernani Judice (BRA)	Paker F3	Dallara F398 Mugen-Honda	1m31.045s	20	26m25.129s
16 (S)	Robbie Kerr (GB)	Fred Goddard Racing	Dallara F398 Renault Sodemo	1m30.890s	19	26m31.690s
17	Hideaki Nakao (J)	Alan Docking Racing	Dallara F301 Mugen-Honda	1m34.405s	28	26m34.378s
18 (S)	Harold Primat (F)	Diamond Racing	Dallara F398 Mugen-Honda	1m32.454s	25	26m44.932s
19 (S)	Mark Mayall (GB)	Diamond Racing	Dallara F398 Mugen-Honda	1m34.353s	27	26m50.076s
20 (S)	Aaron Scott (GB)	Powan Racing	Dallara F398 Toyota	1m32.804s	26	-1 lap
R (S)	Michael Keohane (IRL)	Meritus Racing	Dallara F398 Toyota	1m30.498s	18	19 laps
R	Andy Priaulx (GB)	Alan Docking Racing	Dallara F301 Mugen-Honda	1m28.377s	5	18 laps
R (S)	Kazuki Hoshino (J)	Carlin Motorsport	Dallara F398 Mugen-Honda	1m32.198s	24	17 laps
R (S)	Justin Sherwood (GB)	Performance Racing	Dallara F398 Opel Spiess	1m31.047s	21	14 laps
R (S)	Rowland Kinch (GB)	Park Motorsport	Dallara F398 Opel Spiess	1m37.147s	29	13 laps
R	Philip Giebler (USA)	Dume Racing	Dallara F301 Mugen-Honda	1m29.386s	10	5 laps
R	Mark Taylor (GB)	Manor Motorsport	Dallara F301 Mugen-Honda	1m29.488s	13	5 laps
R (S)	Robert Doornbos (NL)	Fred Goddard Racing	Dallara F398 Renault Sodemo	1m31.426s	23	3 laps
R	Sakon Yamamoto (J)	Team Avanti	Dallara F301 Opel Spiess	1m31.256s	22	0 laps

Fastest Lap : Sato 1m15.944s 106.61mph

2001 British F3 Championship Point Table

Pos	Driver	Natinality	Team	Chassis/Engine	Point
1	**Takuma Sato**	J	Carlin Motorsport	Dallara F301 Mugen-Honda	355
2	Anthony Davidson	GB	Carlin Motorsport	Dallara F301 Mugen-Honda	273
3	Derek Hayes	GB	Manor Motorsport	Dallara F301 Mugen-Honda	234
4	James Courtney	AUS	Jaguar Racing F3	Dallara F301 Mugen-Honda	227
5	Gianmaria Bruni	I	Fortec Renault	Dallara F301 Renault Sodemo	156
6	Andy Priaulx	GB	Alan Docking Racing	Dallara F301 Mugen-Honda	146
7	Andre Lotterer	D	Jaguar Racing F3	Dallara F301 Mugen-Honda	141
8	Matt Davies	GB	Team Avanti	Dallara F301 Opel Spiess	135
9	Mark Taylor	GB	Manor Motorsport	Dallara F301 Mugen-Honda	91
10	Bruce Jouanny	F	Promatecme UK	Dallara F301 Mugen-Honda	65
11	Jamie Spence	GB	Duma Racing	Dallara F301 Mugen-Honda	63
12	Paul Edwards	USA	Alan Docking Racing	Dallara F301 Mugen-Honda	56
13	Ryan Dalziel	GB	RC Motorsport Prost/Duma Racing	Dallara F301 Opel Spiess	55
14	Nicolas Kiesa	DK	RC Motorsport Prost	Dallara F301 Opel Spiess	44
15	Jeffrey Jones	USA	Manor Motorsport	Dallara F301 Mugen-Honda	36
16	Alex Gurney	USA	Fortec Renault	Dallara F301 Renault Sodemo	16
17	Milos Pavlovic	YU	Team Avanti	Dallara F301 Opel Spiess	15
18	Martin O'Connell	GB	Team Avanti	Dallara F301 Opel Spiess	8
18	Rob Austin	GB	Alain Menu Motorsport	Dallara F301 Renault Sodemo	8
20	Ben Collins	GB	Alain Menu Motorsport	Dallara F301 Renault Sodemo	3
20	Atsushi Katsumata	J	Promatecme UK	Dallara F301 Mugen-Honda	3
22	Philip Giebler	USA	Duma Racing	Dallara F301 Mugen-Honda	2
23	Tim Spouge	GB	Alain Menu Motorsport	Dallara F301 Renault Sodemo	1

Point system 20-15-12-10-8-6-4-3-2-1, fastest lap=1point

European Formula 3 Cup

Pau

36laps - 62.676miles
June 4

Pos	Driver (Nationality)	Team	Chassis/Engine	Qual	Grid	Result
1	Anthony Davidson (GB)	Carlin Motorsport	Dallara F301 Mugen-Honda	1m10.996s	1	43m38.295s
2	Ryo Fukuda (J)	Saulnier Racing	Dallara F399 Renault Sodemo	1m11.192s	3	43m45.822s
3	Bjorn Wirdheim (S)	Prema Power	Dallara F301 Mugen-Honda	1m11.623s	7	43m54.405s
4	Kosuke Matsuura (J)	Prema Power	Dallara F301Mugen-Honda	1m11.332s	6	43m57.223s
5	Bruno Besson (F)	Sigmature Elf	Dallara F399Renault Sodemo	1m11.778s	11	44m00.070s
6	Toshihiro Kaneishi (J)	Opel spiess Team BSR	Dallara F300 Opel Spiess	1m11.669s	10	44m04.556s
7	Mattoo Grassoto (I)	CramCompetition SRL	Dallara F301 Opel Spiess	1m12.254s	15	44m07.569s
8	Mathieu Zangarelli (F)	Arta Signature	Dallara F399 Renault Sodemo	1m11.099s	2	44m27.041s
9	Kari Maenpaa (FIN)	Swiss Racing Team	Dallara F399 Opel Spiess	1m12.788s	18	44m36.790s
10	Bernhand Auinger (A)	Opel spiess Team BSR	Dallara F301 Opel Spiess	1m12.288s	16	44m37.109s
11	Ralfaele Giammaria (I)	CramCompetition SRL	Dallara F300 Opel Spiess	1m11.890s	14	44m41.313s
12	Stefano Mocellini (I)	Target Racing	Dallara F300 Opel Spiess	1m13.210s	20	-1laps
13	Marchy Lee (CHN)	Saulnier Racing	Dallara F399 Renault Sodemo	1m13.234s	22	-1laps
R	Tiago Monteiro (P)	ASM-Elf	Dallara F399 Renault Sodemo	1m11.483s	8	21laps
R	**Takuma Sato (J)**	Carlin Motorsport	Dallara F301Mugen-Honda	1m11.130s	4	20 laps
R	Lucas Lasserre (F)	Signature-Elf	Dallara F399 Renault Sodemo	1m11.825s	12	18 laps
R	Renaud Derlot (F)	Signature-Elf	Dallara F399 Renault Sodemo	1m11.828s	13	10 laps
R	Frank Diefenbacher (D)	Opel spiess Team BSR	Dallara F301 Opel Spiess	1m11.414s	5	4 laps
R	Joao Paolo de Oliveira (BR)	Swiss Racing Team	Dallara F399 Opel Spiess	1m12.489s	17	3 laps
R	Tristan Gommendy (F)	ASM-Elf	Dallara F399 Renault Sodemo	1m11.770s	9	2 laps
R	Joremie de Souza (F)	LD Autosport	Dallara F399 Renault Sodemo	1m15.671s	19	1 laps

Fastest lap : Davidson 1m11.898s 85.699mph

Formula 3 Internationational Invitation Challenge

Silverstone

15 laps - 47.91miles
July 15

Pos	Driver (Nationality)	Team	Chassis/Engine	Qual	Grid	Result
1	**Takuma Sato (J)**	Carlin Motorsport	Dallara F301 Mugen-Honda	2m01.876s	1	25m56.587s
2	Anthony Davidson (GB)	Carlin Motorsport	Dallara F301 Mugen-Honda	2m03.398s	3	26m07.812s
3	Andy Priaulx (GB)	Alan Docking Racing	Dallara F399 Mugen-Honda	2m02.984s	2	26m22.903s
4	Ryan Dalziel (GB)	Duma Racing	Dallara F301 Mugen-Honda	2m03.970s	4	26m24.151s
5	Derec Hayes (GB)	Manor Motorsport	Dallara F399 Mugen-Honda	2m03.977s	5	26m24.769s
6	Ande Lotterer (D)	Jaguar Racing F3	Dallara F300 Mugen-Honda	2m04.198s	6	26m25.513s
7	Bruce Jouanny (F)	Promatecme UK	Dallara F399 Mugen-Honda	2m06.998s	14	26m26.036s
8	Jamie Spence (GB)	Duma Racing	Dallara F301 Mugen-Honda	2m05.383s	9	26m27.353s
9	Mark Taylor (GB)	Manor Motorsport	Dallara F301 Mugen-Honda	2m05.869s	12	26m27.981s
10	Matt Davies (GB)	Team Avanti	Dallara F301 Spiess-Opel	2m05.750s	11	26m29.824s
11	Paul Edwards (USA)	Alan Docking Racing	Dallara F399 Mugen-Honda	2m04.870s	8	26m35.921s
12	Alex Gurney (USA)	Fortec Renault	Dallara F301 Renault Sedamo	2m07.938s	16	26m39.655s
13	Adam Carroll (GB)	Team Avanti	Dallara F399 Spiess-Opel	2m06.621s	13	26m45.292s
14	Jeffrey Jones (USA)	Manor Motorsport	Dallara F300 Mugen-Honda	2m08.110s	18	26m45.525s
15	Atsushi Katsumata (J)	Promatecme UK	Dallara F300 Mugen-Honda	2m08.270s	19	26m46.982s
16 (N)	Pobbie Kerr (GB)	Fred Goddard Racing	Dallara F399 Renault Sedamo	2m07.174s	15	26m50.484s
17 (N)	Robert Doornbos (NL)	Fred Goddard Racing	Dallara F399 Renault Sedamo	2m08.095s	17	26m52.552s
18	Tony Schmidt (D)	GM Motorsport	Dallara F301 Toyota	2m11.596s	26	26m53.319s
19	Hannes Lachinger (A)	GM Motorsport	Dallara F301 Toyota	2m08.635s	20	26m55.665s
20 (N)	Matthew Gilmore (GB)	Performance Racing	Dallara F398 Spiess-Opel	2m09.340s	22	27m01.559s
21 (N)	Emani Judice (BR)	Parker Racing	Dallara F398 Mugen-Honda	2m19.542s	32	27m08.925s
22 (N)	Mark Mayall (GB)	Diamond Racing	Dallara F398 Mugen-Honda	2m11.871s	27	27m21.149s
23 (N)	Tom Sisley (GB)	ME Motorsport	Dallara F398 Mugen-Honda	2m10.519s	23	27m28.089s
24 (N)	Peter Nilson (S)	Meritus Racing	Dallara F398 Toyota	2m12.819s	29	27m37.526s
25 (N)	Harold Primat (F)	Diamond Racing	Dallara F398 Mugen-Honda	2m12.018s	28	-1 laps
26 (N)	Rowland Kinch (GB)	Park Motorsport	Dallara F398 Spiess-Opel	2m15.686s	30	-1 laps
27	Glanmaria Bruni (I)	Fortec Renault	Dallara F301 Renault Sedamo	2m04.718s	7	-1 laps
28	James Courtney (AUS)	Jaguar Racing F3	Dallara F300 Mugen-Honda	2m05.669s	10	-1 laps
R (N)	Justin Shewood (GB)	Performance Racing	Dallara F398 Spiess-Opel	2m10.957s	25	13 lap
R (N)	Kazuki Hoshino (J)	Carlin Motorsport	Dallara F398 Mugen-Honda	2m18.571s	31	12 lap
R (N)	Michael Keohane (IRL)	Meritus Racing	Dallara F398 Toyota	2m09.012s	21	10 lap
R (N)	Adam Blair (GB)	Performance Racing	Dallara F398 Spiess-Opel	2m10.723s	24	10 lap

Fastest lap : Sato 1m42.723s 111.93mph

Marlboro Masters — Zandvoort

25 laps - 107.500km
August 5

Pos	Driver (Nationality)	Team	Chassis/Engine	Qual	Grid	Result
1	**Takuma Sato** (J)	Carlin Motorsport	Dallara F301 Honda-Mugen	1m33.677s	1b	39m58.870s
2	Ande Lotterer (D)	Jaguar Racing F3	Dallara F300 Honda-Mugen	1m34.265s	3b	40m08.098s
3	Anthony Davidson (GB)	Carlin Motorsport	Dallara F301 Honda-Mugen	1m34.282s	5a	40m08.557s
4	Glanmaria Bruni (I)	Fortec Renault	Dallara F301 Renault Sodemo	1m34.248s	4a	40m16.151s
5	Tiago Monteiro (P)	ASM-Elf	Dallara F300 Renault Sodemo	1m34.034s	2a	40m16.908s
6	Mark Taylor (GB)	Manor Motorsport	Dallara F300 Honda-Mugen	1m34.394s	7a	40m19.487s
7	Toshihiro Kaneishi (J)	Opel Team BSR	Dallara F300 Opel Spiess	1m34.321s	4b	40m20.848s
8	Tony Schmidt (D)	GM Motorsport	Dallara F301 Toyota	1m34.290s	6a	40m21.177s
9	Ryo Fukuda (J)	Saulnier Racing	Dallara F399 Renault Sodemo	1m34.211s	3a	40m21.860s
10	Derek Hayes	Manor Motorsport	Dallara F300 Honda-Mugen-	1m34.516s	7b	40m25.155s
11	Matt Davies (GB)	Team Avanti	Dallara F301 Opel Spiess	1m34.504s	9a	40m30.814s
12	James Courtney (AUS)	Jaguar Racing F3	Dallara F300 Honda-Mugen	1m34.802s	11a	40m31.196s
13	Joao Paolo de Oliveira (BR)	Swiss Racing Team	Dallara F399 Opel Spiess	1m34.428s	8a	40m35.687s
14	Marco du Pau (NL)	Van Amersfoort Racing	Dallara F399 Opel Spiess	1m34.926s	14a	40m36.636s
15	Jeffrey Jones (USA)	Manor Motorsport	Dallara F300 Honda-Mugen	1m34.744s	11b	40m37.106s
16	Tristan Gommerdy (F)	ASM-Elf	Dallara F399 Renault Sodemo	1m34.562s	8b	40m41.868s
17	Ryan Dalziel (GB)	Duma Racing	Dallara F301 Honda-Mugen	1m34.920s	14b	40m44.205s
18	Stefan Mucke (D)	Mucke Motorsport	Dallara F301 Opel Spiess	1m34.943s	15b	40m44.941s
19	Frank Diefenbacher (D)	Opel spiess Team BSR	Dallara F301 Opel Spiess	1m35.015s	18a	40m46.650s
20	Raffaele Giammaria (I)	Cram Competition	Dallara F301 Opel Spiess	1m35.081s	19a	40m47.166s
21	Bruno Besson (F)	Signature Elf	Dallara F399 Renault Sodemo	1m34.834s	12a	40m47.579s
22	Andy Priaulx (GB)	Alan Docking Racing	Dallara F301 Honda-Mugen	1m34.620s	9b	40m49.493s
23	Kousuke Matsuura (J)	Prema Power	Dallara F301 Opel Spiess	1m34.828s	13b	40m56.293s
24	Benoit Treluyer (F)	Signature Elf	Dallara F399 Renault Sodemo	1m33.785s	1a	41m08.352s
25	Kari Maenpaa (FIN)	Swiss Racing Team	Dallara F399 Opel Spiess	1m35.204s	18b	41m08.478s
26	Tom van Bavel (BEL)	JB Motorsport	Dallara F399 Opel Spiess	1m34.391s	5b	41m08.947s
27	Bernhand Auinger (A)	Opel Team BSR	Dallara F399 Opel Spiess	1m34.996s	17a	41m10.021s
28	Zsolt Baumgartner (BEL)	Trella Motorsport	Dallara F300 Opel Spiess	1m34.942s	15a	41m21.694s
29	Bruce Jouanny (F)	Promatecme UK	Dallara F301 Honda-Mugen	1m34.216s	2b	41m25.144s
30	Nicolas Stelandre (BEL)	JB Motorsport	Dallara F399 Opel Spiess	1m34.689s	10a	-1 laps
R	Ryan Briscoe (AUS)	Prema Power	Dallara F300 Opel Spiess	1m34.974s	16b	21 laps
R	Hannes Lachinger (A)	GM Motorsport	Dallara F301 Toyota	1m35.022s	17b	17 laps
R	Nicolas Kiesa (DK)	GM Motorsport	Dallara F301 Toyota	1m34.404s	6b	11 laps
R	Atsushi Katsumata (J)	Promatecme UK	Dallara F301 Honda-Mugen	1m34.860s	13a	4 laps
R	Mathieu Zangarelli (F)	Signature Elf	Dallara F399 Renault Sodemo	1m34.731s	10b	4 laps
R	Markus Winkelhock (D)	Mucke Motorsport	Dallara F300 Opel Spiess	1m34.971s	16a	1 lap
R	Paulo Montin (I)	RC Motorsport	Dallara F300 Opel Spiess	1m34.772s	12b	0 laps

Fastest lap : Sato 1m35.240s 162.5km/h

Elf Formula 3 Masters

Spa-Francorchamps

14 laps - 60.58miles — September 23

Pos	Driver (Nationality)	Team	Chassis/Engine	Qual	Grid	Result
1	Anthony Davidson (GB)	Carlin Motorsport	Dallara 301-Mugen Honda	2m13.592s	3	37m20.724s
2	Bruce Jouanny (F)	Promatecme UK	Dallara 399-Mugen Honda	2m13.997s	4	37m24.178s
3	**Takuma Sato** (J)	Carlin Motorsport	Dallara 301-Mugen Honda	2m13.306s	2	37m25.068s
4	Stefan Mucke (D)	Mucke Motorsport	Dallara 301-Opel Spiess	2m14.115s	7	37m29.450s
5	Raffaele Giammarie (I)	Cram Competition	Dallara 301-Opel Spiess	2m14.344s	9	37m31.623s
6	Tiago Monteiro (P)	ASM	Dallara 399-Renault Sodemo	2m14.534s	12	37m34.457s
7	Frank Diefenbacher (D)	Opel Team BSR	Dallara 301-Opel Spiess	2m14.222s	8	37m35.004s
8	Milos Pavlovic (YU)	Target Racing	Dallara 301-Opel Spiess	2m14.627s	14	37m39.830s
9	Hannes Lachinger (A)	GM Motorsport	Dallara 301-Toyota	2m14.349s	10	37m43.678s
10	Atsushi Katsumata (J)	Promatecme UK	Dallara 300-Mugen Honda	2m14.866s	15	37m45.240s
R	Tristan Gommendy (F)	ASM	Dallara 399-Renault Sodemo	2m14.043s	5	10 laps
R	Mark Taylor (GB)	Manor Motorsport	Dallara 301-Mugen Honda	2m13.302s	1	0 laps
R	Tony Schmidt (D)	GM Motorsport	Dallara 301-Toyota	2m14.047s	6	0 laps

Fastest lap : Sato 2m14.810s 115.55mph

Macau Grand Prix

Circuito Da Guia

30 laps - 183.600km — November 18

Pos	Driver (Nationality)	Team	Chassis/Engine	Qual	Grid	Result
1	**Takuma Sato** (J)	Carlin Motorsport	Dallara F301 Mugen-Honda	2m12.062s	2	
2	Benoit Treluyer (F)	Mugen X-Dome Project	Dallara F301 Mugen-Honda	2m12.487s	5	
3	Bjorn Wirdheim (S)	Prema Power	Dallara F301 Opel Spiess	2m11.983s	1	
4	Kousuke Matsuura (J)	Prema Power	Dallara F301Opel Spiess	2m12.718s	7	
5	Yuji Ide (J)	Signature Competition	Dallara F399 Renault Sodemo	2m13.715s	12	
6	Matteo Bobbi (I)	Target Racing	Dallara F301 Opel Spiess	2m17.393s	26	
7	Peter Hackett (AUS)	Carlin Motorsport	Dallara F300 Mugen Honda	2m17.726s	28	
8	Heikki Kovalainen (FIN)		Dallara F301 Renault Sodemo	2m16.139s	23	
9	Michael Ho (MAC)	Michael Ho	Dallara F301 Opel Spiess	2m17.612s	27	
10	Lei Kit Meng (MAC)	Fortec Motorsport	Dallara F301 Renault Sodemo	2m19.504s	29	-1 laps
11	Paulo Montin (I)	TOM's	Dallara F301 Toyota TOM's	2m12.432s	4	-1 laps
12	Jo Merszei (MAC)	Jo Merszei	Dallara F301 Opel Spiess	2m24.583s	30	-1 laps
13	Tiago Monteiro (P)	ASM-Elf	Dallara F399 Renault Sodemo	2m12.902s	8	-2 laps
14	Tristan Gommendy (F)	SM-Elf	Dallara F399 Renault Sodemo	2m15.485s	20	-2 laps
15	Haruki Kurosawa (J)	Swiss Racing Team	Dallara F399 Opel Spiess	2m16.041s	21	-3 laps
R	Andy Priaulx (GB)	Andy Priaulx	Dallara F301 Mugen Honda	2m12.581s	6	26 laps
R	Bruce Jouanny (F)	Bruce Jouanny	Dallara F301 Mugen Honda	2m14.484s	16	21 laps
R	Pierre Kaffer (D)	Team Kolles Racing	Dallara F300 Mugen Honda	2m13.108s	10	15 laps
R	Derek Hayes (GB)	Derek Hayes	Dallara F300 Mugen Honda	2m13.989s	15	15 laps
R	J Paulo de Oliveira (BRA)	Swiss Racing Team	Dallara F399 Opel Spiess	2m14.529s	17	15 laps
R	Marchy Lee (CHN)	Saulnler Racing	Dallara F399 Renault Sodemo	2m16.094s	22	15 laps
R	Toshihiro Kaneishi (J)	Opel spiess Team BSR	Dallara F300 Opel Spiess	2m13.686s	11	11 laps
R	Mark Taylor (GB)	Manor Motorsport	Dallara F300 Mugen Honda	2m15.439s	19	7 laps
R	Ryo Fukuda (J)	Saulnier Racing	Dallara F399Renault Sodemo	2m12.948s	9	3 laps
R	Jonathan Cochet (F)	Signature Competition	Dallara F399 Renault Sodemo	2m12.212s	3	3 laps
R	Enrico Toccacelo (I)	Opel Team BSR	Dallara F300 Opel Spiess	2m13.975s	14	3 laps

Fastest lap : Hayes 2m12.921s 102.99mph

GO FOR IT!
Takuma SATO

著者	佐藤琢磨
デザイン	福田典嗣 (SPA International co.,ltd.)
写真	原　富治雄 (office F&H)
	松本浩明
	荒川正幸
	高橋信宏
	Jakob Ebrey
制作協力	TSエンタープライズ
	www.takumasato.com

2002年2月28日初版発行
2004年11月30日2刷発行

発行人	渡邊隆男
発行所	株式会社 二玄社
	東京都千代田区神田神保町2-2　〒101-8419
	営業部:東京都文京区本駒込6-2-1　〒113-0021　電話(03)5395-0511
	www.nigensha.co.jp
印刷	図書印刷株式会社
製本	越後堂製本

printed in Japan 2002

© Takuma Sato 2002
無断転載を禁じます
落丁・乱丁本はお取り替えいたします

ISBN4-544-04076-0

JCLS (株)日本著作出版権管理システム委託出版物
本書の無断複写は著作権法上の例外を除き禁じられています。
複写を希望される場合は、そのつど事前に(株)日本著作出版権
管理システム(電話 03-3817-5670, FAX 03-3815-8199)の許諾を
得てください。